O protecionismo agrícola nos Estados Unidos

FUNDAÇÃO EDITORA DA UNESP

Presidente do Conselho Curador
Mário Sérgio Vasconcelos

Diretor-Presidente
Jézio Hernani Bomfim Gutierre

Superintendente Administrativo e Financeiro
William de Souza Agostinho

Conselho Editorial Acadêmico
Danilo Rothberg
João Luís Cardoso Tápias Ceccantini
Luiz Fernando Ayerbe
Marcelo Takeshi Yamashita
Maria Cristina Pereira Lima
Milton Terumitsu Sogabe
Newton La Scala Júnior
Pedro Angelo Pagni
Renata Junqueira de Souza
Rosa Maria Feiteiro Cavalari

Editores-Adjuntos
Anderson Nobara
Leandro Rodrigues

PROGRAMA SAN TIAGO DANTAS DE PÓS-GRADUAÇÃO EM RELAÇÕES INTERNACIONAIS
Universidade Estadual Paulista – UNESP
Universidade Estadual de Campinas – UNICAMP
Pontifícia Universidade Católica de São Paulo – PUC-SP

THIAGO LIMA

O protecionismo agrícola nos Estados Unidos

Resiliência e economia política dos complexos agroindustriais

© 2018 Editora Unesp

Direitos de publicação reservados à:
Fundação Editora da Unesp (FEU)
Praça da Sé, 108
01001-900 – São Paulo – SP
Tel.: (0xx11) 3242-7171
Fax: (0xx11) 3242-7172
www.editoraunesp.com.br
www.livrariaunesp.com.br
feu@editora.unesp.br

Programa San Tiago Dantas de Pós-Graduação
em Relações Internacionais
Praça da Sé, 108 – 3º andar
01001-900 – São Paulo – SP
Tel.: (0xx11) 3101-0027
www.unesp.br/santiagodantassp
www.pucsp.br/santiagodantassp
www.ifch.br/unicamp.br/pos
relinter@reitoria.unesp.br

Dados Internacionais de Catalogação na Publicação (CIP) de acordo com ISBD
Elaborado por Vagner Rodolfo - CRB-8/9410

L732p

Lima, Thiago
   O protecionismo agrícola nos Estados Unidos: resiliência e economia política dos complexos agroindustriais / Thiago Lima. – São Paulo: Editora Unesp, 2018.

   ISBN 978-85-393-0711-1

   1. Relações Internacionais. 2. Agricultura. 3. Estados Unidos. 4. Pós-Guerra. 5. Complexos Agroindustriais. 6. Subsídios Agrícolas. I. Título.

2017-600   CDD: 327.11
                                                                                                      CDU: 327

Esta publicação contou com apoio da Fundação de Amparo à Pesquisa do Estado de São Paulo (Fapesp).

Editora afiliada:

Não só um comércio que não dá nada pode ser útil, mas até um comércio desvantajoso pode ter sua utilidade. Ouvi dizerem na Holanda que a pesca da baleia, em geral, não rende quase nunca o que custa: mas aqueles que trabalham na construção do barco, fornecem os mastros, os instrumentos, os víveres são também aqueles que têm o principal interesse nesta pesca. Se perdem na pesca, ganham nos fornecimentos (Montesquieu, *O espírito das leis*, Livro 20, Capítulo VI).

Agradecimentos

Este livro marca a conclusão de um ciclo acadêmico ininterrupto que começou ainda na graduação. Durante esses anos, convivi com um punhado de questões acerca de como minorias conseguem controlar governos e imputar grandes custos às sociedades, nacionais ou internacionais. O mais incômodo, talvez, tenha sido refletir sobre o porquê de a maioria não conseguir vencer determinadas minorias perniciosas. Para minha grande surpresa e alegria, uma das conclusões dessa jornada – que aqui apresento sob o título de *O protecionismo agrícola nos Estados Unidos* – recebeu em 2015 o Prêmio Capes de Tese na área de Ciência Política e Relações Internacionais.

Felizmente, tive muitos(as) amigos(as) dispostos(as) a mergulhar nessas questões e solidários(as) o suficiente para discuti-las a partir do tema do protecionismo agrícola dos Estados Unidos. Entre eles(as), Henrique Menezes, Filipe Mendonça, Mojana Vargas, Daniel Antiquera, Pedro Feliú e Haroldo Ramanzini Jr. o fizeram com grande intensidade. Infelizmente, não conseguirei agradecer a todos(as) os(as) amigos(as) que me ajudaram individualmente, mas deixo aqui meu muito obrigado coletivo. Agradeço também pelas ideias inspiradas pelos(as) estudantes do Grupo de Pesquisa sobre Fome e Relações Internacionais da UFPB.

Devo profundos agradecimentos a muitos professores e os faço a partir de um trio de peso: Tullo Vigevani, Sebastião Velasco e Reginaldo Moraes. Com eles encontrei, desde a graduação, oportunidades de trabalho, apoio financeiro e diálogo acadêmico no Centro de Estudos sobre Cultura Contemporânea (Cedec) e no Instituto Nacional de Ciência e Tecnologia para

Estudos sobre os Estados Unidos (INCT-Ineu). Sou particularmente grato à viagem de pesquisa a Washington, financiada pelo INCT-Ineu, na qual pude realizar pesquisas em bibliotecas e no National Archives, bem como entrevistar representantes do setor agrícola e alguns grandes especialistas, como o professor Robert Thompson, que me abriu muitas portas na capital dos EUA.

Ao professor Sebastião agradeço especialmente por me soprar o enfoque deste livro e por colocar à minha frente livros que foram fundamentais para ampliar minha visão sobre as ciências sociais.

Agradeço à Fapesp pelas bolsas de Iniciação Científica e de Mestrado, bem como pelo apoio a esta publicação. Ao Ipea, pela bolsa que resultou no estudo de caso sobre o amendoim. Ao CNPq, pelos diversos apoios e projetos de pesquisa ao longo da jornada. À Capes, pelo prêmio mencionado. E ao professor Marcelo Fernandes de Oliveira, por ter me mostrado como viver de trabalho acadêmico.

Vivi minha formação acadêmica, iniciei minha carreira e conquistei meu cargo de professor federal em um ambiente otimista, com a perspectiva do desenvolvimento social no horizonte. Por isso, desejo força e resiliência aos(às) jovens acadêmicos(as) que deverão encarar os tempos temerosos que despontaram em meados de 2016. De minha parte, espero poder passar adiante aquilo que recebi.

Sumário

Agradecimentos 7
Listas 11
Siglas 15
Prefácio 17

1 Introdução – Algumas teses sobre a manutenção do protecionismo agrícola nos Estados Unidos 21
2 Os subsídios agrícolas nos Estados Unidos 41
3 Os complexos agroindustriais 57
4 A economia política dos complexos agroindustriais 89
5 Regime alimentar internacional e o sistema multilateral de comércio 129
6 A criação de subsídios no século XXI: o caso do amendoim 159

Considerações finais 185
Referências bibliográficas 191

Listas

Lista de gráficos

Gráfico 2.1: Producer Support Estimate por país, 1995-1997 e 2009-11 (percentual da receita bruta das fazendas).. 50

Gráfico 2.2: Subsídios à exportação como um percentual do valor total da produção agrícola (1995-2001). 50

Gráfico 2.3: Pagamentos governamentais a fazendeiros, 1930-2000 (USD bilhões, 1992)........................... 52

Gráfico 2.4: Despesas federais dos Estados Unidos e departamentos da administração, 1962-2012 (percentual).. 53

Gráfico 2.5: Ranking dos departamentos da administração por média de dispêndio, 1962-2012 (percentual).. 53

Gráfico 2.6: Recursos agrícolas: nutrição doméstica e restante (USD bilhões)... 54

Gráfico 2.7: Programas não nutricionais: recursos mandatórios e discricionários (USD bilhões).............. 54

Gráfico 3.1: Aumento da produtividade das fazendas, 1948-1999 69

Gráfico 3.2: Conforme as fazendas se especializam, o número de commodities produzidas diminui (commodities produzidas por fazenda, em média) 70

Gráfico 3.3: Percentual das despesas totais com alimentação perante a renda pessoal disponível, 1960-2001 72

Gráfico 3.4: Milho: custos de produção vs. valor bruto da produção, 1975-2013 (USD por acre) 75

Gráfico 3.5: Soja: custos de produção vs. valor bruto da produção, 1975-2013 (USD por acre) 75

Gráfico 3.6: Trigo: custos de produção vs. valor bruto da produção, 1975-2013 (USD por acre) 76

Gráfico 3.7: Algodão: custos de produção vs. valor bruto da produção, 1975-2013 (USD por acre) 76

Gráfico 3.8: Arroz: custos de produção vs. valor bruto da produção, 1975-2013 (USD por acre) 77

Gráfico 3.9: Saldo do comércio exterior agrícola e de bens e serviços, 1953-2011 (USD bilhões) 88

Gráfico 4.1: Custos de produção, renda bruta e líquida das fazendas, 1960-2012 (USD bilhões) 102

Gráfico 4.2: Percentual da terra agrícola arrendada ou na forma de leasing, 1964-2007 (percentual de acres) ... 110

Gráfico 4.3: Média dos valores imobiliários das fazendas (Farm Real Estate), 1980-2010 (USD por acre) 112

Gráfico 4.4: Acres por fazenda, 1910-2000 116

Gráfico 4.5: Número de fazendas, 1900-1995 117

Gráfico 5.1: Comércio agrícola dos EUA, 1935-2010 (USD bilhões) 142

Gráfico 5.2: Balanço comercial agrícola dos países de menor desenvolvimento relativo, 1961-2006 (USD milhões) 144

Gráfico 5.3: Expansão das exportações agrícolas de commodities básicas (*bulk*) e de produtos de alto valor agregado (*high value products* – HVP), 1989-2011 (USD bilhões) 146

Gráfico 5.4: Percentual das exportações agrícolas diante do total da renda agrícola bruta, 1935-2012 157

Gráfico 6.1: Amendoim: custos de produção vs. valor bruto da produção (USD por acre) 161

Gráfico 6.2: Importação americana de amendoim por país de origem, 1989-2007 (volume: milhões de libras).. 166

Gráfico 6.3: Importação americana de amendoim por país de origem, 1999-2012 (USD milhões).................. 167

Gráfico 6.4: Demanda de amendoim pela indústria alimentícia, 1991-2011 171

Gráfico 6.5: Custos selecionados da produção de amendoim, 1992-2012 (USD por acre)........................ 174

Gráfico 6.6: Subsídios ao amendoim vs. impostos e seguros pagos pelas fazendas produtoras de amendoim, 1995-2011 (USD).. 177

Gráfico 6.7: Exportações de amendoim, 1990-2012 (volume: milhões de libras).. 181

Lista de figuras

Figura 1.1: *Revolving Doors:* Monsanto 29
Figura 6.1: Processamento de amendoim.................... 163

Mapa

Mapa 6.1: Modificação na área de cultivo de amendoim   172

Lista

Lista 6.1: Associações na agroindústria do amendoim..   164

Lista de tabelas

Tabela 1.1: Mudanças estruturais na agricultura dos EUA, 1920-2010 22

Tabela 1.2: Comitê de Aconselhamento em Política Agrícola do USTR (2013) 30

Tabela 2.1: Ranking dos Programas de Subsídios Agrícolas dos EUA (1995-2012) 51

Tabela 3.1: Valor agregado pelo sistema de alimentos e fibras (2000) 58

Tabela 3.2: Tendências no rendimento médio para *commodities* selecionadas 72

Tabela 3.3: Percentual da área plantada das principais *commodities* subsidiadas que utilizam agroquímicos ... 74

Tabela 3.4: Total economizado devido aos baixos preços da ração para as quatro principais empresas processadoras de suínos, 1997-2005 78

Tabela 3.5: Economia obtida pela pecuária industrializada pelos baixos preços de ração, 1997-2005 (USD milhões correntes) 79

Tabela 4.1: Beneficiários de subsídios agrícolas (empresas da *Fortune 500*, membros do Congresso e outros notáveis). Listados por subsídios totais recebidos, 1996-2000 (USD). 119

Tabela 5.1: Síntese dos compromissos de liberalização agrícola 154

Tabela 6.1: Tariff-rate quota para amendoins com casca, descascados e manteiga de amendoim 168

Tabela 6.2: Aumento progressivo das quantidades sujeitas a tratamento tarifário preferencial, 2001-2022 (tonelada métrica) 170

SIGLAS

AA	Acordo Agrícola da Organização Mundial do Comércio
ACRE	Average Crop Revenue Election Agricultural Marketing Service of the U.S. Department of Agriculture (USDA/AMS)
ASMC	Acordo sobre Subsídios de Medidas Compensatórias
CAFTA-DR	Tratado de Livre-Comércio entre Estados Unidos, América Central e República Dominicana (Central America Free Trade Agreement and Dominican Republic)
CAI	Complexos agroindustriais
CR	Concentration Ratio
DoJ	Departamento de Justiça dos Estados Unidos
FAO	Organização das Nações Unidas para Alimentação e Agricultura (Food and Agriculture Organization of the United Nations)
FSA	Farm Service Agency
GAO	Government Accountability Office
GATT	Acordo Geral sobre Tarifas e Comércio (General Agreement on Tariffs and Trade)
HH	índice Herfindal-Hirschman
HVP	*high value products*
ICAC	International Cotton Advisory Committee
NAFTA	Tratado Norte-Americano de Livre-Comércio (North American Free Trade Agreement)

OCDE	Organização para Cooperação e Desenvolvimento Econômico (OCDE)
OIC	Organização Internacional do Comércio
OMC	Organização Mundial do Comércio
PCC	pagamentos contracíclicos
PD	pagamentos diretos
PD	países desenvolvidos
PED	países em desenvolvimento
PNB	produto nacional bruto
PSE	Producer Support Estimate
TRQ	*tariff-rate quota*
UNCTAD	Conferência das Nações Unidas sobre Comércio e Desenvolvimento (United Nations Conference on Trade and Development)
USAID	Agência dos Estados Unidos para o Desenvolvimento Internacional (United States Agency for Internacional Development)
USDA	Departamento de Agricultura dos Estados Unidos (United States Departament of Agriculture)
USTR	United States Trade Representative

Prefácio

Mesmo para um observador minimamente informado, é difícil fugir à impressão de que, nas últimas décadas, paira um grave mal-entendido sobre a política comercial brasileira.

Derrotado, em meados da década de 1980, na resistência à abertura de nova rodada de negociações no âmbito do GATT, com a inclusão de "novos temas" – eufemisticamente referidos na fórmula "medidas comerciais relacionadas a serviços, investimentos e propriedade intelectual" –, o Brasil acabou por aceitar os termos da "grande barganha Norte-Sul" proposta aos países em desenvolvimento pelos Estados Unidos e seus aliados.

O acordo tácito sintetizado na expressão sugestiva cunhada por Sylvia Ostry consistia no seguinte: os países do Sul abriam mão da reserva de mercado e de outros instrumentos até então amplamente utilizados para proteger produtores locais e implantar novos setores de atividade em suas economias, e recebiam em troca a garantia de que as barreiras às suas exportações têxteis e, sobretudo, agrícolas seriam removidas, em tempo hábil, pelos países desenvolvidos.

Esse pacto não veio à luz de um dia para outro. Ele foi esboçado na fase de pré-negociação da Rodada Uruguai do GATT – encerrada na conferência ministerial de Punta del Este, em 1986 – e consagrou-se no início da década de 1990, sob o impacto da dissolução do bloco socialista e do fim da Guerra Fria.

Tendo sustentado, com a Índia, uma oposição sistemática a esse pacto nos três primeiros anos da rodada, o Brasil muda de posição nesse momento: cede terreno no tocante a serviços e propriedade intelectual, e inscreve a liberalização do mercado agrícola como prioridade número 1 de sua política. Ao fazer isso, juntava forças com os Estados Unidos, que pressionavam seus parceiros europeus pela reforma de sua Política Agrícola Comum.

Na verdade, a bandeira da liberalização agrícola fora hasteada pelos Estados Unidos desde os primeiros movimentos em prol da nova rodada do GATT, no início do governo Reagan. À época, os europeus ainda viam com muitas reticências a incorporação do tema dos serviços na agenda do GATT. A crítica ao protecionismo agrícola tinha, para os Estados Unidos, a dupla função de colocar a Comunidade Europeia na defensiva e criar uma ponte com os países em desenvolvimento, aplacando as resistências que estes tradicionalmente opunham aos demais pontos de sua agenda.

Com todas as inflexões verificadas na condução da diplomacia comercial brasileira desde então, a ênfase na liberalização agrícola permaneceu como uma constante. Mas, com o passar do tempo, o papel dos Estados Unidos no debate sobre esse tema variou significativamente.

Com efeito, apesar de apresentarem-se sempre como os grandes campeões do livre-comércio, os Estados Unidos têm se negado sistematicamente a desmontar o seu amplo e complexo sistema de subsídios agrícolas, mesmo que essa atitude se traduza em desgaste no relacionamento com parceiros comerciais e aliados políticos. Aposta brasileira na abertura agrícola; não obstante as promessas em contrário, insistência renitente dos Estados Unidos (para não falar da União Europeia) na preservação de seu aparato protecionista. Esse é o mal-entendido.

Mas como entendê-lo?

Essa pergunta torna-se mais intrigante quando se leva em conta que a agricultura responde por uma fração diminuta do PIB dos Estados Unidos, e emprega uma parcela ínfima de sua força de trabalho. O enigma, então, é o de saber como e por que uma política em vários sentidos tão onerosa pode persistir, ainda que seus beneficiários sejam tão pouco numerosos.

A Ciência Política convencional oferece diferentes respostas a essa pergunta, mas de maneira geral elas combinam duas dimensões, usuais nesse gênero de estudos. A primeira é a assimetria entre interesses difusos – dos consumidores, desejosos de alimentos de melhor qualidade e mais baratos –, de um lado, e, de outro, interesses organizados – e por isso mesmo capazes de vocalizar suas demandas e se bater por elas. A segunda é a estrutura institucional do sistema decisório, que permite aos grupos minoritários fazer prevalecer os seus interesses.

No caso em questão, os esforços liberalizantes da Presidência dos Estados Unidos – mais sensível aos interesses difusos do conjunto do eleitorado – seriam permanentemente bloqueados no Congresso, cujo sistema complexo de comitês e comissões especializadas, com seus procedimentos próprios e suas regras específicas, proporcionaria diferentes pontos de veto aos grupos protecionistas.

Apesar de tudo que tenham de elucidativo, explicações nessa linha são prejudicadas em seu poder de convencimento por uma pergunta singela: por que o Executivo, com todos os recursos de que dispõe, não tenta alterar, neste ou naquele aspecto, a estrutura institucional referida de forma a remover alguns desses constrangimentos, ou não mobiliza de forma incisiva o apoio necessário para vencer aqueles vetos?

Versão definitiva do trabalho agraciado com o Prêmio CAPES de Melhor Tese de Doutorado em Ciência Política no ano 2015, o livro de Thiago Lima da Silva avança na análise do problema da persistência da política de subsídios agrícolas nos Estados Unidos ao lançar um olhar incrédulo sobre a premissa que preside todo o debate em torno da questão. Subsídios em favor de grupos tão minoritários e economicamente tão pouco expressivos? Por que não suspender a certeza e examinar mais cuidadosamente o substrato socioeconômico de tal política?

Ao efetuar esse deslocamento de foco, o autor parte de uma hipótese, que seu trabalho confirma sobejamente. Em suas palavras:

> a manutenção do tratamento da política de subsídios nos meios institucionais que a enviesam para sua renovação ocorre porque isso é do interesse de um conjunto de atores mais difuso do que normalmente se imagina. Isto é, atores relacionados a outros segmentos econômicos, como bens de capital, químicos, biotecnologia, entre outros, se beneficiam da política de subsídios que lhes garante um mercado consumidor permanente. Da mesma forma, é conveniente para mercadores e processadores da indústria alimentícia que haja continuidade de uma produção superabundante e uniformizada de insumos (produtos agrícolas). Tais indústrias podem encontrar ampla oferta de matéria-prima a preços mais baixos em solo estadunidense, sem depender das decisões de produção e distribuição de estrangeiros. Manter os incentivos ao aumento constante da produtividade, mesmo sabendo que a superoferta pressionará os preços para baixo, é do interesse de instituições financeiras. Dada a necessidade de os produtores agrícolas constantemente atualizarem e aprimorarem seus meios de produção, eles são grandes tomadores de empréstimos, cuja capacidade de pagamento é em grande medida dependente dos subsídios do Estado. Os proprietários de terra também possuem interesses na continuidade dos programas, já que boa parte da agricultura americana é realizada em terras arrendadas e as subvenções públicas são necessárias para manter os arrendatários solventes, portanto, pagando o seu aluguel.

Essa é uma das faces da moeda. A outra – indispensável à plena resolução do problema – é a definição da defesa de uma agricultura altamente produtiva como objetivo consensual da política de Estado americano. Convém salientar o adjetivo. Não se trata de "captura do Estado", mas de "arranjos e consensos [...] formados por agentes públicos e privados para criar algum tipo de ordem que promova a acumulação numa determinada direção".

Para fundamentar sua tese, o autor constrói um poderoso argumento teórico, haurindo os elementos necessários em diversas vertentes da Ciência Política, e se lança em uma vasta "expedição" por territórios pouco frequentados por seus colegas de disciplina: a sociologia econômica, a economia agrícola, a história socioeconômica da agroindústria nos Estados Unidos.

A apresentação dos resultados colhidos nesse percurso descortina para o leitor um universo de relações extremamente complexas, que ele mal poderia intuir, embora sua realidade cotidiana seja em grande medida estruturada por elas. Ao fazer isso, a obra esclarece as razões de fundo do mal-entendido de que falávamos – seu objeto específico.

Mas faz mais: fornece alguns dos elementos intelectuais necessários para a elaboração de um programa de desenvolvimento que nos permita escapar das armadilhas que o referido mal-entendido encerra. Por isso, não hesito em afirmar que o livro de Thiago Lima da Silva – desenvolvido como parte do programa de pesquisa do INCT-INEU – além dos especialistas em Ciência Política, em política agrícola e política comercial, deve interessar também o grande público.

Sebastião Velasco e Cruz

1
Introdução
Algumas teses sobre a manutenção do protecionismo agrícola nos Estados Unidos

Este livro busca contribuir para a compreensão do protecionismo agrícola dos Estados Unidos. Mais especificamente, lidamos com a proteção fornecida na forma de subsídios. O protecionismo agrícola em geral, e os subsídios em particular, são alvo de recorrentes e pesadas críticas domésticas e internacionais, mas, Farm Bill após Farm Bill, continuam vigentes. Os subsídios a algumas commodities agrícolas foram criados nos anos 1930, em meio ao movimento do New Deal, como um esforço para reanimar o setor agrícola então em grave depressão. Alguns anos depois, ficou claro que os subsídios não eram uma forma de resgate, mas sim uma estratégia estrutural para manter as fazendas investindo e os seus produtos artificialmente competitivos. Pode-se dizer que a estratégia continua a mesma no início do século XXI.

Refletir sobre as razões da manutenção de políticas agrícolas protecionistas é importante para o Brasil, que se lança nas relações internacionais baseado na condição de potência do agronegócio e de referência para a pequena agricultura familiar.[1] A conquista de mercados estrangeiros demanda a ação das empresas e do governo em diversas frentes: qualidade, marketing, logística, crédito, entre outros. Passa também por esforços políticos, realizados em negociações internacionais, seja com o intuito de diminuir barreiras aos produtos brasileiros, seja para proteger programas e

---

1 A coalização que assume o governo após o golpe parlamentar que derrubou a presidenta Dilma Rousseff em 2016 causou retrocesso nas políticas de apoio à agricultura familiar e não demonstra interessar-se por ser referência internacional nesta área.

produtores nacionais de ameaças estrangeiras. As negociações com os Estados Unidos – bilaterais, regionais, multilaterais, ou sob o sistema de solução de controvérsias da Organização Mundial do Comércio (OMC) – não são capazes de fazer aquele país diminuir significativamente suas subvenções agrícolas, quanto mais eliminá-las. O que se observa, na verdade, é a ampliação dos subsídios fornecidos ao longo do tempo.

Como entender a resiliência dos subsídios agrícolas nos Estados Unidos? Se por um lado esse setor representa parte praticamente ínfima do produto interno bruto do país, e por outro lado esse mercado é bastante cobiçado por outros países, por que a agricultura não foi utilizada como moeda de troca em barganhas internacionais? Por que um setor que gera poucos empregos em relação ao industrial ou ao de serviços consegue mobilizar o Estado para protegê-lo? O que garante que a política agrícola não perca seu foco protecionista e os subsídios continuem jorrando continuamente? Por que as pressões internacionais, vindas de negociações ou de litígios na OMC, não são suficientes para incitar a significativa retração ou a eliminação dos programas de subsídios agrícolas? Se o sistema eleitoral norte-americano faz a conexão entre o eleitorado e os congressistas, e tanto a população dedicada à agricultura quanto a importância econômica desse setor são declinantes (veja a Tabela 1.1), por que há manutenção dos programas protecionistas criticados pela sociedade e por atores internacionais? De onde emana o poder político que os sustenta?

Tabela 1.1: Mudanças estruturais na agricultura dos EUA, 1920-2010

Ano	1920	1950	1980	2000	2010
Número de fazendas (milhares)	6.518	5.648	2.440	2.167	2.192
Tamanho médio das fazendas (acres)	147	213	426	436	419
Parcela rural da população (percentual)	48,8	36	26,3	21	19,3
Parcela agrícola da mão de obra (percentual)	25,4	12,1	3,4	1,8	1,6
Parcela agrícola do PNB (percentual)	7,7	6,8	2,2	1	0,9

Fonte: Council of Economic Advisors (2013).

Nesta introdução, que pelo teor é também um capítulo, apresentaremos a resposta tradicional a essas perguntas, consagrada pelo *mainstream* da ciência política. Abordaremos também uma alternativa, com um corte mais de sociologia política, e que deixou de ser considerada de forte poder explicativo. A primeira é filiada ao paradigma pluralista da ciência política e ancorada nas abordagens da economia política do cálculo eleitoral, assim como na análise institucionalista dos processos legislativos. A segunda também recorre em parte à economia política do cálculo eleitoral, mas concentra-se na formação de comunidades epistêmicas, baseadas nas relações pessoais entre líderes políticos, da burocracia e do setor privado.

Embora valorizemos a explicação tradicional, consideramos que ela poderia ser mais completa, dado que, empiricamente, tende a considerar a agricultura um setor econômico relativamente isolado. Isso, de acordo com nossos estudos, pouco corresponde à realidade. Já a explicação alternativa, ainda que careça de exames empíricos contemporâneos mais aprofundados e consolidados, gera *insights* importantes que, a partir do estudo que realizamos sobre os complexos agroindustriais (CAI), se coadunam de certo modo com a conclusão deste livro. Antecipando o argumento que será desenvolvido a seguir, sustentamos que a análise da política agrícola protecionista deve levar em consideração os interesses não agrícolas que a ela se vinculam diretamente, no conjunto dos CAI, bem como o interesse do Estado em dar uma certa direção às atividades econômicas privadas.

A compreensão da prática dos subsídios agrícolas nos Estados Unidos fica mais completa, conforme pudemos concluir, ao incorporarmos perspectivas teóricas que considerem as relações estruturais entre o Estado e os agentes privados, como as de Claus Offe e Charles Lindblom. Para eles, o Estado é mais do que uma arena em que os grupos de interesse lutam para obter o controle das alavancas institucionais. Nas sociedades capitalistas, os agentes do Estado também promovem a acumulação capitalista. Não se trataria, portanto, da captura do Estado, mas sim dos arranjos e consensos que podem ser formados por agentes públicos e privados para criar algum tipo de ordem que promova a acumulação numa determinada direção (Block; Evans, 2005).

Antes de seguir adiante, é preciso uma palavra sobre o termo *resiliência*, que entendemos exprimir em boa dose a dinâmica protecionista dos subsídios agrícolas americanos. Em Física, resiliência é um vocábulo vinculado ao estudo dos materiais que têm sua forma modificada em decorrência de uma ação externa e que, cessada aquela ação, voltam à sua forma original. Outros campos de conhecimento também recorrem ao termo, com modificações. Nas Ciências Sociais, em geral, resiliência não corresponde somente à capacidade de retornar ao original após o impacto. Tem a ver também com as ideias de adaptação, recuperação, sobrevivência e até de aperfeiçoamento após a experiência. Não queremos polemizar a questão e abrir uma via que nos levaria a uma discussão conceitual que perpassaria no mínimo a Psicologia, a Ecologia, a Administração, a Sociologia, entre outras disciplinas.[2] Utilizamos o termo, aqui, para nos referirmos a uma formação econômico-política que, diante de desafios e ao longo do tempo, se modifica – se retrai, se expande, se transmuta – para continuar produzindo efeitos semelhantes. Como é impossível adotar a precisão da Física

---

2 Para uma ideia do debate, veja Brandão et al., A construção do conceito de resiliência em psicologia: discutindo as origens. *Paideia*, 21(49), 2011, p.263-71; e Oliveira, S., Política e resiliência. *Ecopolítica*, n.4, 2012, p.105-29.

nas Ciências Sociais, o sentido que atribuímos ao termo é o de ir mudando em decorrência de choques para que continue mais ou menos similar. O mais importante é diferenciar resiliência de *resistência*. Entendemos resistência como a capacidade de um objeto de não se romper diante de ação externa. Mas, se o objeto for deformado ao resistir à ação externa, ele não retornará ao que era originalmente, cessada aquela ação: permanecerá deformado. Nesse sentido, o termo resistência oferece mais uma concepção de barreira, de firmar posição, que concluímos ser insuficiente para denotar a política de subsídios dos EUA. Esta nos parece ser flexível, propositiva, plástica, daí a opção por resiliência.

Interesses e instituições

O *mainstream* da ciência política defende a ideia de que o protecionismo agrícola é mantido por conta do processo legislativo relativo à política agrícola, a despeito da preferência do Executivo pela liberalização do setor (veja, por exemplo, Moyer; Josling, 1990; Sheingate, 2001; Davis, 2003). Embora bastante coerente e persuasiva, acreditamos que ela precisa ser complementada por uma análise que leve mais profundamente em consideração a maneira como a produção agroindustrial é de fato realizada, tema sobre o qual discorreremos no Capítulo 3.

A lógica que fundamenta essa explicação parte da vulnerabilidade eleitoral dos políticos à pressão de grupos organizados que podem ter papel relevante nas eleições (Frieden; Rogowski, 1996). Esse seria o caso de muitos grupos de interesse agrícolas, sobretudo aqueles ligados às principais commodities. A cada pleito esses grupos mobilizam votos e doações para campanha, que são negociados com os candidatos em troca de apoio às suas demandas. Dada a capacidade de organização desses grupos, tanto para levar eleitores às urnas (ainda mais num contexto de voto não obrigatório) quanto para direcionar os cheques de doação, normalmente os políticos de zonas rurais buscam o seu apoio. Cria-se, assim, um canal de representatividade política.[3]

Somente a conexão eleitoral, porém, não seria suficiente para garantir que interesses de grupos agrícolas protecionistas se perpetuassem como institutos estatais. Mesmo no século XIX e no começo do XX, quando a força econômica e demográfica agrária era bem maior, ela não era suficiente para

---

[3] A influência de grupos de interesse protecionistas seria menor sobre o presidente porque seu eleitorado estaria distribuído em uma base muito maior, que é o total de eleitores nacionais. A liberalização seria a principal preferência desse eleitorado, pois ela aumentaria a eficiência da economia, diminuindo preços gerais, e reduziria o custo de carregar *pesos mortos*, isto é, ineficientes (Frieden; Rogowski, 1996).

dominar o processo político. Um grande exemplo disso era a manutenção de políticas industriais protecionistas cujo efeito era fazer os consumidores em geral, inclusive os rurais, pagarem mais caro por produtos manufaturados. O êxito dos grupos de interesse agrícolas e dos políticos a eles ligados, no que toca à manutenção do protecionismo agrícola, condiciona-se, portanto, ao ambiente institucional no qual a matéria é trabalhada.

São três os pilares institucionais que potencializam o poder dos interesses agrícolas protecionistas (Arnold, 1990; Moyer; Josling, 1990; Veiga, 1994; Sheingate, 2001; Davis, 2003). O primeiro é a capacidade de barrar iniciativas específicas ou isoladas com o objetivo de desmantelar o núcleo de proteção da política agrícola. Isso seria feito por meio do controle que os Comitês de Agricultura da Câmara e do Senado exercem sobre a agenda política, restringindo ou mesmo fechando o espaço para projetos de lei que proponham o desarme de proteções e subsídios. Se os programas fundamentais da política agrícola fossem considerados em plenário, sem limitação a emendas e em períodos de estabilidade, é possível que fossem significativamente reformados, pois constantemente congressistas urbanos, e mesmo alguns ligados a setores agrícolas não agraciados com subsídios e outras proteções, protestam contra as subvenções. Contudo, os Comitês de Agricultura da Câmara e do Senado atuam como filtros que restringem o avanço de projetos radicalmente reformistas.

O segundo pilar é a capacidade dos congressistas dos Comitês Agrícolas de formarem maiorias legislativas (Browne, 1988, 1995). Dos anos 1950 aos 1970, período de acentuado declínio da população que trabalhava no campo, os grupos agrícolas tiveram de formar maiorias para buscar apoio em áreas urbanas. Isso foi feito por meio de alianças com sindicalistas urbanos cujo feixe principal era o programa de segurança alimentar para populações carentes, o *Food Stamp*. Nesse período, a política agrícola sofreu reformas, mas a aliança conseguiu manter os programas de sustentação e apoio à renda e aos preços.

Dos anos 1970 em diante, a capacidade de manutenção e proposição da política agrícola deixou de ser a barganha cruzada com os congressistas do Food Stamp e monopolizada nos Comitês de Agricultura. Ela passou a ser mais abrangente e inclusiva. O estilo *omnibus* (geral) que caracteriza a Farm Bill faz que a política agrícola possa receber diversos aportes em vários comitês, mesmo que apenas levemente relacionados à agricultura. A institucionalização da política agrícola, enquanto instrumento legislativo, tornou possível oferecer oportunidades de ganhos a quase todos os congressistas, sem ter de eliminar o fundamental do protecionismo. Esse formato legislativo surgiu em 1974, quando se decidiu tratar uma variedade de programas muito mais abrangentes do que preços, subsídios e segurança alimentar em apenas uma lei geral. A partir de então, a estrutura *omnibus* da legislação agrícola passou a ser uma arena para a solução dos conflitos sobre a matéria e outros assuntos, eliminando a estrita troca de compromissos (*logrolling*) como a que era feita com o Food Stamp. O projeto da Farm Bill passou a ser distribuído em diversos comitês e neles é possível incluir demandas ambientais, fiscais, creditícias, educacionais, assistenciais, energéticas, entre outras. A parte principal dos trabalhos é feita nos comitês e subcomitês, com a liderança dos de Agricultura, pois emendas geralmente não são admitidas no plenário. Além disso, uma conferência entre Senado e Câmara busca reparar os danos que uma casa pode ter feito ao projeto de lei trabalhado na outra. Browne (1995, p.27) conclui:

> Coletivamente, essas características enviesam o processo de política agrícola na direção de um acordo exitoso ao dar a cada membro da eventual coalizão vencedora nesse projeto oportunidades que de outra maneira não teriam.

Essa fórmula consegue trazer para dentro da coalizão vencedora os críticos da política agrícola que, se não conseguem o completo desmantelamento desta, são capazes de alcançar outros objetivos ou medidas paliativas. A condução dos trabalhos nos Comitês de Agricultura é considerada essencial para a manutenção do núcleo protecionista.

O terceiro pilar para a manutenção da proteção pode ser encontrado na necessidade de aprovação cíclica da Farm Bill. A lei geral agrícola possui prazo de validade e, caso não seja renovada, automaticamente faz o tema agrícola *stricto sensu* voltar a ser regulado por leis de 1938 e 1949. Se isso acontecesse, os programas não agrícolas de cunho ambiental, social e econômico que têm vida acoplada à Farm Bill seriam, em tese, extintos. Adicionalmente, as provisões sobre paridade de preços e restrição de oferta daquelas leis seriam reativadas, o que tornaria os custos dos programas agrícolas exorbitantes. Ou seja, a não renovação da Farm Bill implica – caso nenhuma alternativa seja desenvolvida – o deslocamento automático do *status quo* para um ponto bastante distante das preferências dos congressistas em geral, o que enviesa o jogo político doméstico na direção da sua renovação. O custo da renovação seria menor que o da reversão às leis de 1938 e 1949. A pergunta que fica é: se os congressistas sabem que a não renovação da lei poderia resultar no retorno de um marco regulatório arcaico, por que não eliminam legislativamente essa armadilha? Uma hipótese é a de que esse mecanismo permite reavaliar os termos dos acordos políticos forjados a cada ciclo. Isso contribui, em longo prazo, para a renovação do consenso, ainda que reformado, em torno do papel do Estado na manutenção dos complexos agroindustriais, como abordaremos no Capítulo 3.

Em suma, os aspectos institucionais mencionados acima apontam para algumas condições de restrição à alteração do *status quo* e a favor da manutenção e da renovação da política agrícola protecionista nos EUA. A partir da conexão eleitoral, grupos agrícolas conseguem cativar o apoio de congressistas-chave nos Comitês de Agricultura do Congresso que, com poder de agenda, barram projetos de lei que visam a eliminar o núcleo da política agrícola, composto, entre outras medidas, pelos programas de subsídios. Paralelamente, a necessidade de renovação cíclica da legislação, sob pena de reversão às leis arcaicas da primeira metade do século XX, somada ao seu formato *omnibus*, que permite compor maiorias pela inclusão de interesses diversos, faz que políticas protecionistas continuem em vigor e outras sejam criadas, ainda que algumas tenham de ser eliminadas ou reformadas.

A despeito da plausibilidade dessa explicação, algumas lacunas sugerem questões e campos a serem estudados. As premissas da explicação, que considera os políticos atores racionais em busca da maximização de suas preferências pela via eleitoral, são uma simplificação útil, mas que apresenta limites. É preciso problematizar as preferências, e não tomá-las como dadas. Isso deve ser salientado porque a adesão completa à análise institucionalista pode levar a uma visão de que mudanças podem ser muito difíceis, mesmo impossíveis, porque as preferências são exógenas, imutáveis. Como tais, não levariam a modificações legislativas, a menos que houvesse mudanças contextuais que alterassem o cálculo da opção que maximiza seus objetivos eleitorais. Essa opção metodológica não deixa espaço para a formação de uma posição mais autônoma por parte do agente político. Ela impediria, por exemplo, a decisão dos legisladores de conduzir o debate da política agrícola por outros caminhos institucionais. Em nossa perspectiva, o deslocamento da política agrícola para outro ambiente institucional seria possível se houvesse vontade política.

Reservando espaço para esse componente volitivo, sustentamos que a manutenção do tratamento da política de subsídios nos meios institucionais que a enviesam para sua renovação ocorre porque isso é do interesse de um conjunto de atores mais difuso do que normalmente se imagina. Isto é, atores relacionados a outros segmentos econômicos, como bens de capital, químicos, biotecnologia, entre outros, beneficiam-se da política de subsídios que lhes garante um mercado consumidor permanente. Da mesma forma, é conveniente para mercadores e processadores da indústria alimentícia que haja continuidade de uma produção superabundante e uniformizada de insumos (produtos agrícolas). Tais indústrias podem encontrar ampla oferta de matéria-prima a preços mais baixos em solo estadunidense, sem depender das decisões de produção e distribuição de estrangeiros. Manter os incentivos ao aumento constante da produtividade, mesmo sabendo que a superoferta pressionará os preços para baixo, é do interesse de instituições financeiras. Dada a necessidade de os produtores agrícolas constantemente atualizarem e aprimorarem seus meios de produção, eles são grandes tomadores de empréstimos, cuja capacidade de pagamento é em grande medida dependente dos subsídios do Estado. Os proprietários de terra também possuem interesses na continuidade dos programas, já que boa parte da agricultura americana é realizada em terras arrendadas e as subvenções públicas são necessárias para manter os arrendatários solventes, portanto, pagando o seu aluguel.

Redes e comunidades epistêmicas

O protecionismo agrícola conta também com outra explicação tradicional, mais vinculada à sociologia política. Trata-se da tese do "triângulo de ferro", que teve maior influência até os anos 1970 (Hathaway, 1963; Paarlberg, 1964; Browne, 1988, 1995; Salisbury et al., 1992; Wilson, 2003). Esse termo corresponde à formação de redes constituídas pelas relações entre: a) líderes de grupos de interesses agrícolas; b) políticos e seus assessores, principalmente aqueles ligados aos Comitês de Agricultura da Câmara e do Senado; e c) burocratas do Executivo, por exemplo, no Departamento de Agricultura (United States Department of Agriculture – USDA) e do United States Trade Representative (USTR). Os conjuntos formados por esses três pontos funcionariam como comunidades epistêmicas na avaliação dos problemas e na proposição de soluções. A atuação do conjunto não seria, obviamente, desinteressada. Seriam proposições objetivando encaminhar as políticas de acordo com as concepções mais propícias aos seus interesses e visões de mundo.

A liga entre esses três pontos se daria pela troca de influência. Um exemplo disso, relacionado à comunidade epistêmica, é o seguinte: os grupos de interesse conhecem as "reais" demandas do setor; os burocratas sabem como operar os programas, como fazê-los funcionar na prática e as razões empíricas do fracasso de algumas ideias; os políticos dominam o processo de transformar demandas em institutos. Dada a complexidade das questões agrícolas, o trabalho em conjunto reúne os esforços necessários para propor e administrar soluções.

Outro exemplo do funcionamento das redes pode ser apreendido pela "dança das cadeiras" dos cargos públicos e privados ou, no termo utilizado nos Estados Unidos, pela prática da "porta giratória", a chamada *Revolving Door* (Dal Bó, 2006). Tal prática corresponde ao trânsito de funções e empregos por parte de algumas pessoas que trabalham ora no setor público, ora no setor privado. A *expertise* e as relações interpessoais que desenvolvem em cada esfera, bem como os favores que são trocados, dotam os indivíduos de influência. Influência esta que é utilizada para fazer avançar as concepções da comunidade epistêmica e atingir objetivos pessoais em termos de posição profissional e remuneração, entre outros. Desse modo, um burocrata do USDA pode se tornar lobista de um grupo de interesse agrícola e posteriormente galgar uma posição na assessoria de algum congressista. Ao final do período, pode ser convidado a compor os quadros de uma corporação do agronegócio e, a partir dessa posição, se tornar conselheiro do USTR em negociações internacionais. E assim por diante.

Abaixo, um exemplo contemporâneo (Figura 1.1) que se refere à Monsanto:

Figura 1.1: *Revolving Doors:* Monsanto

Fonte: http://www.techdirt.com/articles/20111221/17561617164/mapping-out-revolving-door--between-govt-big-business-venn-diagrams.shtml. Acesso em: 28 dez. 2013.

Essa explicação contém duas diferenças principais em relação à anterior: em primeiro lugar, a conexão eleitoral não é um pressuposto fundamental. Não que não seja importante para os políticos. Na verdade, pode até ser uma fonte de influência dos grupos de interesse sobre os políticos. O modelo, no entanto, prioriza as relações interpessoais entre as lideranças dos pontos da rede. Em segundo lugar, o Executivo ganha um papel ativo na defesa dos grupos de interesse por meio das burocracias associadas às políticas em questão. Na abordagem institucionalista, é interesse do Executivo eliminar o protecionismo, já que o presidente não é, em princípio, eleitoralmente dependente de grupos agrícolas protecionistas, devido ao seu pequeno tamanho em face do eleitorado nacional. Adicionalmente, um orçamento mais enxuto interessa mais aos consumidores em geral, que constituem a maior base eleitoral do presidente.

Essa explicação foi bastante desacreditada entre as décadas de 1970 e 1980 (Heclo, 1990; Browne, 1995). Por um lado, argumentou-se que a política agrícola havia se tornado mais complexa e porosa a diversos atores, fazendo que os grupos de interesse que tinham acesso especial aos legisladores e à burocracia, por serem portadores de conhecimentos específicos e representatividade setorial, perdessem sua singularidade. As relações se aproximariam mais de "redes temáticas", formadas mais conjunturalmente e sem uma estrutura muito bem delineada e fechada. Ou seja, a metáfora bem sedimentada do triângulo de ferro havia perdido seu poder heurístico no novo contexto econômico e político dos anos 1970.

No entanto, mesmo que mais fluidas e amorfas, claramente existem redes formadas por líderes que constantemente monitoram, avaliam e administram não só o setor agrícola, mas o agronegócio como um todo. Para darmos apenas um exemplo, o USTR possui institucionalizado um corpo de conselheiros do agronegócio, provenientes do setor privado e organizados em diversos comitês, que se reúnem com burocratas e congressistas para monitorar negociações internacionais, bem como para formular a posição negociadora dos Estados Unidos.[4] A Tabela 1.2 a seguir é um exemplo de um desses comitês.

Tabela 1.2: Comitê de Aconselhamento em Política Agrícola do USTR (2013)

Nome	Companhia
Laura Batcha	Organic Trade Association
Jon Caspers	Pig Farmer
Nancy Cook	Del Monte Foods
Marsha Echols	World Food Law Institute
Sean J. Darragh	Grocery Manufacturers Association
Hezekiah Gibson	United Farmers USA, Inc.
Thomas Hammer	National Oilseed Processors Association

---

4 "Esses Comitês são autorizados pelas Seções 135(c) (1) e (2) da Lei de Comércio de 1974 (Lei Pública nº 93-618), conforme emendas. Elas buscam garantir que elementos representativos do setor privado tenham a oportunidade de fornecer suas perspectivas sobre comércio e política comercial para o governo dos EUA. Os Comitês fornecem o mecanismo formal pelo qual o governo dos EUA pode buscar aconselhamento e informações do setor privado. A renovação desses Comitês é de interesse público e em conexão com o trabalho do USDA e do USTR. Nenhuma outra agência ou comitê de aconselhamento existente fornece esse tipo de aconselhamento privado sobre comércio agrícola. Os Comitês aconselharão o secretário de Agricultura e o representante do Comércio dos EUA sobre o seguinte: objetivos negociadores e posições de barganha antes de adentrar um acordo comercial; o funcionamento de acordos concluídos; e outros interesses que surjam relativos à administração da política de comércio dos Estados Unidos". Fonte: USTR. Disponível em: http://www.ustr.gov/about-us/advisory-committees/agricultural--policy-advisory-committee-apac. Acesso em: 13 dez. 2013.

Nome	Companhia
Shannon Herzfeld	Archer Daniels Midland
Roger Johnson	National Farmers Union
Peter Kappelman	Meadow Brook Dairy Farms
Alan Kemper	Kemper Farms
Robert Koch	The Wine Institute
Dr. Won W. Koo	North Dakota State University
Mark D. Lauritsen	United Food and Commercial Workers Union
Ronald Litterer	Litterer Farms
Rik Miller	DuPont Crop Protection
Brenda Morris	Morris Farms
Daniel Moss	Moss Farms Partnership
Gary Murphy	U.S. Rice Producers Association
Thomas Nassif	Western Growers Association
Forrest Roberts	National Cattlemen's Beef Association
Christian Schlect	Northwest Horticultural Council
Philip Seng	U.S. Meat Export Federation
Michael Stuart	Florida Fruit & Vegetable Association
James Sumner	USA Poultry & Egg Export Council
Alan Tracy	U.S. Wheat Associates
Robert J. Underbrink	King Ranch, Inc.
Larry Wooten	North Carolina Farm Bureau
Michael Wootton	Sunkist Growers
Van Yeutter	Cargill

Fonte: Foreign Agricultural Service. USDA. Disponível em: http://www.fas.usda.gov/itp/apac--atacs/advisorycommittees.asp. Acesso em: 13 dez. de 2013.

O Estado e os investidores privados

Ambas as perspectivas acima oferecem chaves explicativas importantes para que se compreenda o protecionismo agrícola nos Estados Unidos. O foco nos grupos de interesse contribui para uma visão empírica mais específica e mensurável, seja em termos de votos, recursos para campanha e trâmites legislativos, seja em termos de circuitos público-privados de formação de posição e de trânsito de pessoas.

Contudo, acreditamos que elas poderiam ser complementadas com dois aportes. Primeiramente, com uma consideração mais realista sobre como a produção agrícola ocorre de fato, tema do Capítulo 3. Isso seria importante porque mais atores privados deveriam ser trazidos à composição das forças protecionistas, como o Capítulo 4, a seu turno, busca evidenciar.

Além desse viés mais substantivo, por assim dizer, um entendimento mais robusto sobre o protecionismo agrícola nos Estados Unidos pode ser construído a partir de um enfoque teórico mais estrutural. Tal enfoque baseia este livro e a ele será dedicado o restante desta introdução. O objetivo não é fazer uma grande discussão de teoria política, já que a preocupação aqui é um fenômeno empírico mais específico.

Parte-se do pressuposto de que, nos Estados capitalistas, a produção privada é estratégica. Estratégica porque se refere a elementos infraestruturais, isto é, fundamentais para a manutenção do Estado. Toda ação estatal depende do emprego de recursos e, nos Estados em que vigora a economia de mercado, os recursos estatais são obtidos principalmente por meio da cobrança de impostos que incidem, direta ou indiretamente, sobre as relações econômicas privadas. Isso significa que o Estado "não somente tem autoridade, mas também o mandato para sustentar e criar *condições* de acumulação" (Carnoy, 1988, p.172), o que envolve agir contra as

> ameaças que causam problemas de acumulação, ameaças provenientes da concorrência entre as unidades acumuladoras, doméstica e internacionalmente, bem como da classe trabalhadora. A função de criar e manter condições de acumulação implica o estabelecimento do controle sobre essas possibilidades e acontecimentos destrutivos. (Carnoy, 1988, p.172)

Dito de outro modo, não utilizar os instrumentos estatais disponíveis para desfazer ameaças ou promover o seu fortalecimento significa não agir de acordo com o próprio interesse estratégico do Estado (Offe, 1995).

Não trazemos esses argumentos para sustentar que políticos e burocratas são determinados *a priori* pelos interesses dos empresários (Mizruchi; Bey, 2005). Em muitos casos é possível vincular o comportamento de políticos ou funcionários públicos a interesses peculiares de empresários ou outros grupos de interesse. No entanto, admitindo que o Estado é também uma arena de disputa política em que os mais diversos interesses podem ter penetração, e aceitando ainda que existem pessoas que atuam de acordo com valores e interesses que não estão umbilicalmente ligados a grupos empresariais e que possuem raízes no interesse geral ou público, partimos do pressuposto de que a busca pela prosperidade dos atores empresariais é estratégica para o Estado, pois são os recursos provenientes desses atores que tornam a maioria das atividades estatais, públicas e privadas possíveis. Por isso, apesar de ser possível verificar diversas medidas regulatórias, fiscais e sociais que despertam a oposição do empresariado, no longo prazo um objetivo fundamental é fazer prosperar a empresa privada, o que gera um enviesamento por parte do Estado em favor dos produtores privados (Miliband, 1982).

Assim, se as empresas não são capazes de criar por si sós as condições para a prosperidade, construí-las se torna um objetivo estratégico do Estado.

Sabemos que essas condições são muito amplas, envolvendo estabilidade macroeconômica, regras de competição empresarial, condições adequadas para os trabalhadores, estrutura logística, fomento da competitividade etc. A intervenção do Estado pode se dar de diversas maneiras, subjacentes às suas respectivas particularidades, e em muitos casos ela ocorre de forma equivocada ou contraproducente. A elaboração e a execução de políticas desse tipo são bastante complexas e seu sucesso depende da reação dos atores privados nacionais e transnacionais, de constrangimentos internacionais e da ocorrência de imprevistos. O fato é que o exame histórico, tanto de países desenvolvidos quanto dos em desenvolvimento, demonstra claramente o emprego de instrumentos estatais (regulatórios, protecionistas, creditícios, infraestruturais, produtivos, demanda, educacionais etc.) como forma de promover a atividade privada e, mais que isso, demonstra que a intervenção ativa e eficaz é impulso fundamental para alcançar o desenvolvimento (Evans, 2004; Chang, 2004; Cruz, 2007; Reinert, 2007).

Se, por um lado, fortalecer a capacidade de geração de recursos a partir do setor privado é estratégico para os Estados, por outro essa mesma fonte de poder pode se tornar uma vulnerabilidade. Isso porque as decisões de investimento, contratação e emprego são majoritariamente privadas, ou seja, o Estado pode se tornar, em elevado grau, dependente da iniciativa empresarial de produzir bens e prestar serviços. A despeito da existência de empresas e serviços estatais, o fato é que o Estado não pode suprir sozinho todas as necessidades da sociedade. Em uma economia de mercado, o Estado nem deve tentar fazer isso: ele deve criar condições para que as empresas o façam. É por isso que Miliband (1982), Offe (1984) e Lindblom (1979) identificam o poder dos interesses empresariais perante o Estado não tanto na sua capacidade de influenciar os processos políticos, mas sim na posição privilegiada de que dispõem devido à sua prerrogativa de tomar decisões fundamentais de produção, investimento, contratação de serviços e de mão de obra. Vale citar extensamente, nesse diapasão, o argumento de Miliband (1982, p.180):

> É claro que os governos dispõem do poder formal para impor a sua vontade ao empresariado, para impedi-los de fazer certas coisas e obrigá-los a fazer outras, através do exercício da autoridade legítima. E realmente é isso que os governos têm feito muitas vezes. Mas embora seja uma verdade importante, não se trata absolutamente do fundamental. Obviamente, os governos não são *completamente* impotentes diante do poder do empresariado, nem se trata de os homens de negócio, por maiores que sejam os consórcios por eles dirigidos, poderem desafiar abertamente as ordens do Estado, desrespeitar suas regras e desprezar a lei. O que se afirma é que o controle de amplas e vitalmente importantes áreas da vida econômica, por parte do empresariado, faz que seja extremamente *difícil* para os governos impor políticas a que eles se oponham firmemente. Poder-se-ia arguir que outros interesses também não são

impotentes *vis-à-vis* seu governo; também podem opor-se, às vezes com êxito, aos objetivos e às políticas do Estado. Mas o empresariado, em virtude da própria natureza do sistema capitalista de organização econômica, está incomensuravelmente melhor situado do que qualquer outro interesse para fazê-lo de maneira eficaz e obrigar os governos a dedicar uma atenção muito maior aos seus desejos e às suas suscetibilidades do que a quaisquer outros.

Isso não quer dizer que a mobilização dos empresários não seja importante, nem que a de outros grupos de interesse também não seja. É evidente que há grupos de pressão de trabalhadores, consumidores, ecologistas e pessoas com os mais diversos interesses (direitos humanos, proteção aos animais, saúde pública, cultura) e que eles se mobilizam para influenciar a política. Há uma enorme e valiosa literatura pluralista que se dedica a examinar os canais de influência entre grupos de interesse e políticos (Przewroski, 1995). Entretanto, o que queremos salientar é que, pelo fato de o Estado ser capitalista e por isso depender das decisões privadas de investimento, os governos se tornam mais afeitos aos interesses de grupos empresariais (Block, 1980). Ou, colocado por um ângulo mais incisivo,

> não são fundamentalmente os agentes do processo de acumulação que estão interessados em instrumentalizar o poder estatal, mas, ao contrário, são os agentes do poder estatal que – a fim de assegurar sua própria capacidade de funcionamento – obedecem, como seu mandamento mais alto, ao imperativo da constituição e consolidação de um "desenvolvimento econômico favorável". (Offe; Ronge, 1984, p.124)

O argumento exposto acima deve ser entendido em dois pontos principais: 1) o Estado depende da atividade produtiva privada para angariar recursos; 2) o Estado depende da atividade privada para a produção de bens, serviços e, principalmente, empregos (Lindblom, 1982, 1984). A partir da observação de diversas decisões empresariais que acabam influindo em aspectos essenciais da sociedade, Lindblom (1979, p.194) conclui que:

> Se pudermos imaginar um sistema político-econômico sem moeda e mercados, as decisões sobre distribuição da renda terão obviamente de ser políticas ou governamentais. Havendo falta de mercados e salários, as parcelas de renda teriam de ser distribuídas por algum tipo de autoridade pública, talvez racionamento. Decisões sobre o que seria produzido teriam de ser tomadas também por autoridade pública ou governamental. O mesmo se aplicaria à alocação de recursos às diferentes linhas de produção, localização de fábricas, tecnologias a serem usadas, qualidade dos bens e serviços, inovação de produtos – em suma, em todos os aspectos importantes da produção e distribuição. Todas elas seriam aceitas como decisões de política pública.

Na visão de Lindblom (1979), a função pública mais importante do setor privado é a geração de emprego. De fato, uma alta taxa de desemprego pode ser facilmente considerada um sinal de uma economia deletéria e fonte aguda de instabilidade social. Exemplos menos drásticos são a localização de um hospital, a instalação de uma nova empresa, preços de produtos de higiene, investimento em tecnologias de comunicação, oferta de serviços de engenharia civil, produção de gêneros alimentícios etc. Como o sistema é baseado na economia de mercado, os atores privados são os responsáveis pela produção da maior parte das coisas fundamentais – cimento, aço e trigo, por exemplo – e por isso as atividades desses atores se tornam de interesse público, mesmo que o grande público não o perceba. Dificilmente é possível imaginar uma economia capitalista que não tenha nos serviços bancários uma artéria vital, a despeito da pouca simpatia da maior parte dos cidadãos. É nesse sentido que Lindblom (1984, p.22) argumenta enfaticamente que é preciso

> reconhecer o caráter público de empreendimentos, especialmente das grandes empresas (e por grande quero dizer não a maior, mas qualquer coisa que não seja a menor das empresas). Teremos de reconhecer que elas são instrumentos sociais da mesma maneira que as agências governamentais são instrumentos sociais.

Considerar que investidores privados sejam frequentemente instrumentalizados para fins sociais é provavelmente um exagero, como sugere o caso da Cargill Canadá, na região de Alberta. Para obter mão de obra barata para suas indústrias processadoras de carnes, a empresa buscou comprar ou expulsar do mercado seus concorrentes para que, quando tivesse acumulado bastante poder de mercado, pudesse fazer uma oferta que seus empregados não pudessem recusar. A oferta ocorreu em 1988: aceitar uma redução de aproximadamente 80% nos salários; do contrário, a empresa fecharia todas as suas fábricas na região. E a oferta foi aceita. Alguns anos depois o sindicato daqueles trabalhadores conseguiu negociar um aumento que fez os salários recuperarem cerca de 70% do seu valor inicial (Kneen, 2002). Fica evidente o poder dos investidores privados sobre os empregos, a renda, e mesmo sobre o fornecimento de alimentos de uma região, assim como o dúbio potencial de instrumentalizá-los socialmente.

Ainda sobre a Cargill, em 1997 a empresa controlava "25% das exportações de grãos dos Estados Unidos, 25% da sua capacidade de esmagar oleaginosas, 20% da capacidade de moagem de milho da nação, abatia 20% do gado e detinha 300 elevadores de grãos" no país (Kneen, 2002, p.17). Esses dados apontam o poder de barganha que apenas uma empresa do agronegócio possui nos Estados Unidos, não só do ponto de vista de empregos e renda, mas da geração de impostos e do abastecimento alimentar.

Quando as empresas se tornam muito grandes, o papel delas na sociedade se torna mais significativo, a ponto de o Estado ter de salvá-las em caso de dificuldades econômicas. As ações do governo Obama para salvar a General Motors e a Chrysler da bancarrota em 2009 evidenciam isso. Na ocasião, o Tesouro dos Estados Unidos financiou a compra de boa parte da Chrysler pela Fiat e fez um aporte de mais de USD 50 bilhões para socorrer a General Motors. Nas palavras do presidente Obama,

> Num momento em que estamos no centro de uma recessão e de uma crise financeira profunda, a ruína dessas empresas teria um efeito devastador para inúmeros americanos, além de causar prejuízos enormes a nossa economia, não só na indústria automobilística.[5]

Seria o caso da agricultura diferente? Crises econômicas na agropecuária são frequentes e, no caso dos Estados Unidos, desde os anos 1930 o Estado assumiu o papel de garantir a continuidade do investimento agrícola por meio de barreiras aduaneiras e subsídios internos e à exportação. Na ausência de intervenção estatal, os produtores agrícolas americanos provavelmente se arruinariam por conta da superprodução e do excesso de oferta, que tornariam os preços das commodities tão baixos que não seriam suficientes para gerar lucro.

Na verdade, como será demonstrado no Capítulo 3, é comum que o preço de venda das commodities agrícolas não seja suficiente para cobrir os custos de sua produção (veja os gráficos 3.4 a 3.8). Por que os produtores agrícolas continuam investindo se as vendas frequentemente dão prejuízo? Um forte motivo para isso é que a intervenção estatal, por meio dos programas de subsídios, cobre o déficit e assim incentiva, temporada após temporada, uma nova rodada de investimento.

Na ausência desse investimento, produtos agrícolas deixariam de ser ofertados ao mercado, podendo configurar um caso de escassez. Ou então poderiam ser importados, criando uma relação de dependência com o exterior. Qual o problema disso, se as rotas de comércio estiverem abertas, os produtos estrangeiros forem de qualidade e mais baratos, e se houver renda suficiente para comprá-los no mercado internacional? Afinal, o bem-estar doméstico não aumentaria, posto que mais renda estaria disponível?

A explicação tradicional para o protecionismo agrícola nos Estados Unidos afirma que, pelos mecanismos explicados nas seções acima, são os grupos de interesse em conluio com determinados congressistas que capturam o processo legislativo e imputam à sociedade um custo desnecessário. Porém, essa explicação não dá a devida atenção a outros fatores que, como argumentaremos ao longo deste livro, são extremamente relevantes.

---

5 G1. "Quebra da GM teria sido um desastre, diz Obama", 1º de junho de 2009. Disponível em: http://g1.globo.com/Noticias/Carros/0,,MUL1178364-9658,00-QUEBRA+DA+GM+TERIA+SIDO+UM+DESASTRE+DIZ+OBAMA.html. Acesso em: 10 jan. 2014.

Pode-se esperar, por exemplo, que na ausência de um suprimento estável de commodities agrícolas, algumas indústrias alimentícias deixariam o negócio ou buscariam processar a matéria-prima no exterior e exportar o produto acabado para os Estados Unidos. No caso de a produção agrícola diminuir em decorrência da concorrência estrangeira, pode-se esperar que os investimentos das empresas fornecedoras de insumos (máquinas, químicos, sementes etc.) diminuam. Adicionalmente, as terras que deixariam de produzir teriam seu valor de mercado depreciado. Isso reverbera no patrimônio dos proprietários (fazendeiros ou não) e na posição financeira dos bancos, que tomam esses ativos como garantias. O cenário pode se tornar muito mais grave se considerarmos como exemplo a crise dos anos 1980, abordada no Capítulo 4. Por conta da queda acentuada dos preços e do alto endividamento dos produtores agrícolas, houve um grande número de falências de fazendas que, a reboque, levaram muitos bancos à bancarrota. Trata-se de um pesadelo para o Estado, pois a quebra de bancos rurais significa que um conjunto maior de pessoas físicas e jurídicas perderia dinheiro, dando um golpe estrutural na economia.

Quando os Estados Unidos enfrentaram o risco de desabastecimento doméstico nos anos 1970, por causa do surto na elevação da demanda agrícola internacional – que será tratado em mais detalhes no Capítulo 4 –, houve a imposição de vários embargos[6] à exportação. Tais embargos acarretaram sérias consequências para os exportadores, na medida em que despertaram a insegurança dos clientes estrangeiros sobre a confiabilidade dos fornecedores baseados nos EUA. Foi no bojo dessa crise que o Japão,[7] por exemplo, investiu no desenvolvimento da soja brasileira, que atualmente é grande concorrente dos Estados Unidos (Schmidt, 1991; Friedmann, 1993).

---

6 Embargos, aliás, similares ao que países como Rússia, Indonésia e Argentina colocaram à exportação de grãos durante a crise de alimentos de 2007-8.

7 Com relação ao embargo à exportação de soja de 1973, pudemos identificar algumas reações em jornais da época: "Os japoneses ficaram em choque com o embargo dos Estados Unidos, que é seu maior fornecedor. No Japão, a soja é também uma fonte direta e maior de alimento humano". (*Lewiston Evening Journal*, 30 jun. 1973). "Na Dinamarca, que importava 98% da soja dos Estados Unidos em 1972, especialistas dizem que os bloqueios irão acelerar a inflação e criar problemas críticos para fazendeiros e para certas indústrias." As preocupações se estenderam para além do Japão e da Dinamarca: "Em vários lugares há receio de que a escassez de ração seja seguida de escassez e preços altos para suínos, frangos, ovos e leite. [...] Compradores no Japão e em outros lugares que pensaram ter contratos firmes com a soja americana esperavam para ver em que medida eles seriam honrados". "Após o embargo dos EUA, o preço da ração de soja disparou de USD 439 para USD 625 a tonelada". A mesma apreensão se viu no Canadá, que também instituiu embargos: "O Canadá importou aproximadamente 15 milhões de bushels de soja ano passado dos EUA. Gillespie disse que os controles canadenses permitiram ao Canadá proteger suas necessidades e as dos seus parceiros comerciais tradicionais". Disponível em: http://news.google.com/newspapers?id=1913&dat=19730630&id=pqMgAAAAIBAJ&sjid=qGgFAAAAIBAJ&pg=1079,4136673. Segundo

O quadro, na verdade, pode ser muito mais complicado porque a produção agrícola intensiva em capital é configurada em torno dos complexos agroindustriais. Nesses complexos, a agricultura é apenas um elo – fundamental, sem dúvida – dos tantos outros que formam os complexos produtivos compostos por fornecedores de maquinário, produtos químicos e biológicos, processadores, transformadores, armazenadores e distribuidores. Também fazem parte desse emaranhado atores como bancos e agentes financeiros, empresas de marketing e instituições de pesquisa, além dos atores e instituições estatais. Isso quer dizer que as decisões de investimento dos produtores agrícolas, que certamente não são os atores mais poderosos desses arranjos, são fundamentais para a condução dos negócios nos CAI.

Os CAI são arranjos econômicos que demandam coordenação e governança, e que normalmente têm no Estado um importante diretor (Graziano da Silva, 1994). Embora os parâmetros de um eventual modelo de regulação possam refletir as demandas dos fazendeiros, conferindo-lhes ganhos que seriam desproporcionais aos custos econômicos imputados ao conjunto da sociedade, é possível que um determinado setor seja considerado de tal importância pelo Estado que "pagar pela sua preservação não é necessariamente contra o interesse geral de um país, mesmo que envolva a alocação subótima de recursos e que sirva a interesses de produtores" (Hollingsworth; Schmitter; Streeck, 1994, p.284). Não se trata de priorizar a lucratividade ou a eficiência de um setor e sim o fornecimento estável de bens e serviços considerados estratégicos. Assim, a ação governamental pode ter a capacidade de reduzir incertezas quanto à produção para os membros dos CAI, criando incentivos para a continuidade e a expansão dos investimentos privados, mesmo que isso ocorra em prejuízo imediato do consumidor final ou de algum outro ator (Traxler; Unger, 1994).

A compreensão de uma decisão do tipo da mencionada acima, como sugerimos ser o caso da agricultura nos Estados Unidos, pode ficar mais completa se formos além da explicação centrada nos grupos de interesse e levarmos em consideração a relação estrutural entre o Estado e o capital. Estamos, assim, profundamente de acordo com Gill e Law (1989, p.481), que consideram a complementaridade das análises instrumentais (pluralistas) e estruturais sobre o exercício do poder.

---

o ministro canadense do comércio, Gillespie, a "ação canadense é necessária por causa da incerteza advinda do embargo americano. Os controles continuarão vigentes até que a situação da ração seja estudada [...] Gillespie disse aos Comuns que o problema imediato ocorre porque o país é fortemente dependente do fornecimento americano de soja e preparados de soja" ("Ottawa halts oilseeds exports". *The Montreal Gazette*, Jun. 30, 1973). Disponível em: http://news.google.com/newspapers?id=VYgxAAAAIBAJ&sjid=xqEFAAAAIBAJ&pg=796,3913451&hl=en.

Estrutura do livro

O objetivo do livro não é refutar a análise pluralista da concessão de subsídios agrícolas. O que buscamos é oferecer um outro ângulo para a análise desse fenômeno. Ângulo este que pode complementar a análise centrada na economia política do cálculo eleitoral que vincula grupos de interesse agrícolas e legisladores. Da forma como entendemos, esse jogo político pode ser a condição eficiente para a materialização dos programas de subvenções, mas provavelmente não é condição suficiente. Nosso estudo sobre a economia política dos CAI demonstra que diversos interesses, inclusive os de Estado, compõem os consensos que ordenam o funcionamento da acumulação capitalista dos referidos complexos da maneira como são.

Por termos uma pretensão mais holística, entendemos que não seria necessário fazer detalhamentos institucionais nem revisões históricas precisas. Descrever a história da institucionalização dos programas de subsídios agrícolas desde o início do século XX ou esmiuçar mesmo que somente alguns tipos de subvenções e suas características operacionais alongaria demais o texto sem proporcionar ganho analítico proporcional. O marco temporal examinado é longo, compreendendo cerca de cem anos entre os séculos XX e XXI, mas não há pretensão de cobrir o período cronológica ou detalhadamente. Ter esse longo período em tela, no entanto, é fundamental para a análise mais holística que adotamos. A contribuição que pretendemos dar é trazer ao tema uma perspectiva diferente de análise que possa, eventualmente, oxigenar o entendimento sobre a questão do protecionismo agrícola nos países desenvolvidos e, particularmente, nos Estados Unidos.

Destarte, o presente texto é composto por seis capítulos, contando com este introdutório. O segundo capítulo traz alguns números dos subsídios agrícolas. Sua função é dar uma dimensão quantitativa dessas transferências de recursos operadas pelo Estado em benefício de determinados atores.

O Capítulo 3 trata dos complexos agroindustriais. Nele demonstramos que a atividade agrícola avançada não pode ser pensada de forma independente de outros segmentos não agrícolas. A interdependência entre o que é feito dentro das fazendas e fora delas, por segmentos industriais e de serviços, juntamente com as políticas públicas, cria um conjunto do qual resulta, de fato, a produção e a distribuição dos produtos agrícolas. Na constituição e administração desses conjuntos, o Estado e os interesses não agrícolas podem ter importante papel.

O quarto capítulo explora a economia política dos CAI. Nossos estudos apontam que as fazendas e os grupos de interesse agrícolas não são dominantes no interior daqueles complexos. Isto é, nas redes interdependentes formadas em torno da produção de uma commodity, interesses não agrícolas parecem ter vantagem sobre os produtores agrícolas, o que os direciona, tanto por operações de mercado quanto por políticas públicas, a um determinado modelo de produção que é fadado a gerar excesso de oferta e preços deprimidos. Esse modelo, no entanto, traz benefícios aos interesses não agrícolas. Desse modo, a análise das fontes políticas do protecionismo agrícola na forma de subsídio deve levar em consideração outros interesses econômicos, além dos produtores agrícolas.

O quinto capítulo busca demonstrar o empenho do Estado norte-americano em garantir o funcionamento dos CAI por meio da abertura de espaços internacionais. Dada a superprodução doméstica, exportar é uma necessidade incontornável para que os CAI continuem funcionando da maneira como são. Para isso, os Estados Unidos, no auge de sua hegemonia após a Segunda Guerra Mundial, forjaram um regime multilateral de comércio incoerente para atender aos seus interesses. Incoerente porque pregava a liberalização do comércio de manufaturas – o que incluía o princípio de reduzir a intervenção do Estado na competição internacional, notadamente na forma de subsídios – e ao mesmo tempo legitimava barreiras alfandegárias e a concessão de subsídios para produtos primários. Assim, o poder dos Estados Unidos os capacita a transferir para o exterior os custos dos ajustes que, de outra maneira, seriam levados a fazer no funcionamento dos seus CAI.

O Capítulo 6 é um estudo de caso sobre uma commodity específica, o amendoim. Historicamente, essa commodity fora protegida pelo Estado por meio de políticas de restrição de produção e oferta, mas, no início do século XXI, passou a ser protegida por subsídios. O resultado recente tem sido a criação de uma condição de superprodução, queda de preços e crescente expectativa sobre a absorção internacional de excedentes, de maneira similar ao que ocorreu com as commodities tradicionalmente subvencionadas. Por fim, as considerações finais sintetizam nosso argumento sobre a resiliência da política protecionista de subsídios.

2
Os subsídios agrícolas nos Estados Unidos

Introdução

É comum que os governos forneçam subsídios em algum nível para determinados setores econômicos. Com o agrícola não é diferente. Nesse caso, a proteção ou incentivo à agricultura se intensifica quando os países se tornam desenvolvidos (Veiga, 2007; Bonnen; Schweikhardt, 1998). Embora países em desenvolvimento (PED) também recorram a práticas desse tipo – a própria transformação do Brasil em potência do agronegócio foi operada utilizando-se também esse instrumento, principalmente na forma de crédito subsidiado (como abordado brevemente no Capítulo 3) –, o mais comum é que esses países taxem o setor agrícola para obter receita e não que transfiram recursos para ele.

Ainda que seja prática generalizada, existe um entendimento em nível internacional de que o fornecimento de subsídios agrícolas deve ser reduzido e, em alguns casos, eliminado. Esse entendimento, que não é consensual nem mesmo no interior dos países, e nem se aplica de forma igualitária a todas as categorias de Estados, foi construído ao longo da segunda metade do século XX e institucionalizado no regime do Acordo Geral de Tarifas e Comércio (General Agreement on Tariffs and Trade – GATT)/Organização Mundial do Comércio (OMC), como veremos em mais detalhes no Capítulo 5. Com o término da Rodada Uruguai do GATT, em 1994, criou-se a expectativa de redução dessa prática, particularmente por parte dos países desenvolvidos. Em 2004, porém, quando se encerrava o prazo de transição estabelecido na célebre Cláusula da Paz, estava claro que o compromisso não seria honrado (Coelho; Werneck, 2004; Murphy; Lilliston; Blake, 2005; Clapp, 2012a).

Sendo os Estados Unidos o principal artífice do sistema multilateral de comércio e um dos principais defensores do liberalismo econômico – apesar de suas práticas nada liberais em sua fase de desenvolvimento e após ter se tornado país desenvolvido (Chang, 2004; Reinert, 2007) –, há grande incoerência com a manutenção de sua prática subvencionista, o que desperta forte crítica internacional. Internamente a política de subsídios também é incisivamente contestada a partir de diversas perspectivas: ecológicas, econômicas, políticas, sociais. No entanto, a política subvencionista segue firme e forte, ainda que com mudanças, e digerindo ataques internos e externos (Merino, 2010).

O programa de subsídios agrícolas dos Estados Unidos foi instaurado nos anos 1930 para lidar com a crise econômica que assolava a população que vivia da agricultura. Na verdade, o período era de crise generalizada, marcado por frequentes revoltas populares por conta da situação deletéria em que o país se encontrava. Fermentavam a conjuntura as péssimas condições de trabalho, os baixos salários, o trabalho infantil e as longas jornadas. A natureza também não aliviava, pois as secas e as enchentes, as ondas de calor e as tempestades de areia agravavam o cenário. Ironicamente, como aponta Imhoff (2010), a crise no campo não vinha da carestia de alimentos.

> Ironicamente, a crise agrícola dos anos 1930 estourou não por muito pouca comida, mas por excesso. Uma década de plantio especulativo e exagerado, combinada com avanços tecnológicos tais como tratores e fertilizantes de nitrogênio sintetizados a partir de gás natural, resultaram em superprodução crônica em muitas culturas [...] Enquanto os preços baixos das colheitas beneficiaram diretamente distribuidores, processadores e monopolistas que estavam crescentemente dominando o sistema alimentar, a cultura e a economia agrárias estadunidenses estavam se desfazendo [...] Então, em 1933, o preço do milho desabou para zero – conforme os elevadores de grãos simplesmente pararam de comprar o excedente de uma vez. (Imhoff, 2010, p.33-4)

Esse processo foi analisado detida e volumosamente por muitos autores (veja, por exemplo, Goldstein, 1989; Cochrane, 1993; Hurt, 1994; Gardner, 2006). Bonnen e Schweikhardt (1998) realizaram ótima sistematização da dinâmica econômica que criaria a necessidade de subsídios, chamada *The farm problem*.[1] Entre os fatores dessa dinâmica estão o (i) alto custo fixo dos produtores agrícolas, (ii) a estrutura competitiva de mercado que empurra

---

[1] Para um debate sobre os prós e contras dos subsídios, veja Bonnen e Schweikhardt (1998) e Merino (2010).

os preços para baixo, (iii) o alto custo de saída, que de tão elevado deixava como melhor opção a continuidade da produção.

A alta velocidade com a qual as inovações tecnológicas eram incorporadas aos processos de produção e transformação agrícolas acirrava as tendências apontadas acima. Em outras palavras, a adoção de novas tecnologias acelerava a capacidade produtiva numa velocidade maior do que o crescimento da demanda e, paradoxalmente, produtores que não adotassem as inovações rapidamente seriam colocados para fora do mercado porque seus custos unitários seriam mais altos do que os dos primeiros inovadores. O resultado agregado é uma tendência constante de aumento da produção e de queda de preço. Vejamos o argumento numa forma mais estendida.

> Na explicação da esteira [*treadmill*] de Cochrane, a função da oferta muda mais rapidamente do que a da demanda, criando uma pressão para baixo nos preços e (devido à demanda inelástica) pressão similar sobre a renda. Sob o impacto da contínua adoção de novas tecnologias redutoras de custo, o excesso de capacidade resultante empurra a indústria progressivamente para equilíbrios mais baixos. Nenhum indivíduo pode ganhar pela redução da produção e, num mercado competitivo sem nenhuma restrição efetiva sobre o produto agregado ou sem controle efetivo sobre os preços, a pressão para baixo nos preços persiste. Como consequência, Cochrane argumenta, o fazendeiro individual só pode aumentar os lucros, adotando novas tecnologias que reduzam o custo por unidade. Fazendeiros mais agressivos são os primeiros a adotá-las e a obter lucros. Conforme os outros os emulam, a produção e a produtividade agregada crescem, os preços declinam e mesmo os fazendeiros que possuem baixos custos por unidade são finalmente empurrados para o lucro zero ou para o prejuízo. Nesse processo, os produtores de baixo custo vagarosamente espremem os produtores de alto custo para fora ao competirem pela expansão do tamanho das fazendas, o que normalmente é necessário para alcançar o custo unitário potencialmente mais baixo das mais novas tecnologias. Num mercado competitivo, com rápidos aumentos na produção e na produtividade agregadas, os preços dos produtores são empurrados para níveis mais baixos e para o lucro econômico zero. As dinâmicas desse processo, entretanto, são complexas. (Bonnen; Schweikhardt, 1998, p.14)

Além dessa dinâmica concorrencial que, por um lado, deprime os preços e, por outro, gera endividamento (temas dos capítulos 3 e 4), existe um (iv) fator imobiliário. Como boa parte da área lavrada é arrendada, uma parte significativa da renda dos produtores pode ser capturada pelo proprietário da terra.

> Os programas agrícolas [que incluem subsídios e controles de produção e oferta] foram instituídos para assegurar a rentabilidade do fazendeiro e assim sua sobrevivência. Entretanto, como Cochrane aponta, enquanto houver um livre mercado para a terra, os subsídios, sejam apoios a preços ou pagamentos diretos ligados ao

volume da produção, irão rapidamente elevar o preço da terra. Conforme o preço da terra aumenta, os custos de produção da fazenda aumentam, espremendo os lucros. Assim funciona o argumento original da esteira [*treadmill*, de Cochrane]. (Bonnen; Schweikhardt, 1998, p.15)[2]

Essa constatação nos sugere que a continuidade dos programas de subsídio pode encontrar explicação também em outras forças econômico-políticas que acabam se beneficiando dos subsídios: fornecedores de insumos, processadores, mercadores e a indústria alimentícia, instituições financeiras e o mercado imobiliário.

O objetivo deste capítulo é dimensionar a política de subsídios agrícolas fornecidos pelos Estados Unidos. Devido à estrutura de argumentação desta obra, que pretende ser mais holística, entendemos que não seria útil fazer uma descrição da institucionalização dos programas de subsídios, tampouco esmiuçar as modalidades de subvenções, que são variadas e modificadas ao longo do tempo.[3] Por isso, a seção seguinte traz uma definição

---

2 "As forças que afetam a demanda são múltiplas e seus impactos diferem para diferentes commodities e regiões do país. A rápida mudança tecnológica, dependendo de sua natureza e local de aplicação, pode aumentar ou diminuir a demanda por insumos agrícolas específicos ou mesmo para as categorias mais amplas de terra, mão de obra e capital em lugares específicos. Na produção agrícola americana, muitas inovações mecânicas, químicas e em sementes, por exemplo, tornaram-se substitutos de terra ou de mão de obra, ou de ambos, requerendo mais capital. Os efeitos agregados dessas substituições podem fazer os preços da terra e da mão de obra declinarem, mas os grandes tratores e os equipamentos de campo autopropelidos terão um impacto diferenciado, aumento do valor das terras melhores e mais niveladas e diminuindo o valor das terras mais montanhosas e campinadas. Similarmente, alguns melhoramentos genéticos e de cruzamento de plantas podem levar vantagem em um tipo de solo ou ecossistema sobre outros. Nas áreas agrícolas próximas àquelas com desenvolvimento urbano comercial ou industrial, a rápida demanda crescente por terra e mão de obra para fins não agrícolas solaparam os efeitos da demanda do setor agrícola, causando aumentos substanciais no preço da terra e da mão de obra por décadas" (Bonnen; Schweikhardt, 1998, p.15).

3 A título de exemplo, vejamos o que diz a Farm Bill de 2008, a Food, Conservation and Energy Act of 2008, a legislação fundamental que trata dos programas de subsídios de 2008 a 2012. "A Lei Agrícola de 2008 em grande parte mantém a estrutura de apoio a preços e renda das commodities agrícolas da Lei Agrícola de 2002 para os produtos protegidos (ex.: grãos, oleaginosas, arroz e algodão), com certas modificações. Ela continua a ênfase nos pagamentos diretos, pagamentos contracíclicos e programas de *marketing assistance loans* para os anos agrícolas de 2008-2012, com ajustes nos preços de referência e *loan rates* para certas commodities. Os principais instrumentos da política para plantações básicas [*crops*] são Pagamentos Diretos (PD), Pagamentos Contracíclicos (PCC), Average Crop Revenue Election (ACRE), cláusulas de suporte a preços que operam através de *non-recourse marketing loans* para cerais, arroz, algodão tipo *upland*, amendoins e grãos leguminosos (pequenas e grandes lentilhas, ervilhas etc.). PD são baseados em taxas predeterminadas e produção histórica. PCC são baseados nos preços correntes e produção histórica. ACRE é baseado na média plantada e *moving-average benchmark revenues*. Açúcar é apoiado por quotas tarifárias [*tariff-rate-quota* – TRQ], juntamente com cláusulas de *non-recourse loans* e de direitos de comercialização. Leite e laticínios são produtos apoiados preços mínimos e por compras governamentais de manteiga, queijo cheddar e SMP, assim como por tarifas, quotas tarifárias [TRQ] e subsídios de

do termo "subsídio". Posteriormente, buscamos dar uma dimensão quantitativa dos subsídios agrícolas nos Estados Unidos e no mundo. Acreditamos que, dessa forma, há um ponto de partida mais concreto para avaliar a questão que nos motiva: a resiliência dos programas de subsídios agrícolas nos EUA.

Subsídio

O subsídio é um benefício provido pelo governo a um ator privado, seja um investidor ou um consumidor. Pode envolver a transferência de recursos públicos àqueles atores ou, de acordo com algumas interpretações, a utilização da autoridade pública para determinar que entes particulares concedam privilégios a outros particulares (WTO, 2006).

Na sua forma mais comum, o subsídio, ou subvenção, é uma transferência de recursos do Estado para os atores privados. Pode ocorrer na forma de um repasse monetário, como isenção fiscal, ou na forma de descontos. Envolve, desse modo, o orçamento público.

O subsídio pode ser concedido tanto a investidores quanto a consumidores. Por meio da subvenção o governo intervém nas operações de mercado, buscando direcioná-las. Isso não necessariamente precisa ter objetivos econômicos. Os fins podem ser sociais, ecológicos, políticos, científicos, de segurança etc. Ao alterar as relações de custo e benefício, o governo influencia o comportamento dos atores.

Os benefícios gerados pelos subsídios podem ter efeitos para além dos beneficiários imediatos, o que pode ser intencional ou não. Quando distribuído a consumidores, como no caso de isenção de impostos ou crédito mais barato, podem estimular a venda de determinados produtos, beneficiando seus produtores e, por extensão, os fornecedores dos produtores. Se distribuído a investidores para que aumentem a produção, podem beneficiar consumidores para a ampliação da oferta e a redução de preços.

O subsídio governamental também pode ocorrer por intermédio do fornecimento de serviços e bens, seja gratuitamente, seja por um preço mais baixo. São exemplos os restaurantes populares, as universidades públicas e os remédios gratuitos. Concedidos dessa forma, o objetivo do governo é muito mais explícito e direcionado do que no caso de repasse de dinheiro, muito mais fungível.

---

exportação. Quando os preços caem abaixo dos de referência, um pagamento é feito por tonelada de leite comercializado sob um limite de produção por fazenda. Existem *marketing loans* para lã, *mohair* e mel, e medidas alfandegárias (incluindo TRQ) para carne bovina e ovina. Desde a instauração da Lei Agrícola de 1985, a elegibilidade para a maioria dos programas federais de pagamentos de apoio a commodities é sujeita a condicionalidades" (OCDE, 2012, p.222).

Existem formas de subsídio que, no entanto, não necessariamente envolvem o orçamento público (WTO, 2006). Vejamos alguns exemplos. Uma forma que não envolve o desembolso imediato de recursos públicos deriva de políticas regulatórias. Ao exigir tarifas de importação para produtos similares aos que são produzidos internamente, o governo direciona recursos privados para investidores dentro do país, beneficiando-os. Outra forma é quando o governo utiliza sua autoridade para direcionar operações de mercado, por exemplo, ao determinar a bancos privados que concedam tarifário diferenciado a determinados grupos sociais. Sem a intervenção do Estado, não existiria o benefício. Uma outra forma de subsídio que não necessariamente envolve receitas ou despesas públicas é quando o governo coloca o Estado como fiador de empréstimos. Mesmo que não haja desembolso de fundos públicos, o compromisso do Estado em arcar com uma possível inadimplência privada diminui os riscos dos fornecedores de crédito, tornando-o mais barato.

Pelos seus diferentes beneficiários, formas e efeitos, a definição do termo "subsídio" é controversa. No sistema multilateral de comércio, uma definição só foi cristalizada com o Acordo sobre Subsídios de Medidas Compensatórias (ASMC), concluído na Rodada Uruguai (1986-1994). Seu Artigo 1 estabelece que:

Para os fins deste Acordo, considerar-se-á a ocorrência de subsídio quando:

(a) (1) haja contribuição financeira por um governo ou órgão público no interior do território de um Membro (denominado a partir daqui "governo"), i.e.:

(i) quando a prática do governo implique transferência direta de fundos (por exemplo, doações, empréstimos e aportes de capital), potenciais transferências diretas de fundos ou obrigações (por exemplo, garantias de empréstimos);

(ii) quando receitas públicas devidas são perdoadas ou deixam de ser recolhidas (por exemplo, incentivos fiscais tais como bonificações fiscais);[4]

(iii) quando o governo forneça bens ou serviços além daqueles destinados a infraestrutura geral ou quando adquire bens;

(iv) quando o governo faça pagamentos a um sistema de fundos ou confie ou instrua órgão privado a realizar uma ou mais das funções descritas nos incisos (i) a (iii) acima,

---

[4] "De acordo com as disposições do Artigo XVI do GATT 1994 (nota do Artigo XVI), e de acordo com os anexos I a III desse acordo, não serão consideradas como subsídios as isenções em favor de produtos destinados à exportação, de impostos ou taxas habitualmente aplicados sobre o produto similar quando destinado ao consumo interno, nem a remissão de tais impostos ou taxas em valor que não exceda os totais devidos ou abonados."

as quais seriam normalmente incumbência do governo e cuja prática não difira de nenhum modo significativo da prática habitualmente seguida pelos governos;

ou

(a) (2) haja qualquer forma de receita ou sustentação de preços no sentido do Artigo XVI do GATT 1994;

e

(b) com isso se confira uma vantagem.

Atualmente, dois tipos de subsídios são proibidos por princípio segundo o ASCM, independentemente do seu impacto no mercado: os de substituição de importação e os de exportação. Os subsídios domésticos, por sua vez, devem ser notificados à OMC e qualificados como distorcivos ou não distorcivos/de mínima distorção, de acordo com seu potencial de afetar o mercado.

O ASCM é o acordo que busca disciplinar a concessão de subsídios entre os membros da OMC e suas regras valem para o comércio agrícola, a não ser quando houver regulação explícita no Acordo sobre Agricultura (AA) (Jank; Araújo; Diaz, 2004; Cross, 2006). No jargão da OMC,[5] os distorcivos são alocados nas chamadas "caixa amarela" e "caixa azul". Os da caixa amarela devem ser reduzidos gradualmente, conforme os compromissos assumidos na negociação da Rodada Uruguai. A expectativa a longo prazo é a de que esse tipo de subsídio seja drasticamente reduzido, ou até mesmo banido, por se entender que eles causam uma distorção desleal nas relações de mercado. Já os da caixa azul, vinculados à limitação da produção, são isentos de compromisso de redução. Os subsídios não distorcivos são alocados na caixa verde e não precisam ser reduzidos (Jank et al., 2005).

Os subsídios à exportação de produtos agrícolas são permitidos, segundo o AA, desde que tenham sido notificados à OMC, no surgimento da organização, e devem ser gradualmente reduzidos, de acordo com compromissos assumidos na Rodada Uruguai. Vinte e cinco países fizeram tal notificação, inclusive os Estados Unidos.[6] Os subsídios à exportação agrí-

---

5 WTO, *Agriculture negotiations:* background fact sheet. Domestic support in agriculture. Disponível em: http://www.wto.org/english/tratop_e/agric_e/agboxes_e.htm. Acesso em: 25 dez. 2013.
6 Os países são listados a seguir. Em parênteses a quantidade de produtos notificados. Austrália (5), Brasil (16), Bulgária (44), Canadá (11), Colômbia (18), Chipre (9), República Tcheca (16), União Europeia (20), Hungria (16), Islândia (2), Indonésia (1), Israel (6), México (5), Nova Zelândia (1), Noruega (1), Panamá (1), Polônia (17), Romênia (3), Eslováquia (17), África do Sul (62), Suíça-Liechtenstein (5), Turquia (44), Estados Unidos (13), Uruguai (3), Venezuela (72). Ver WTO. *Agriculture negotiations:* background fact sheet. Export subsidies and

cola que não foram notificados são proibidos, o que significa que benefícios desse tipo não devem ser criados.

Seja pela utilização do orçamento público, seja pelo emprego da autoridade pública, o subsídio é uma forma de se conceder privilégios a partir de instrumentos estatais. Grupos específicos são beneficiados a partir de recursos públicos. Ao mesmo tempo, o subsídio é uma forma de interferir nas relações de mercado. Por esses dois motivos, há grande disputa política sobre a pertinência dessa prática em termos de eficiência e justiça. No plano externo, existem limites e direções estabelecidos no direito internacional à prática dos subsídios agrícolas que, como se sabe, não são respeitados pelos Estados Unidos e outros países desenvolvidos, o que é evidenciado em contenciosos na OMC e nas negociações da Rodada Doha.

Para entendermos o motivo de tanto atrito em torno dos subsídios agrícolas, é válido ter uma imagem do seu tamanho.

Os subsídios agrícolas dos EUA em números

Os subsídios agrícolas podem ser concedidos pelos países sob diversas formas e modalidades. Isso faz que a mensuração e a comparação das políticas de subsídio sejam uma tarefa complexa. Segundo a Organização para Cooperação e Desenvolvimento Econômico (OCDE),

> A assistência pode ser fornecida por meio do suporte a preços de mercado, ou dando-se subsídios para reduzir o custo dos insumos; o apoio pode ter a forma de um pagamento por hectare, por animal, ou como complemento à renda dos produtores agrícolas. O apoio pode ainda ser dado sob a condição de que os fazendeiros estejam de fato engajados na produção, ou sem essa condição. Essas distinções são importantes, pois o apoio dado dessas diversas maneiras tem impactos diferentes na produção, comércio e renda agrícolas. Também porque algumas formas de apoio são mais passíveis de ser direcionadas para objetivos e beneficiários específicos. Por exemplo, para alcançar certos objetivos ambientais, que são tipicamente localizados, é mais factível visar aos beneficiários por meio de parâmetros que são mais específicos às fazendas ou à região, como a área lavrada, os animais mantidos ou a renda agrícola. Em contraste ao apoio de preços geral, essas formas permitem visar diretamente ao objetivo específico e elaborar a quantidade de recursos para o problema em tela. O PSE contém informação sobre essas diferentes formas de apoio, não apenas mostrando o total das transferências, mas também classificando-as de acordo com o modo como são fornecidas. (OCDE, 2012, p.40)

---

competition. Disponível em: http://www.wto.org/english/tratop_e/agric_e/negs_bkgrnd08_export_e.htm. Acesso em: 25 dez. 2013.

O índice Producer Support Estimate[7] (PSE), utilizado pela OCDE, é uma das formas mais consagradas de se medir as políticas de subsídio. Em 2011 os produtores agrícolas da OCDE (2012) receberam a menor quantidade de subsídios desde que a organização passou a medir tais recursos por meio do PSE, em meados dos anos 1980: USD 252 bilhões. Isso é mais do que o PNB alcançado naquele mesmo ano por países como Chile (USD 248,5 bilhões), Nigéria (USD 243,9 bilhões), Israel (USD 242,9 bilhões) e Cingapura (USD 239,7 bilhões).[8] As subvenções agrícolas pagas pelos membros da OCDE em 2011 equivaleram a 19% do produto agrícola bruto dos países-membros, e chegaram a 37% em 1987. A redução, contudo, não parece ser fruto de mudanças nas políticas agrícolas, mas sim um reflexo dos altos preços das commodities nos últimos anos, que diminuem os valores pagos de forma contracíclica (OECD, 2012).

Em termos percentuais, no que toca ao montante de subsídios em face do total da produção agrícola, os Estados Unidos não estão entre os maiores subsidiadores, se comparados com outros países desenvolvidos, como demonstra o Gráfico 2.1 abaixo. Duas coisas, entretanto, precisam ser consideradas. O volume da produção americana é gigantesco, tendo inclusive a capacidade de afetar o mercado mundial em algumas commodities. Além disso, a maior parte dos subsídios é direcionada a umas poucas commodities de grande circulação internacional.

Atualmente as principais commodities subvencionadas, de acordo com as contas do Environmental Working Group, são trigo, algodão, soja e, sobretudo, milho, como se vê na Tabela 2.1.

Pelo volume da sua produção e pela quantidade absoluta de subsídios que fornecem aos seus produtores, Estados Unidos e União Europeia são os principais alvos das críticas internacionais. As duas potências econômicas, porém, possuem um traço bastante distinto: enquanto os americanos se concentram mais no subsídio doméstico, os europeus recorrem tanto aos domésticos quanto aos de exportação (CBO, 2005). O Gráfico 2.2 ilustra a distinção no que toca aos subsídios de exportação. Cabe destacar que as subvenções americanas à exportação são majoritariamente dedicadas a laticínios (OCDE, 2012).

---

7 "Producer Support Estimate (PSE): o valor monetário anual das transferências brutas de consumidores e contribuintes para os produtores agrícolas, medidas até o nível das porteiras das fazendas, abrangendo desde medidas de suporte à agricultura, independentemente de sua natureza, objetivos ou impactos na produção ou renda agrícolas". (OECD, 2012, p.58)

8 Banco Mundial. *GDP Ranking*. Disponível em: http://databank.worldbank.org/databank/download/GDP.pdf. Acesso em: 3 jan. 2013.

Gráfico 2.1: Producer Support Estimate por país, 1995-1997 e 2009-11 (percentual da receita bruta das fazendas)

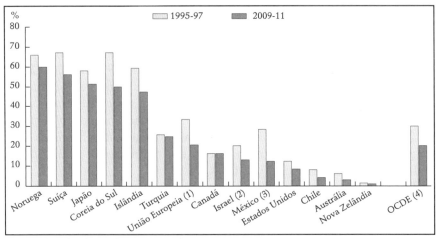

Países ordenados de acordo com níveis de PSE em 2009-11.
1. UE15 para 1995-97 e UE27 para 2009-11.
2. Os dados estatísticos para Israel são fornecidos por e sob responsabilidade das autoridades israelenses competentes. O uso desses dados pela OCDE é sem prejuízo para o status das Colinas de Golan, Jerusalém Oriental e assentamentos israelenses na Cisjordânia sob os termos do direito internacional.
3. Para o México, 1995-97 é substituído por 1991-93.
4. Áustria, Finlândia e Suécia estão incluídos no total da OCDE para todos os anos e na UE a partir de 1995. República Tcheca, Estônia, Hungria, Polônia e Eslováquia estão incluídas no total da OCDE para todos os anos e na UE a partir de 2004. Eslovênia está incluída no total da OCDE a partir de 1992 e da UE a partir de 2004. Chile e Israel estão incluídos no total da OCDE a partir de 1995. O total da OCDE não inclui os Estados-membros da UE que não fazem parte da OCDE.
Statlink: http://dx.doi.org/10.1787/888932652871.
Fonte: OECD (2012).

Gráfico 2.2: Subsídios à exportação como um percentual do valor total da produção agrícola (1995-2001)

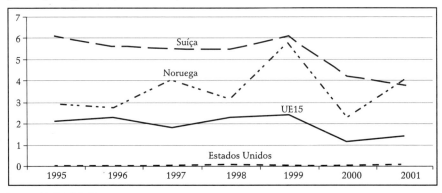

Fonte: OECD (2012).

Tabela 2.1: Ranking dos Programas de Subsídios Agrícolas dos EUA (1995-2012)

	Tipo de subsídio	Total de subsídios (USD)	Número de beneficiários	Subsídios por beneficiário (USD)
1	Subsídios ao milho	$84.427.099.356	1.641.615	$51.429
2	Subsídios ao trigo	$35.505.320.839	1.375.760	$25.808
3	Subsídios ao algodão	$32.872.036.249	264.952	$124.068
4	Programas de conservação	$31.516.796.340	924.513	$34.090
5	Subsídios à soja	$27.829.683.988	1.044.937	$26.633
6	Pagamentos relativos a desastres	$22.470.994.936	1.384.956	$16.225
7	Subsídios ao arroz	$13.341.211.596	70.033	$190.499
8	Subsídios ao sorgo	$6.564.314.365	615.810	$10.660
9	Subsídios aos laticínios	$5.334.467.679	161.463	$33.038
10	Programa de incentivo ao meio ambiente	$4.236.372.426	278.322	$15.221
11	Subsídios à pecuária	$4.059.323.611	815.282	$4.979
12	Subsídios ao amendoim	$3.620.895.155	91.571	$39.542
13	Subsídios à cevada	$2.702.684.742	353.028	$7.656
14	Subsídios ao tabaco	$1.518.567.410	399.698	$3.799
15	Subsídios ao girassol	$1.007.819.351	61.701	$16.334
16	Programa de Reserva de Pântanos	$532.964.462	6.579	$81.010
17	Subsídios à canola	$471.196.412	20.468	$23.021
18	Subsídios à aveia	$278.391.644	640.182	$435
19	Subsídios à maçã	$261.540.987	8.586	$30.461
20	Subsídios à beterraba	$242.064.005	9.071	$26.685
	Total	$278.793.745.553	10.168.527	

Fonte: Base de dados do Environment Working Group. Disponível em: http://farm.ewg.org/region.php. Acesso em: 23 dez. 2013.

No que toca aos Estados Unidos, estimativas do Environmental Working Group apontam que, de 1995 a 2012, pelo menos USD 292 bilhões foram pagos pelo governo em subsídios agrícolas (Antle; Houston, 2013).

Desse montante, USD 177,6 bilhões foram gastos em subsídios à produção de commodities, USD 53,6 bilhões em subsídios ao seguro de plantações, USD 38,9 bilhões em programas de conservação ambiental, USD 22,5 bilhões em subsídios relacionados a desastres. A distribuição dos subsídios é bastante desequilibrada e deve ser destacada: *aproximadamente 60% das fazendas americanas não recebem subsídios e 10% das fazendas que recebem subvenções ficam com 75% do total desembolsado pelo governo.* É preciso salientar que isso se refere a pagamentos, e não mensura outros tipos de subsídios como garantias de crédito, juros diferenciados e melhoramentos advindos de desenvolvimento público de ciência e tecnologia. Gardner (2006), também coletando informações sobre pagamentos governamentais, busca demonstrar a evolução das subvenções agrícolas gerais pagas pelos Estados Unidos aos seus produtores ao longo do tempo (veja Gráfico 2.3). Sua oscilação está diretamente relacionada ao preço das commodities.

Gráfico 2.3: Pagamentos governamentais a fazendeiros, 1930-2000 (USD bilhões, 1992)

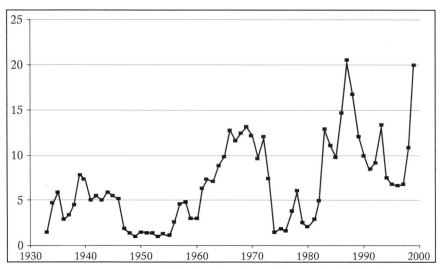

Fonte: Gardner (2006).

Por fim, é interessante avaliar a parcela dos subsídios no orçamento federal. Para tanto, utilizaremos como estimativa o orçamento do Departamento de Agricultura dos EUA (USDA). Cabe destacar que os dados abaixo trazem o dispêndio total dos departamentos, o que significa que o programa de subsídios é apenas uma parcela daquilo que é atribuído ao USDA.

A distribuição de despesas entre os departamentos da administração demonstra que, de fato, os desembolsos do USDA, que é responsável pelo pagamento dos subsídios, são pequenos, como aponta o Gráfico 2.3. De

1962 a 2012, as despesas do USDA nunca ultrapassaram 7% dos gastos federais e foram, na média do período, 4,5% do total. Esse montante, no entanto, coloca o USDA na quarta posição entre os departamentos, conforme o Gráfico 2.5.

Gráfico 2.4: Despesas federais dos Estados Unidos e departamentos da administração, 1962-2012 (percentual)

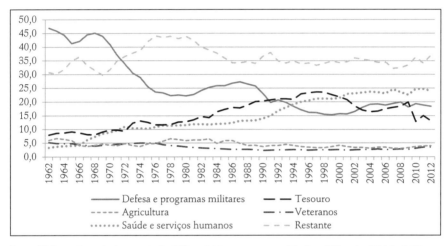

Fonte: Elaboração própria a partir de Office of Management and Budget "Historical Tables". Disponível em: http://www.whitehouse.gov/omb/budget/Historicals. Acesso em: 30 dez. 2013.

Gráfico 2.5: Ranking dos departamentos da administração por média de dispêndio, 1962-2012 (percentual)

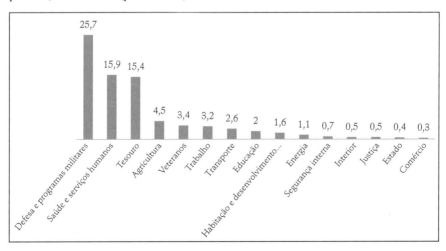

Fonte: Elaboração própria a partir de Office of Management and Budget "Historical Tables". Disponível em: http://www.whitehouse.gov/omb/budget/Historicals. Acesso em: 30 dez. 2013.

Gráfico 2.6: Recursos agrícolas: nutrição doméstica e restante (USD bilhões)

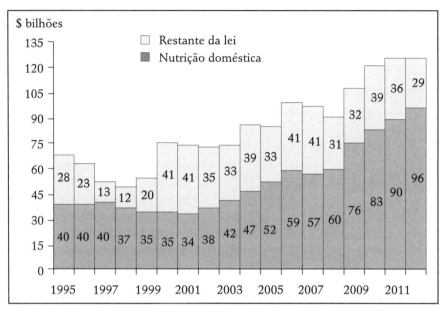

Fonte: Monke (2011).

Gráfico 2.7: Programas não nutricionais: recursos mandatórios e discricionários (USD bilhões)

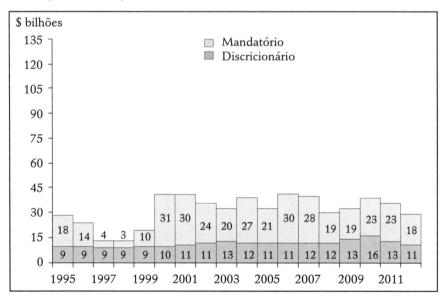

Fonte: Monke (2011).

No orçamento do USDA, os subsídios agrícolas são em muito superados pelos programas de assistência alimentar e nutrição, como ilustrado a seguir. No Gráfico 2.6, a área laranja representa o orçamento dedicado às ações de assistência alimentar e nutrição, enquanto a área amarela denota o restante das atividades. O Gráfico 2.7 expõe os gastos do restante das atividades do gráfico anterior e os divide entre despesas mandatórias e discricionárias. As mandatórias são aquelas obrigadas por legislação, sendo a Farm Bill a principal. Os gastos discricionários são aqueles que o Departamento executa por iniciativa própria. São nos gastos mandatórios que estão os principais subsídios agrícolas, como o "programa de commodities", os de seguros, os de conservação e os comerciais.

Considerações finais

Como tantos outros, o experiente professor Luther Tweeten (2002, p.28) conclui que, economicamente, os programas de subsídio não servem aos seus ditos objetivos:

> Os programas de commodity perderam sua justificativa econômica. Eles não são economicamente justos nem eficientes. A agricultura americana não é um caso de bem-estar social! Os problemas agrícolas de perdas de fazendas familiares, fluxo de caixa, instabilidade, pobreza e meio ambiente são reais, mas os programas de commodities atuais não lidam com esses problemas de custo-eficiência.

E, diante dessa constatação, a pergunta de Tweeten (2002, p.1) reforça o coro das questões que motivam esta pesquisa. "Como é que os relativamente poucos produtores agrícolas que recebem a maior parte dos benefícios dos programas agrícolas (*0,2% da população da nação em 1999*) conseguem extrair bilhões de dólares anualmente de contribuintes e eleitores?" (grifos nossos).

Se economicamente os subsídios são ineficientes, o eminente especialista defende que a resposta só pode ser política e sugere uma explicação sustentada em dois eixos, ambos ancorados no pluralismo. O primeiro, na linha de Arnold (1990), é que a falta de atenção do grande eleitorado ao tema fortalece a posição relativa das fazendas nas discussões políticas. Isto é, educar o público seria a forma de derrotar legislativamente os programas de commodities. O segundo é que a disputa entre democratas e republicanos pelo apoio político das fazendas as coloca numa situação em que ambos os partidos possuem incentivos para oferecer os subsídios mais gordos, algo que podem prometer com boa margem de segurança devido ao baixo valor dos programas no conjunto do orçamento federal.

Embora essa explicação faça sentido, nossos estudos sugerem que há mais do que a capacidade de grupos de interesse de produtores agrícolas influenciarem os rumos das eleições por meio de votos e doações para campanha. Como discutiremos nos capítulos 3 e 4, diversos atores não agrícolas são diretamente interessados nos programas de subsídios, aumentando muito o conjunto de interesses vinculados, ainda que indiretamente, às políticas subvencionistas. Ademais, o Estado também pode ser considerado um ator político e não simplesmente uma arena de disputa política.

3
Os complexos agroindustriais

Introdução

A hipótese de que a política agrícola é protecionista porque é capturada por grupos de interesse concentra-se normalmente nas relações entre os produtores agrícolas, burocratas e políticos. Ela desconsidera um fato muito importante, para o qual gostaríamos de chamar a atenção: a produção agrícola, onde é intensiva em capital, é apenas uma parte pequena do conjunto de interesses econômicos que gravitam em torno dela. Ainda que o número de trabalhadores agrícolas seja baixo, e a contribuição do produto das fazendas seja bastante pequeno no PIB dos Estados Unidos, é a produção das fazendas que dá vida a uma gama enorme de investimentos fora delas. Desconsiderar isso pode implicar uma análise míope da resiliência do protecionismo agrícola nos Estados Unidos.

Consideramos que a política agrícola dos Estados Unidos pode ser pensada com outro pano de fundo. O que propomos é uma perspectiva em que a agricultura protegida e economicamente ineficiente é uma peça muito importante para a dinamização de setores umbilicalmente ligados à avançada agricultura estadunidense – maquinário, químicos, fármacos, biotecnologia, processamento e engenharia de alimentos, serviços financeiros, imobiliários, pesquisas científicas, entre outros – e com maior capacidade de gerar emprego, tecnologia, renda e impostos. Os objetivos para a manutenção da política agrícola protecionista calcada em subsídios dos EUA passariam pela meta de sustentar setores industriais, financeiros, imobiliários e de tecnologia.

Alguns dados ilustram o ponto. A participação da agricultura representa menos de 1% do PNB dos EUA, mas a do setor de alimentos e fibras representa muito mais do que isso, de acordo com estimativa do Departamento de Agricultura (USDA), conforme a Tabela 3.1 a seguir. No ano 2000, o sistema de alimentos e fibras representou quase 13% do PNB americano. É preciso destacar ainda que na conta abaixo não entram os valores adicionados à economia por meio dos negócios bancários e imobiliários. A tabela abaixo se refere ao conjunto nacional e não seleciona as commodities subsidiadas, mas serve de exemplo para demonstrar que os complexos agroindustriais (CAI) movimentam muitas vezes mais dinheiro do que aquele registrado pela atividade exclusiva das fazendas.

Tabela 3.1: Valor agregado pelo sistema de alimentos e fibras (2000)

	Valor adicionado ao PNB (USD bilhões)	Percentual do PNB
Produção agrícola	82	0,8
Indústria de insumos	426	4,3
Manufatura		
Processamento de alimentos	162,2	1,7
Não alimentares	54,3	0,5
Distribuição		
Transporte	42,9	0,4
Atacado e varejo	337,7	3,4
Refeições	156,4	1,6
Manufatura e distribuição de alimentos e fibras	757	7,7
Total do sistema de alimentos e fibras	1.264,50	12,8

Fonte: Martinez (2002).

Como estávamos dizendo, objetivos protecionistas não podem ser considerados dados ou imanentes ao Estado. São o resultado de opções políticas realizadas dentro de estruturas que não são imutáveis, tampouco totalmente determinantes, mas que limitam alternativas (Lindblom, 1979; Offe; Ronge, 1984). Por isso, entendemos que o protecionismo agrícola na forma de subsídios visa a viabilizar o funcionamento dos CAI, compreendidos como uma alternativa entre outras para garantir o abastecimento da nação e dinamizar outros setores da economia (Lima, 2012). No que toca a este último ponto, pelo que pudemos notar, as commodities agrícolas são o eixo central de conjuntos que possuem ao menos três dimensões interdependentes: produtiva, financeira, científico-tecnológica. Essas três dimensões, *a priori* não agrícolas, são vinculadas ao desempenho econômico das fazendas e deveriam ser consideradas em qualquer esforço voltado à análise do protecionismo agrícola americano, sobretudo no caso dos subsídios.

A produção agrícola tecnologicamente avançada

Pode-se dizer que até o século XX as fazendas eram unidades produtivas praticamente autossuficientes.[1] Dentro de suas cercas produzia-se praticamente tudo o que era necessário para o cultivo de plantas e a criação de animais. Embora esse tipo de agricultura persista em alguns países, nos Estados Unidos é um modelo que vem deixando de existir já desde as primeiras décadas do século passado: as fazendas mais produtivas tornam-se cada vez mais dependentes de insumos industrializados, serviços especializados, processadores e distribuidores para seus produtos (Soth, 1968; Cochrane, 1993; Hurt, 1994; Sheingate, 2001; Fitzgerald, 2003; Gardner, 2006; Conkin, 2009). Outros países desenvolvidos aderiram firmemente a esse modelo a partir dos anos 1950, seguidos por países em desenvolvimento, como o Brasil, que passou a estimular essa forma de produção numa escala maior entre os anos 1960 e 1970 (Burbach; Flynn, 1980; Kageyama et al., 1990; Delgado, 1985; Müller, 1989; Graziano da Silva, 1996; Le Heron, 1993; Coleman; Grant; Josling, 2004; Veiga, 2007).

Em meados do século XX já não era mais possível pensar a atividade agrícola capitalista de ponta dissociada da diversificada gama de insumos que devem ser comprados no mercado, por um lado, e, por outro, sem a infinidade de produtos manufaturados que tomam forma a partir do momento que a produção agrícola deixa as fazendas, sem falar das gigantescas e complexas redes de distribuição nacionais e transnacionais. A produção nas fazendas é apoiada numa série de serviços agronômicos, veterinários, nutricionais, financeiros, bancários, de informática, comunicação, marketing, transporte, distribuição, entre outros. Todas essas transações ocorrem em ambientes institucionais formados por leis, regulamentações, programas e agências estatais. Esse conjunto de atores, atividades e instituições compõem os chamados CAI. Tais complexos se distinguem dos complexos rurais, que eram sistemas econômicos encerrados no campo, nos quais cada fazenda era uma unidade com grande autonomia econômica em face da economia das sociedades industrializadas. A transição de um complexo para o outro é, em si, fenômeno único e muito recente na história da

---

1 É preciso frisar que, embora os estudos das relações agroindustriais sejam relativamente recentes, o processo de destruição dos complexos rurais e da maior autonomia das fazendas começou há muito mais tempo. Recorrendo às fazendas europeias mistas do início do século XIX, Goodman, Sorj e Wilkinson (1990) afirmam que estas eram como um circuito fechado, em que a rotatividade de culturas, aliada à crescente criação de animais, aumentava a produtividade vegetal e animal, resultando num modelo autossuficiente. Entretanto, esse modelo equilibrado foi se tornando obsoleto diante da "unificação mundial dos mercados de grãos e a competição imposta pelos produtores de monoculturas do Novo Mundo, enquanto o 'circuito fechado' da produção desintegrou-se gradativamente após 1815 à medida que crescia a demanda de dois insumos produzidos externamente à unidade agrícola: forragem animal processada industrialmente e fertilizantes" (Goodman; Sorj; Wilkinson, 1990, p.21).

humanidade, trazendo consigo impactos nas relações econômicas, ecológicas, sociais e políticas.

As avaliações sobre a crescente interdependência entre a agricultura, os setores industriais de insumos e processamento e o setor de distribuição, formando um sistema integrado, cresceram de forma significativa no início dos anos 1950 em duas frentes principais: nos Estados Unidos e na França (Belik, 1992; Graziano da Silva, 1994; Zylbersztajn, 2000). Na primeira, os trabalhos seminais são atribuídos a Goldberg e Davis, em Harvard, financiados por indústrias de insumos e processamento, e desenvolvem a noção de *agribusiness*. A partir dela diversas teorizações e concepções metodológicas foram desenvolvidas para se avaliar e aprimorar as cadeias produtivas do agronegócio (como a Commodity Systems Approach), buscando aumentar sua eficiência ou, como talvez seja mais adequado dizer, sua competitividade. Isso porque os trabalhos realizados em torno dessa agenda de pesquisa têm como principal foco a lucratividade das empresas. Na segunda frente, Malassis e Morvan, em Montpellier, capitanearam estudos similares sobre as chamadas *filières* agroalimentares. Porém, diferentemente dos americanos, as análises eram mais voltadas para o campo de políticas públicas e industriais e buscavam entender como se formavam os fluxos dentro das cadeias em decorrência de configurações institucionais e de poder dos seus integrantes. Como sintetiza Zylbersztajn (2000, p.10),

> O enfoque das cadeias (*filières*) analisa a dependência dentro do sistema como um resultado da estrutura de mercado ou de forças externas, tais como: ações governamentais ou ações estratégicas das corporações associadas ao domínio de um nó estratégico da cadeia. Ambos os enfoques tratam de estratégia (*filières* e Commodity Approach de Harvard), sendo que a literatura de cadeias é mais voltada para ações governamentais e o enfoque de Harvard predominantemente, mas não exclusivamente, focalizado nas estratégias das corporações.

É possível que as distintas perspectivas tenham sido concebidas em resposta ao contexto agropecuário das duas nações. O agronegócio norte-americano vivia um período de grande prosperidade calcada nas políticas governamentais, no crescimento econômico interno e na forte demanda externa causada pela Segunda Guerra Mundial e pela Guerra da Coreia. Na Europa o crescimento daquele setor era impulsionado pela reconstrução dos países e pela decisão de governos europeus de garantir o abastecimento nacional por intermédio da produção doméstica de fibras e, principalmente, de alimentos, visando a superar os graves traumas causados pela carestia dos tempos de guerra.

A partir desses estudos, que certamente não foram os primeiros sobre o tema, a análise dos sistemas agroindustriais se diversificou bastante, mas um elemento central permaneceu o mesmo: a produção agrícola capitalista avançada traz consigo a interdependência com os setores industrial, comercial, de serviços, tecnologia e distribuição; e essas relações necessitam de coordenação para que sejam mais eficientes ou mesmo minimamente viáveis. Conforme Le Heron (1993, p.48),

> se a agricultura está perdendo a sua distinção como um setor, então uma conceitualização que destaque a economia política da reestruturação das diferentes sequências da produção agrocommoditizada é crucial para o entendimento das emergentes bases técnico-econômicas da acumulação e da divisão do trabalho numa escala mundial.

No Brasil, a partir dos anos 1970, autores como Alberto Passos Guimarães, José Graziano da Silva, Ângela Kageyama, Walter Belik, Guilherme da Costa Delgado e Geraldo Müller deram contribuições relevantes para a análise dos avançados sistemas agroindustriais mediante o conceito de complexo agroindustrial (CAI), empregado como forma de se entender a rápida modernização do campo brasileiro.[2] O conceito, que está fundamentado no campo da Economia Política Crítica, difere das noções de agronegócio e cadeia produtiva agroindustrial, por ter função explicativa e não simplesmente descritiva (Delgado, 2012). Isto é, além de analisar a formação e o desempenho da atividade agroindustrial, ele se ocupa das suas fontes e implicações políticas.

O conceito de complexo agroindustrial

O objetivo desta seção é expor o conceito de CAI e justificar sua utilização como unidade de análise para a política agrícola. O conceito é sustentado, basicamente, por três pilares: 1) interdependência econômica e técnica entre agropecuária, indústria, serviços, finanças, distribuição e ciência & tecnologia; 2) o ambiente institucional no qual ocorre essa relação; 3) a necessidade consciente de coordenação entre os principais atores, inclusive o Estado.

Um complexo agroindustrial pode ser entendido como:

> um conjunto formado pela sucessão de atividades vinculadas à produção e transformação de produtos agropecuários e florestais. Atividades tais como: a geração destes produtos, seu beneficiamento/transformação e a produção de bens de capital e de insumos industriais para as atividades agrícolas; ainda: a coleta, a armazenagem, o

---

[2] A ideia de complexos agroindustriais é discutida internacionalmente há muito tempo. Ver, por exemplo, bibliografia revista por Friedmann (1993) e McMichael (2009) para referências de autores estrangeiros. A obra de Kautsky, *A questão agrária*, publicada em 1899, é tida como uma das primeiras referências no campo do marxismo.

transporte, a distribuição dos produtos industriais e agrícolas; e ainda mais: o financiamento, a pesquisa e a tecnologia, e a assistência técnica. (Müller, 1989, p.45)

Essa definição poderia ser aplicada a outros ramos econômicos não fossem duas especificidades: o vínculo à terra e a dependência de processos naturais. Isto é, dependência decorrente da incapacidade do ser humano de reproduzir artificialmente processos realizados pela natureza – pontos que abordaremos mais adiante.

Segundo Müller (1989, p.62), "o CAI é uma unidade de análise na qual a agricultura se vincula com a indústria de dupla maneira: com a indústria de máquinas e insumos que tem na agricultura seu mercado e com a indústria processadora/beneficiadora de matérias-primas agrícolas". Reconhecer essa relação de interdependência é fundamental para a constituição da unidade de análise, tanto porque ela dissipa a ilusão de que existe um "setor agrícola" no qual a produção é avançada quanto porque ela incorpora na análise política as relações econômicas, sociais e industriais, eliminando a visão de que se trata de um problema exclusivamente do campo.

Não se deve confundir o conceito de CAI com modernização ou industrialização da agricultura, termos bastante empregados pela literatura (Kageyama et al., 1990). Em linhas gerais, modernização quer dizer o aprimoramento de métodos e equipamentos de produção, enquanto industrialização corresponde à utilização de suprimentos industrializados para a produção agrícola (o que tem que ver com o processo de apropriacionismo, abordado adiante). Mais especificamente, a industrialização é "o momento da modernização a partir do qual a indústria passa a comandar a direção, as formas e o ritmo da mudança na base técnica agrícola" (Graziano da Silva; Kageyama, 1996, p.32). Em suma, de um sistema com elevado grau de autonomia em relação à economia capitalista, as fazendas passaram a ser mais uma engrenagem das sociedades industriais. O conceito de CAI cumpre o objetivo de caracterizar essa condição, destacando sempre a especificidade da vinculação à terra e aos processos naturais (Graziano da Silva; Kageyama, 1996).

Dentro de um campo de estudo tão rico como é o das relações agroindustriais, o conceito de CAI evidentemente recebe críticas. Talvez a principal delas seja a sua limitação como unidade de análise devido à dificuldade de se delimitar e mensurar rigorosamente as fronteiras e o tamanho de cada complexo. Isso porque cada CAI giraria em torno de um produto agropecuário e porque várias empresas podem trabalhar em vários produtos. Tal crítica não deixa de ser correta, pois os CAI são entendidos como redes amplas, que se distanciam dos mapeamentos (não menos valiosos para determinados tipos de análise) de matrizes *input-output* e da medição dos valores transacionados entre os segmentos de uma cadeia. Nesses casos, normalmente ficam de fora da contabilidade a prestação de serviços mais indiretos, assim como a movimentação econômica que as empresas realizam para finalmente vender seus produtos, como o pagamento de funcionários, impostos e o consumo de energia. Embora essa seja uma característica importante do conceito – buscar entender as amplas relações econômicas que se encontram em torno de um produto agrícola –, ela diminui a sua precisão. Se a produção de estatísticas para o agronegócio já é difícil, até porque os órgãos estatísticos ainda mantêm uma divisão míope entre os setores agrícola, industrial e serviços, traçar uma identidade quantitativamente precisa de um CAI é algo bastante difícil.

Reconhecida essa limitação, no entanto, o CAI tem sua validade ancorada na noção de que os atores envolvidos em um mesmo complexo produtivo têm consciência de nele estarem presentes e de buscarem (mediante negociação, pressão, coerção, cooperação, disputa etc.) concertar interesses e dar direção ao conjunto, particularmente no que toca à construção de políticas públicas (Belik, 1992). Adicionalmente, o conceito enfatiza a dimensão histórica desses arranjos, o que é da maior relevância para o analista político, pois as formações e modificações dos referidos arranjos são tratados como objeto de disputa entre diversos atores, o que significa dizer que aqueles arranjos não são inevitáveis, dados, e sim construídos, ainda que limitados por fatores estruturais (geopolíticos, ideológicos, tecnológicos, entre outros), inclusive os do sistema capitalista (Lindblom, 1982; Offe; Ronge, 1984).

De fato, a dimensão quantitativa é demasiadamente importante para se avaliar a posição de um CAI de um ponto de vista econômico e não deve ser ignorada. Porém, não se pode esquecer que determinadas políticas públicas e arranjos empresariais encontram explicação em motivos que não podem ser expressos adequadamente em termos econômicos. Muitas vezes a dimensão econômica pode até mesmo turvar uma análise mais apurada.

Se a forte interdependência entre atividades industriais, comerciais, financeiras e científico-tecnológicas em torno de um produto agropecuário é um pilar do conceito de CAI, outro é a constatação de que eles possuem algum tipo de coordenação. De fato, a percepção de que os sistemas agroindustriais necessitam de algum tipo de coordenação mais ativa – dada a incapacidade de o sistema de preços gerar equilíbrio e estabilidade politicamente aceitáveis – vai se consolidando a partir das primeiras décadas do século XX (Zylbersztajn, 2000). Para evitar flutuações extremas causadas por graves crises, mecanismos de coordenação começaram a ser vistos como uma necessidade na área agrícola. Obviamente a questão da coordenação econômica não é uma peculiaridade da agroindústria e é possível constatar diversas experiências de coordenação em vários países (Hollingsworth; Schmitter; Streeck, 1994). Reconhecido esse fato, a questão da coordenação é um dos temas mais relevantes no campo das relações agroindustriais, principalmente em decorrência das volatilidades que são peculiares à agropecuária, como quebras de safras, epidemias, instabilidade nos preços, sem mencionar os graves impactos sociais que podem delas derivar. A formação de cooperativas é uma alternativa praticada há muito tempo. Nas últimas décadas, dois tipos de coordenação têm sido bastante utilizados em vários países, um mais abrangente e outro mais específico. O primeiro é a integração vertical, por meio da qual diversos segmentos do processo produtivo são controlados por uma mesma empresa. O segundo são os contratos de compra antecipada que vinculam os produtores de matéria-prima nas fazendas e os processadores de alimentos e fibras (Coleman; Grant; Josling, 2004; Starmer; Wise, 2007a). Todavia, a regulação estatal é o principal tipo de coordenação e o que possui efeitos mais difundidos.

Os adeptos da noção do conceito de CAI atribuem grande importância à regulação governamental, tanto no seu aspecto institucional (segundo pilar do conceito) quanto no das relações políticas que ensejam (terceiro pilar). Segundo Graziano da Silva (1994, p.227), a desarticulação dos complexos rurais pela introdução dos agroindustriais obrigaria uma

> Participação cada vez maior do Estado no sentido de formular *políticas específicas* para a regulação de cada CAI. Intervenção esta que responde a um duplo objetivo: primeiro, estabelecer outro sistema de regulação no qual o Estado passa a definir os principais parâmetros para a rentabilidade dos capitais empregados nos diferentes segmentos; e, segundo, atuar como árbitro das contradições que se internalizam nestes *complexos*, como, por exemplo, a fixação dos limites de competição oligopólica, o estabelecimento de quotas especialmente no caso das importações etc.

Entre os motivos para a intervenção do Estado está o próprio interesse estatal em fazer que o modelo produtivo funcione numa determinada direção (Carnoy, 1988).

Pelo que pudemos estudar, o surgimento e a manutenção dos CAI normalmente ocorrem com o apoio regulador, para não dizer indutor, do Estado. Goodman, Sorj e Wilkinson (1990, p.144-5) afirmam que:

> Inicialmente, o objetivo central da intervenção financeira do governo na agricultura foi o de promover a apropriação através do fornecimento de crédito. Desde a Primeira Guerra Mundial e os anos de depressão entreguerras, no entanto, a prioridade teve de ser dada à regulagem cada vez mais abrangente dos mercados agrícolas. Quando o impacto total da apropriação na produtividade fez-se sentir, no período pós-Segunda Guerra Mundial, a capacidade de superprodução havia se tornado um fenômeno estrutural nos países capitalistas avançados. A manutenção da produção agrícola e, daí, da reprodução dos capitais apropriacionistas é assim atribuída a um grupo complexo de medidas, inclusive preços de garantia, pagamentos por deficiência, compras e estoques estatais, seguro agrícola, câmaras de comercialização, esquemas subsidiados para a retirada de terras de produção e subsídios e taxas de importação/exportação. O Estado, em suma, está a cargo da tarefa de conciliar os efeitos conflitantes do crescimento continuado da produtividade, associado

à apropriação industrial, sobre a produção e capacidade produtiva, as rendas rurais e as estruturas sociais rurais.

O caso brasileiro é um exemplo claro da articulação entre empresas, produtores agrícolas e o Estado, em que este último exerceu o papel de indutor, para modificar o padrão agrícola brasileiro (Müller, 1989; Delgado, 2012). Belik (1992, p.37) é enfático ao afirmar que, a partir dos anos 1960,

> capitais industriais, muitos deles transnacionais, como parte de sua estratégia de crescimento e aproveitando-se das políticas do Governo Federal, buscam integração com a agricultura e até mesmo com a produção de bens de capital e insumos para a agricultura [...] A partir daí, a articulação indústria-agricultura não poderia mais ser explicada por qualquer outro mecanismo que não o direcionamento imposto e estimulado pelo Estado à mercê das pressões exercidas por grupos de interesses setoriais, com maior influência no aparelho de Estado.

Isto é, o Estado utiliza seus recursos de poder para afetar a direção dos investimentos privados, ainda que essa direção possa ter sido acordada ou influenciada em boa medida por aqueles mesmos investidores. No caso brasileiro, Moraes, Árabe e Silva (2008, p.24) sumarizam os pontos em que a intervenção do Estado foi mais destacada:

1) criação de condições dinamizadoras da produtividade no universo micro (a "fazenda"), estimulando pesquisa e extensão, subsidiando o uso de insumos modernos (mecânicos e bioquímicos);
2) aumento de produtividade na etapa do processamento industrial, etapa que agrega valor aos insumos da "fazenda"; e
3) criação de "capital social", físico e humano:
    a) infraestrutura de transporte, energia, armazenamento;
    b) redes de pesquisa, extensão, treinamento;
    c) sistemas de crédito; e
    d) sistemas de informação sobre mercados de fatores e produtos.

No Brasil, o crédito via Sistema Nacional de Cadastro Rural foi um instrumento crucial na estratégia estatal de criação dos CAI a partir do final dos anos 1960, bem como para redirecionar os CAI para uma estratégia exportadora no final dos anos 1990 (Delgado, 1985, 2012). Tal sistema era, "de fato, um instrumento de política econômica, já que empurrava os recursos emprestados para a compra de insumos modernos da infante indústria de insumos (tratores, fertilizantes), que decolou poderosamente na década de 1980" (Moraes; Árabe; Silva, 2008, p.74). As agroindústrias também tinham interesse no fornecimento de crédito ao agricultor porque ele estimulava a expansão da produção tecnificada, o que significava, na prática, maior oferta de matéria-prima. Assim, no Brasil, o crédito rural esteve intimamente associado a "dois grandes interesses extrafazenda e, em grande medida, mais do que reforçá-los, em alguns casos praticamente os cria a partir do quase nada. São os interesses vinculados aos setores a jusante e a montante da cadeia" (Moraes; Árabe; Silva, 2008, p.74).

Vale ressaltar que o modelo brasileiro foi inspirado fortemente no modelo estadunidense posto em prática no entreguerras, e exportado para diversos países a partir dos anos 1950, num processo que ficou conhecido como Revolução Verde. É, portanto, uma lógica que tem aplicação em diversas regiões e possui longa duração. Vejamos, brevemente, a formação dos CAI nos EUA.

A formação dos CAI nos Estados Unidos

Nos Estados Unidos, o papel ativo do Estado para o surgimento e a manutenção dos CAI é algo consensual entre aqueles que examinaram a história do desenvolvimento agrícola desse país. O incentivo à inovação técnica e científica, bem como o fornecimento de infraestrutura e crédito são preocupações sistemáticas das elites pelo menos desde o início do século XX (Soth, 1968; Burbach; Flynn, 1980; Cochrane, 1993; Hurt, 1994; Veiga, 1994; Sheingate, 2001; Fitzgerald, 2003; Gardner, 2006; Conkin, 2009). Após a Primeira Guerra Mundial, num período de crise vivido pelas fazendas americanas, tornou-se palavra de ordem buscar superar as condições econômicas ruins por meio do aumento da *eficiência*. Isso significava tornar as fazendas cada vez mais semelhantes às unidades industriais mais modernas, ou seja, produção em larga escala, altamente especializada e padronizada, realizada com procedimentos técnicos especificamente rotinizados e empregando a maior mecanização possível. Essa ideia, que não vinha sem oposição, mas dominou as elites políticas e burocráticas, tinha como meta colocar a atividade agrícola no tempo das operações capitalistas, transformando cada fazenda em uma fábrica (Fitzgerald, 2003; Glenna, 2003). Nessa mesma linha, o estudo realizado por Kenney, Lobao, Curry e Goe (1991) sobre as políticas adotadas pelo governo de F. D. Roosevelt na Grande Crise demonstra que a promoção dos CAI foi uma estratégia que visava a recolocar a economia dos Estados Unidos na direção do crescimento.

Segundo os autores, o governo adotou a ideia de que o produtor rural deveria ser um consumidor produtivo, tornando-se peça-chave no sistema econômico dos EUA, sobretudo do interior do país. Nesse sentido, o Estado configurou um arranjo para, simultaneamente, dar viabilidade econômica aos fazendeiros e transformá-los em consumidores de produtos industrializados, na forma de insumos ou produtos finais, rompendo com a relativa autossuficiência do mundo rural, com o fito de estimular a indústria em um tempo de crise. Assim,

> a crise foi parcialmente resolvida transformando-se fazendeiros, tradicionalmente autorreprodutivos, em consumidores de insumos produzidos em massa que iam desde os fertilizantes petroquímicos ao maquinário agrícola. Nesse processo, o agricultor familiar se tornou um consumidor de bens domésticos duráveis e, crescentemente, de alimentos processados. O efeito dessas duas novas práticas de consumo dentro da agricultura levou efetivamente a uma perda de todos os atributos de autossuficiência. (Kenney et al., 1991, p.174)

Pode-se imaginar que o ideal de parte de teóricos políticos americanos e mesmo de proeminentes figuras políticas, como Thomas Jefferson, ia se desfazendo por meio de políticas ativas do Estado: o de que os produtores rurais fossem homens mais independentes politicamente por não serem dependentes da sociedade industrial. Nesse período, a atividade que antes emancipava pela sua autonomia passou a ceder espaço para uma concepção em que a agricultura se tornava uma engrenagem essencial para o modelo fordista, na medida em que "produzia um número crescente de alimentos commoditizados com níveis uniformes de qualidade. A produção agrícola passou a se assemelhar a outras indústrias de consumo no que toca à utilização de insumos fordistas para a produção de produtos fordistas que são processados para o mercado de consumo"[3] (Kenney et al., 1991, p.174). Conforme Mowery e Rosenberg (2002), essa novidade em relação às matérias-primas atingia similarmente outros setores econômicos que passavam a adotar a produção em massa, como a metalurgia e a construção civil, e teria tido início já no final do século XIX. Para que o sistema racional e industrializado funcionasse de forma disseminada no país, inclusive no setor de alimentos e fibras, era preciso sincronia e previsibilidade, pois "o padeiro que produzia em larga escala não podia comprar do moinho, a Pennsylvania Railroad não podia comprar produtos de aço do laminador, nem a firma de construções urbanas podia comprar do produtor de cimento sem a garantia precisa do desempenho ou das especificações de qualidade desses insumos" (Mowery; Rosenberg, 2002, p.37).

Essas mudanças técnicas tinham profundas implicações sociais. Conkin (2009) narra como um *American way of life*, o do fazendeiro americano, vai deixando de existir à proporção que as fazendas vão se especializando, se industrializando e se aproximando cada vez mais de um *business* como

---

3 Embora a ampla disseminação da produção em massa na agricultura tenha recebido forte impulso nas primeiras décadas do século XX, Mowery e Rosenberg (2002) apontam que o desenvolvimento de tecnologia para esse tipo de produção vinha ocorrendo desde a segunda metade do século anterior, inclusive com apoio governamental.

outro qualquer, enquanto os fazendeiros e suas famílias vão deixando gradativamente de ter um contato mais direto com a terra e com os animais, e retiram menos e menos dos seus alimentos da produção de sua própria fazenda. Fitzgerald (2003, p.5) salienta que as mudanças sentidas durante o período de constituição dos CAI eram normalmente atribuídas às "forças gêmeas da ciência e da tecnologia", que introduziram a eletricidade, sementes híbridas e pesticidas, tratores etc., num âmbito que antes era fortemente regulado pelo tempo da natureza e das forças humanas e animais. Contudo, o que é preciso destacar é que essas introduções não vinham isoladas. Elas eram concebidas dentro de matrizes maiores, que afetavam, além da atividade técnica, as relações econômicas, sociais e políticas.

> Quando um fazendeiro adotava o trator, por exemplo, ele tacitamente adotava um conjunto completo de outras práticas e adentrava uma nova rede de relacionamentos. Ele tinha uma relação financeira com o banqueiro que emprestou a ele o dinheiro para a máquina e com o construtor do trator, a quem ele pagou. Ele trabalhava com o vendedor de tratores mais próximo quando algo dava errado e geralmente necessitava da ajuda dos lojistas, biscates e mecânicos. Como o trator não iria funcionar com aveia, como os cavalos, ele precisava de uma fonte de gasolina ou, mais provavelmente, de querosene, de prontidão, assim como de óleo lubrificante. Agora que ele não precisava mais de aveia, ele precisava fazer alguma coisa com os campos que a produziam, o que pode ter implicado mais inovação. Produtores agrícolas com tratores geralmente recalibravam suas relações de trabalho com filhos e empregados, apreensivos quanto a deixarem-nos manejar o caro e temperamental equipamento. Esses fazendeiros também se encontravam em novos relacionamentos com seus vizinhos, que mantinham rígidas tabelas sobre o potencial das máquinas nos seus próprios campos. (Fitzgerald, 2003, p.5)

Esse exemplo da introdução do trator, considerado pelos estudiosos o principal marco do surgimento da inter-relação entre agricultura e indústria, demonstra como se expandem os interesses em torno da produção das fazendas. Ramos industriais, financeiros, políticos, entre outros, entrelaçavam-se com os essencialmente agrícolas, dando formação ao CAI e com implicações para as políticas públicas.

Pode-se dizer, em suma, que as políticas do entreguerras estimularam fortemente a constituição do CAI ao buscarem quatro metas. A primeira era viabilizar a atividade agrícola e diminuir os seus riscos por intermédio de uma demanda mais estável para os produtos agrícolas. Estes seriam utilizados como matéria-prima pelos processadores e, ao mesmo tempo, a continuidade da demanda e do fornecimento estabilizaria os preços para processadores e consumidores em geral. A segunda era sustentar os preços para que os produtores rurais se tornassem usuários frequentes de insumos padronizados, sem o que seria impossível a integração da agricultura nos sistemas industriais de produção de alimentos. Para isso, foram instituídas políticas que incentivavam a ociosidade de terras, no intuito de reduzir a superprodução, e buscavam paridade de preços entre produtos agrícolas e industrializados. Um resultado foi a intensificação da produção em áreas menores, o que impulsionou o desenvolvimento técnico-científico, favorecendo o aumento da produtividade ancorada no uso de insumos e técnicas avançadas (veja Gráfico 3.1 e Tabela 3.2). A terceira era desenvolver uma infraestrutura que integrasse as fazendas e o meio rural às redes de consumo, o que simultaneamente estimulou a capacidade produtiva na cidade e no campo. A quarta meta era estimular a emigração de trabalhadores e população agrícola para os centros urbanos, o que ocasionou uma diminuição da força das organizações agrícolas e irrigou as cidades de mão de obra, ao passo que criava a demanda por mais mecanização no campo.[4]

Um resultado de importância ímpar da integração de mercados e que denota o consenso que passou a direcionar os investimentos públicos e privados é o consumo de carnes, especialmente a de frango e a bovina. O governo estimulou a demanda pelo consumo dessas carnes, o que trouxe, a reboque, o aprimoramento de tecnologias intensivas para a criação de animais e para o beneficiamento das carnes, o que por sua vez reverberou na produção de grãos para ração. Os grãos, aliás, precisam ter seu papel salientado, dada sua relevância para o sistema econômico americano e para o regime alimentar internacional.

Gráfico 3.1: Aumento da produtividade das fazendas, 1948-1999

Fonte: Dimitri; Effland; Conklin (2005).

---

[4] Esses fenômenos podem ser verificados com riqueza de dados nas obras clássicas de Cochrane (1993), Hurt (1994) e Gardner (2006).

A posição central de grãos no sistema alimentar tradicional tanto humano quanto animal, sua não perecibilidade e a consequente capacidade de armazenagem e transporte, a centralização e especialização da produção de grãos na consolidação do sistema alimentar mundial – todos esses fatores contribuíram para consolidar o complexo de grãos que veio determinar a própria natureza do sistema alimentar, ancorando-o em torno da reprodução de produtos agrícolas e de sistemas de produção específicos. (Wilkinson, 1989, p.16)

Os grãos são, portanto, altamente adaptáveis à industrialização e à racionalização administrativa da produção alimentar. Como veremos no Capítulo 5, são os grãos que dão a tônica dos regimes alimentares internacionais, sendo puxados inicialmente pelo trigo e, posteriormente, pela soja e pelo milho.

Os avanços obtidos no processamento, conservação e transporte de alimentos durante as guerras abriram novas possibilidades de fornecimento para as regiões urbanas distantes, modificando os hábitos alimentares dos americanos e arraigando cada vez mais o consumo de alimentos processados. Terminados os confrontos, o Estado continuou a contribuir com "apoio logístico, financeiro e institucional para garantir a disponibilidade do produto agrícola" (Wilkinson, 1989, p.15), o que na opinião do autor seria uma das "raízes da crise orçamentária do Estado em relação à agricultura". Esses movimentos foram acompanhados de uma espetacular concentração no mercado alimentar. Os supermercados, desenhados para venderem alimentos processados uniformes e duráveis, deslocaram os mercados e as formas tradicionais de abastecimento das famílias. "Essa consolidação de capital aumentou dramaticamente a força mercadológica oligopólica das empresas de

Gráfico 3.2: Conforme as fazendas se especializam, o número de commodities produzidas diminui (commodities produzidas por fazenda, em média)

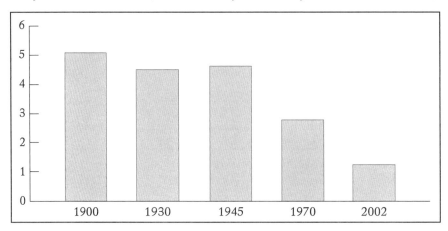

Fonte: Dimitri; Effland; Conklin (2005).

processamento e comercialização do sistema alimentar" nos Estados Unidos (Kenney et al., 1991, p.180).

Um dos efeitos dessa concentração de capital foi o aumento da pressão/demanda por produtos mais uniformes e a busca por ganhos de eficiência, o que acabou levando os fazendeiros à especialização produtiva ou, em outras palavras, a uma tendência monoculturista, como apontam os dados do USDA no Gráfico 3.2.

A especialização se tornou uma estratégia e uma necessidade nos Estados Unidos. Ela permitiu aos produtores rurais investir mais em insumos mecânicos e químicos específicos, ganhando em escala e diminuindo, consequentemente, a rotatividade de cultivares. Uma consequência desse processo é que os custos de saída do negócio para os fazendeiros se tornavam cada vez mais altos. Quer dizer, para os produtores que investiram altas quantidades de capital em insumos que são desenhados especificamente para um tipo de cultura, endividando-se profundamente, plantar ou criar outros gêneros pode deixar de fazer sentido, já que os insumos adquiridos e as estruturas construídas podem ser inadequados para outros produtos. Assim, tanto o alto custo de saída como a constante pressão para aprimoramento técnico e científico da produção mantêm muitos produtores atados às diretrizes de processadores e fornecedores de insumos. Desse modo,

> Durante o período pós-guerra, os Estados Unidos desenvolveram um sistema agrícola com menores diversidade e flexibilidade, mas com uma integração ao sistema industrial mais profunda [...] Adicionalmente, o fordismo possibilitou, e demandou, uma revolução fundamental no sistema de distribuição de alimentos processados, uma revolução inicialmente marcada pela disseminação do supermercado e posteriormente pelos restaurantes *fast-food*. (Kenney et al., 1991, p. 181)

Os restaurantes de *fast-food* têm uma posição fundamental na estrutura alimentar americana. O *business* se ancora nos preços baixos e sabores padronizados, independentemente do local do consumo. Isso, é preciso frisar, não é nada natural, pois é normal que os alimentos possuam sabores diferenciados de acordo com a safra e o local de produção. Mas, nesse ramo bilionário, matéria-prima barata e uniforme são basilares para o funcionamento de um negócio bastante agressivo do ponto de vista empresarial (Schlosser, 2005).

Se, por um lado, esse processo modificou o cenário da produção agrícola, tornando os fazendeiros mais vulneráveis economicamente a umas poucas commodities, por outro ele resultou numa crescente eficiência econômica que, por sua vez, levou ao declínio do custo dos alimentos (veja Gráfico 3.3), assim como a uma participação menor desse item no orçamento dos consumidores. A Tabela 3.2 demonstra isso.

Marion e MacDonald (2009, p.13), do USDA, corroboram e exemplificam: "O preço nominal do frango permaneceu virtualmente o mesmo num período de 50 anos: o preço do frango vivo por libra era de 36 centavos em 1948 *versus* 39,3 centavos em 2001. A produção de frango subiu de 1,1 bilhão de libras (frangos vivos) em 1945 para 42,4 bilhões de libras em 2001". Os preços de produtos agrícolas em geral aumentaram apenas 15% de 1980 a 2005, enquanto os preços gerais para o consumidor cresceram 122% no mesmo período (Marion; MacDonald, 2009). De fato, os ganhos de produtividade são enormes, como aponta a Tabela 3.2.

Gráfico 3.3: Percentual das despesas totais com alimentação perante a renda pessoal disponível, 1960-2001

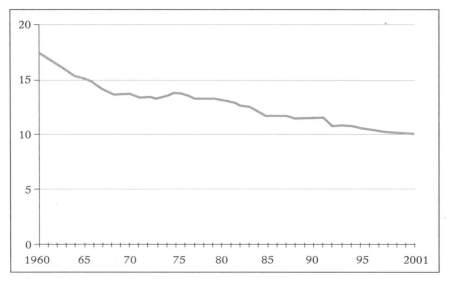

Fonte: Martinez (2002).

Tabela 3.2: Tendências no rendimento médio para commodities selecionadas

Cultura	Medida	1910-14	1945-49	1965-69	1982-86	2001-5
Milho	bushel/acre	26	36,1	48,7	109,3	143,4
Trigo	bushel/acre	14,4	16,9	25,9	37,1	40,8
Batata	cwt/acre	59,8	117,8	205,2	283,9	373,6
Beterraba	ton/acre	10,6	13,6	17,4	20,4	21,8
Algodão	libra/acre	201	273	505	581	747,4
Soja	bushel/acre	-	19,6	24,2	30,7	39,4
Leite	libra/acre	3.840	4.990	8.260	12.730	18.810

Fonte: Marion; MacDonald (2009.)

Consideramos, porém, que embora possa ter havido aprimoramento da eficiência produtiva (o que pode ser questionado em decorrência do surgimento de novas doenças, como o mal da vaca louca e a causada pela bactéria E. Coli, além do crescente número de obesos e diabéticos), não é possível falar em eficiência econômica sem remeter explicitamente ao fato de que a base do sistema alimentar americano, isto é, os grãos commoditizados, é altamente subsidiada e, portanto, são falsamente mais baratos. Ao serem vendidos por um preço artificialmente mais baixo, subsidiam indiretamente as indústrias processadoras e os distribuidores, bem como sustentam as vendas dos fornecedores de insumos avançados. Para Troy Roush, que foi vice-presidente da American Corn Growers Association, a enorme quantidade de milho que é plantada nos Estados Unidos atualmente decorre das políticas governamentais que viabilizam a produção abaixo do seu custo real – "somos pagos para superproduzir", diz Roush (Kenner, 2008). Segundo ele, empresas como Smithfield, ADM, Tyson, Cargill e Monsanto têm interesse nesse tipo de produção e fazem lobby junto ao Congresso para que as *Farm Bills* tenham o formato que têm. Os programas de subsídios reforçam essa tendência, como ressalta o órgão estatal General Accounting Office (GAO, 1990, p.3).

> Embora os programas federais de suporte a renda e preços não imponham barreiras diretamente, eles fornecem fortes incentivos para o cultivo dos commodities dos programas agrícolas e para se especializar ano após ano. As cláusulas dos programas reforçam a utilização de práticas convencionais intensivas em insumos pelos produtores agrícolas e criam dificuldades econômicas para que eles adotem práticas alternativas.

Nem todos os produtores estão confortáveis com essa situação, mas a lógica do mercado torna muito custosa, às vezes inviável, uma guinada nos investimentos. Essa lógica exerce um poder estrutural, como abordaremos no Capítulo 4, que impulsiona os grupos de interesses agrícolas a solicitar apoio ao governo e, ao mesmo tempo, leva os agentes do governo a conceder esse apoio, posto que o mau desempenho econômico das fazendas reverbera significativamente em outros setores da economia.

Se os produtores sofrem os constrangimentos dessa estrutura, as empresas que fornecem insumos se beneficiam amplamente. Um relatório do GAO que investigou as dificuldades do emprego de métodos alternativos de produção agrícola nos Estados Unidos concluiu que:

> Os programas agrícolas apoiam commodities que tendem a requerer elevados insumos agroquímicos e estão associadas a altas taxas de erosão do solo. Outras commodities, menos erosivas e dependente de agroquímicos, recebem pouco apoio governamental. Os programas recompensam fazendeiros pela especialização em

commodities dos programas, ano após ano, resultando em mais desgaste do solo e problemas de pestes, as quais, por sua vez, levam a uma maior necessidade de insumos agroquímicos. Os programas tendem a desencorajar os fazendeiros a produzir outros produtos e a recorrer a rotações mais diversificadas de plantações. (GAO, 1990, p.3)

O uso de agroquímicos nas quatro maiores commodities do programa agrícola (milho, trigo, algodão e soja) é extensivo. Cerca de 65% de todo fertilizante de nitrogênio comercial consumido é direcionado para essas plantações, assim como é grande a proporção de pesticidas [...] Como demonstrado [na Tabela 3.3], fertilizantes, herbicidas e inseticidas são aplicados em um alto percentual dessas plantações. Herbicidas, por exemplo, são aplicados em mais de 95% de toda plantação de milho, algodão e soja, e fertilizante sintético é aplicado em quase toda extensão de milho e em cerca de 80% do trigo e algodão plantados. (GAO, 1990, p.49)

Tabela 3.3: Percentual da área plantada das principais commodities subsidiadas que utilizam agroquímicos

Agroquímicos	Milho	Trigo	Algodão	Soja
Fertilizantes	97	83	80	32
Herbicidas	96	53	95	96
Inseticidas	35	4	61	8

Fonte: GAO (1990).

Ou seja, os programas de subsídios não apenas garantem demanda ao direcionarem os métodos produtivos intensivos em insumos químicos, mas ao serem repetidos ao longo do tempo acabam criando problemas cuja solução é a utilização de mais produtos químicos.

Como dissemos, os subsídios governamentais permitem que os fazendeiros continuem investindo em um negócio cujo retorno financeiro seria insuficiente para pagar seus custos, como demonstram os gráficos 3.4 a 3.8. Eles mostram os custos e o valor bruto da produção para milho, soja, trigo, arroz e algodão. Enquanto isso, processadores e mercadores obtêm matéria-prima uniforme a um preço subvencionado.[5] Isso significa que a lógica de fomento dos CAI dos anos 1930 continua a mesma. Essa é a tendência ao longo do século XX, segundo o reconhecido estudioso da produção agrícola nos Estados Unidos Willard Cochrane: "o agronegócio continuará a empurrar os produtores agrícolas ao aumento da produção fornecendo tecnologias novas e caras e induzindo o governo a dar a eles subsídios monetários para produzirem mais milho e soja. Aumento do volume é o negócio deles" (Cochrane, 2003, p.129).

---

[5] Müller (1989) e Delgado (2012) avaliam por diferentes vieses o papel do Estado como administrador da taxa geral de lucro dos CAI.

O protecionismo agrícola nos Estados Unidos

Gráfico 3.4: Milho: custos de produção vs. valor bruto da produção, 1975-2013 (USD por acre)

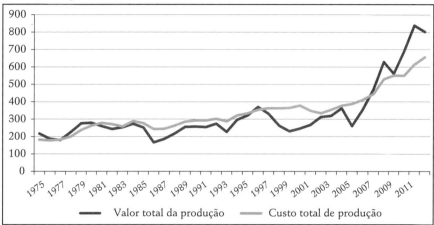

Fonte: Elaboração própria, a partir da base de dados do Economic Research Service do USDA, disponíveis em: http://www.ers.usda.gov/data-products/commodity-costs-and-returns.aspx. Acesso em: 10 jan. 2014.

Gráfico 3.5: Soja: custos de produção vs. valor bruto da produção, 1975-2013 (USD por acre)

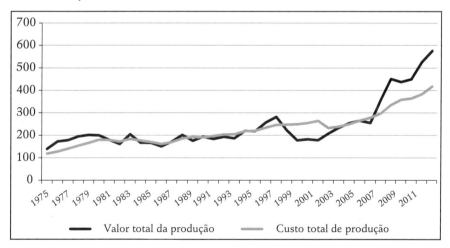

Fonte: Elaboração própria, a partir da base de dados do Economic Research Service do USDA, disponíveis em: http://www.ers.usda.gov/data-products/commodity-costs-and-returns.aspx. Acesso em: 10 jan. 2014.

Gráfico 3.6: Trigo: custos de produção vs. valor bruto da produção, 1975-2013 (USD por acre)

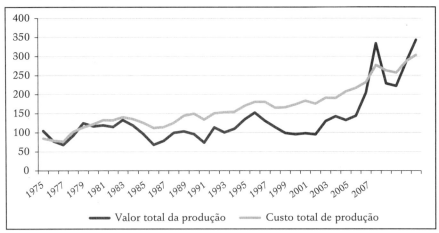

Fonte: Elaboração própria, a partir da base de dados do Economic Research Service do USDA, disponíveis em: http://www.ers.usda.gov/data-products/commodity-costs-and-returns.aspx. Acesso em: 10 jan. 2014

Gráfico 3.7: Algodão: custos de produção vs. valor bruto da produção, 1975-2013 (USD por acre)

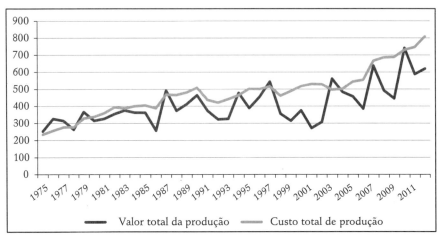

Fonte: Elaboração própria, a partir da base de dados do Economic Research Service do USDA, disponíveis em: http://www.ers.usda.gov/data-products/commodity-costs-and-returns.aspx. Acesso em: 10 jan. 2014

Gráfico 3.8: Arroz: custos de produção vs. valor bruto da produção, 1975-2013 (USD por acre)

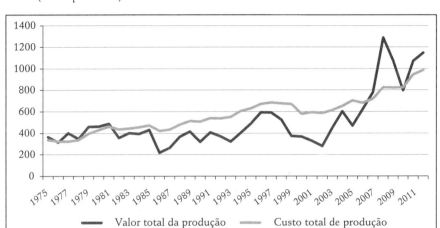

Fonte: Elaboração própria, a partir da base de dados do Economic Research Service do USDA, disponíveis em: http://www.ers.usda.gov/data-products/commodity-costs-and-returns.aspx. Acesso em: 10 jan. 2014.

Com relação à subvenção indireta da matéria-prima para a indústria alimentícia, cabe mencionar os relatórios do projeto Feeding the Farm Factory. De acordo com Starmer e Wise (2007a), a eliminação dos controles de oferta mediante a restrição de plantio para algumas commodities nos anos 1990 teve o efeito de ampliar ainda mais a disponibilidade de grãos no mercado americano, causando queda em seu preço. Entre esses grãos estão o milho e a soja, componentes principais da ração de suínos e aves. A ração representa cerca de 60% do custo operacional da criação de tais animais. Os autores estimam que entre 1997 e 2005 os preços de venda da soja e do milho estiveram 15% e 23% abaixo do seu custo de produção, respectivamente. Logo, o preço artificialmente baixo correspondeu a um subsídio implícito para os criadores industrializados de suínos de cerca de 25% no custo da sua ração, o que significaria uma redução em torno de 15% dos seus custos operacionais. Para a Smithfield,[6] a maior produtora e processadora de carne de porco do mundo e detentora de aproximadamente 30% desse mercado nos EUA, a economia teria sido de USD 2,5 bilhões no período, enquanto o conjunto das chamadas fazendas-fábrica teriam deixado de desembolsar cerca de USD 8,5 bilhões. A Tabela 3.4 aponta a economia para as quatro

---

6 De acordo com o relatório anual de 2011 da Smithfield, as vendas globais somaram US$ 12,2 bilhões em 2012. No mesmo ano a empresa empregou 46,3 mil funcionários. Disponível em: http://files.shareholder.com/downloads/SFD/1691231184x0x487821/0381B046-9EC2-4254-A885-17847C0D1576/Smithfield_AR_11.pdf. Acesso em: 10 fev. 2012.

empresas que detêm 50% do mercado americano de suínos[7] e a Tabela 3.5 aponta a redução de custo anual para cinco tipos de pecuária. No geral, as fazendas-fábrica (pecuária industrializada) teriam economizado por volta de USD 35 bilhões naqueles nove anos (Starmer; Wise, 2007b).

Tabela 3.4: Total economizado devido aos baixos preços da ração para as quatro principais empresas processadoras de suínos, 1997-2005

Empresa	Market Share	Economia total 1997-2005	Economia anual em média, 1997-2005
Smithfield	30%	USD 2,54 bilhões	USD 284 milhões
Premium Standard	8%	USD 680 milhões	USD 76 milhões
Seabord Corp	7,50%	USD 638 milhões	USD 71 milhões
Prestage	5%	USD 426 milhões	USD 47 milhões

Fonte: Starmer; Wise (2007a).

Os autores estimam que, no mesmo período, a queda generalizada dos preços agrícolas em decorrência da superprodução fez que a "renda líquida média das fazendas nos Estados Unidos declinasse em média 15,5%, ajustada pela inflação" (Starmer; Wise, 2007a, p.7). O diagnóstico para a queda nos preços encontra forte consenso na eliminação das restrições ao plantio na Farm Bill de 1996 que, desde os anos 1930, visavam a diminuir a oferta e sustentar preços. Mesmo ciente disso, a resposta do Congresso americano não veio na forma de controle da oferta, e sim em subsídios, na *Farm Bill* de 2002, o que sustenta o movimento cíclico de endividamento, superprodução e queda dos preços. Ou seja, os programas de commodities agrícolas cumprem a dupla função de proteger as indústrias de insumos das flutuações de mercado e de fazer que as carnes cheguem aos mercados como *dumping*.

Se esse é realmente o cenário, os grãos para ração podem ser considerados não somente subsídios à produção, mas também subsídios à exportação. No primeiro caso, tais subsídios poderiam estar sujeitos a compromissos de redução na OMC, pois são distorcivos. No segundo seriam simplesmente proibidos. Mas não o são, pois, curiosamente ou não, a ração utilizada na pecuária não é considerada um insumo subsidiado pelo regime multilateral de comércio. Essa é uma questão que poderia ter grandes implicações, já que algo entre 45% e 50% da soja e cerca de 55% a 65% do milho

---

7 Apesar de as relações entre a produção de grãos e a criação de gado, suínos e aves confinados ser notadamente umbilical, existem poucos estudos sobre o tema. "As corporações que dominam o setor pecuário nos EUA estão entre as principais beneficiárias dos baixos preços das rações americanas. Notadamente, pouca pesquisa tem sido feita sobre a extensão desses benefícios. Uma ampla revisão de literatura revelou que nenhum artigo acadêmico sob *peer--review* da literatura de economia agrícola analisou os benefícios dos baixos preços de ração para as operações pecuárias" (Wise, 2005, p.4).

produzido nos EUA são consumidos pela indústria pecuarista estadunidense (Wise, 2005).

Enfim, o que buscamos argumentar é que o consenso criado no período que vai

> de 1928 a 1945, período marcado pela Grande Depressão, pelo New Deal e pela Segunda Guerra Mundial, a agricultura americana se transformou de um sistema de produção extensiva, com poucos insumos manufaturados, para um setor produtivo comercialmente orientado, recompensado pela crescente produtividade por hectare cultivado nos mais altos níveis possíveis. Assim, as inovações que aumentavam o rendimento eram enfatizadas e excluíam qualquer outro objetivo. Nesse ambiente de crescente produtividade, os fazendeiros foram integrados ao circuito nacional de consumo, servindo assim de mercado para a incipiente indústria fordista. (Kenney et al., 1991, p.178)

Tabela 3.5: Economia obtida pela pecuária industrializada pelos baixos preços da ração, 1997-2005 (USD milhões correntes)

Setor	Economia com ração	Economia com custos de operação	Economia anual em média	Economia total
Suínos	26%	15%	USD 945	USD 8.505
Frangos	23%	13%	USD 1.250	USD 11.250
Ovos	22%	13%	USD 433	USD 3.897
Laticínios	14%	6%	USD 733	USD 6.597
Gado engordado com ração	33%	5%	USD 501	USD 4.509
Total			USD 3.862	USD 34.758

Fonte: Starmer; Wise (2007b).

Os estudos que mencionamos anteriormente sugerem que essa lógica permanece vigente, ainda que tenha apresentado modificações. Um forte indicador de mudança e continuidade nesses consensos é a legislação, com destaque para a Farm Bill. Suas alterações ao longo dos anos mostram relevantes modificações. Um exemplo já referido é a drástica diminuição das restrições ao plantio introduzidas pela Farm Bill de 1996, o que trouxe terras ociosas de volta à produção, pondo fim à medida inaugurada no New Deal (Sheingate, 2001; Cochrane, 2003). Inversamente, ela também denota a continuidade de determinados arranjos domésticos, como a permanência dos subsídios ao algodão na Farm Bill de 2008, a despeito da vitória brasileira em contencioso na OMC (Lima, 2008).

Conkin (2009) aponta uma mudança interessante: até meados dos anos 1970, os consensos em torno do protecionismo agrícola tinham um eixo principal na ideia de paridade de preços entre produtores rurais e urbanos. Naquela década, a paridade passou a perder espaço para outro eixo, o da sustentação da capacidade de produção agrícola, isto é, programas de subsídios que garantissem aos produtores a capacidade de tomar empréstimos e adquirir os insumos e serviços necessários para a produção de determinadas commodities, sejam elas rentáveis ou não. Há alguns anos, duas commodities que recebiam sustentação de preços pela restrição estatal da produção e da comercialização sofreram alterações: o amendoim,[8] em 2002, e o tabaco, em 2004 (Dohlman; Foreman; Pra, 2009). Em ambos os casos, o Estado expropriou os títulos de exclusividade de produção e comercialização mediante compensação financeira que girou em torno de US$ 1,3 bilhão para o amendoim e de US$ 9,6 bilhões para o tabaco, como veremos no Capítulo 6. O amendoim foi incluído nos programas de subsídios, mas o tabaco não.

Na verdade, desde o início do século XX, quando surgem os CAI americanos, duros debates políticos são travados em torno de quais seriam as melhores formas de conferir proteção e estímulo a algumas commodities agrícolas (Goldstein, 1989; Hurt, 1994). O fato é que, a despeito das reformas, o Estado continua apoiando o funcionamento de CAI cujo centro – as fazendas produtoras de commodities agrícolas – é insolvente na ausência do apoio estatal. Isso é algo que deve ser salientado, tendo em vista que, numa economia capitalista, a ausência de lucro seria forte motivo para a interrupção de investimentos privados. Porém, os mecanismos estatais são fundamentais, e é por isso que os diversos atores privados, civis, políticos e burocráticos buscam direcionar as políticas públicas. Esses mecanismos são resultantes dos consensos formados pelos atores dos CAI. Nos Estados Unidos, o consenso dominante ao longo do tempo pode ser apreendido através das palavras de Cochrane (2003, p.128): "Por que nós nos esforçamos tanto para aumentar a produção se os mercados para nossas commodities são fracos e imprevisíveis e se podemos ver os problemas ambientais se acumulando?" – perguntam os fazendeiros de soja e milho.

> A resposta, é claro, é que dizem a eles em todas as frentes (agentes de extensão universitária, representantes do agronegócio, revistas sobre agricultura) que eles devem crescer e produzir mais para sobreviver. Essa é a cultura que prevalece no negócio, é a sabedoria convencional do negócio, no setor de agricultura comercial.

---

8 Um estudo de caso sobre o amendoim será apresentado no último capítulo.

Vínculo à terra e dependência dos processos naturais nos complexos agroindustriais

Os CAI, como dissemos, são diferentes de outros complexos econômicos por serem diretamente dependentes de processos naturais, ou seja, processos que não podem ser inteiramente reproduzidos por meio de conhecimento científico e técnicas industriais. A gestação de animais e o crescimento das plantas podem até ocorrer de uma forma mais controlada, mas a ciência não é capaz (ainda?) de levar uma semente ou um espermatozoide à maturidade de forma independente da natureza. Tal dependência dos processos naturais faz que haja uma "rotação mais lenta dos capitais empregados na agricultura, relativamente aos capitais aplicados em processos de produção contínuos", como os de produtos manufaturados (Delgado, 2012, p.23).

O processo natural, contudo, está espremido entre as tendências contraditórias do apropriacionismo e do substitucionismo. Compreender essas duas tendências históricas é importante para que se entenda adequadamente o surgimento dos CAI, assim como a sua face política (Goodman; Sorj; Wilkinson, 1990).

O desenvolvimento da ciência e da técnica permitiu que algumas etapas e elementos básicos da atividade agrícola, chamados de "discretos" por Goodman, Sorj e Wilkinson (1990), fossem convertidos em processos industriais de crescente elaboração, transformando-se em insumos para os processos naturais. Tais etapas e elementos *discretos* seriam, por exemplo, o esterco, a semeadura e a colheita. Antes de serem apropriados por processos industriais, o esterco, a semeadura e a colheita eram produzidos/realizados dentro da fazenda, com recursos próprios. A semeadura e a colheita eram atividades manuais, as sementes eram aproveitadas das variedades já plantadas e os fertilizantes produzidos pelos animais. Com o avanço do conhecimento técnico-científico, esses elementos passaram a ser preparados fora das fazendas, mediante processos industriais: o esterco dá lugar a fertilizantes sintéticos à base de petróleo ou minerais e a colheita e a semeadura manuais aos tratores automáticos que realizam ao mesmo tempo ambas as tarefas e podem ser guiados por GPS, dispensando até tratoristas. O processo de transformação desses chamados elementos ou etapas discretos da produção agrícola em atividades industriais – que depois são reintroduzidas nas fazendas na forma de insumos ou meios de produção – é chamado de apropriacionismo. As fazendas que se modernizam acabam se tornando dependentes desses insumos industriais, posto que com eles aumentam espetacularmente a produtividade. Conforme Kageyama et al. (1990, p.114): "A partir do momento que a agricultura se industrializa, a base técnica não pode regredir mais: se regredir a base técnica, também regride a produção agrícola". Assim, as indústrias e bancos passam a ter nas fazendas importantes clientes. Voltar a utilizar técnicas mais rudimentares pode significar uma grande perda de capital, já que muitos insumos e equipamentos não podem ser aproveitados em outras atividades. Dessa forma, é importante assegurar que a base técnica se transforme numa determinada direção, coordenando interesses, na direção contínua do aumento da produtividade. Assim vai tomando forma o complexo agroindustrial a montante.

Por outro lado, o destino dos produtos agrícolas, que era quase que invariavelmente o consumidor final, é cada vez mais tornar-se um insumo, isto é, matéria-prima para as indústrias alimentícia, de fibras e energia. No caso das fibras, as raízes estão ligadas ao início da Revolução Industrial, embora o fenômeno seja mais característico do século XX. Assim, os consumidores se tornam dependentes dos processadores, que se tornam dependentes dos produtores, que se tornaram dependentes dos provedores de insumos. Essas relações de dependência também assumem a direção inversa, pois os provedores de insumos têm nos produtores rurais importantes clientes que adquirem sua capacidade de investimento e renda devido às compras realizadas pelas indústrias processadoras, as quais por sua vez dependem dos padrões de consumo. Enfim, a relação antes direta entre o campo e o consumo passa a ser mediada por indústrias (Glenna, 2003). Tais indústrias, que desde meados dos anos 1950 podem ser realmente gigantes e desenvolver amplas operações transnacionais, necessitam de um fornecimento estável de matéria-prima que seja abundante, uniforme, com especificidades e, obviamente, barata. Um Big Mac, por exemplo, deve ter o mesmo sabor em qualquer lugar do mundo, algo somente atingido com a uniformização da sua matéria-prima (Schlosser, 2005).

Há claramente uma relação de interdependência assimétrica entre os fornecedores de matérias-primas (fazendas) e as empresas, examinadas no Capítulo 4. Como são poucas e poderosas, as empresas detêm um poder oligopsônico que lhes confere uma forte capacidade de influenciar decisões de investimento dos fazendeiros: o que, como e quando plantar/criar. Em muitos casos, isso significa que o produtor deve usar um conjunto determinado de fertilizantes, sementes, pesticidas, herbicidas etc., os chamados pacotes técnicos ou tecnológicos (Delgado, 2012). E, não raro, os processadores de alimentos e os fornecedores de insumos são a mesma empresa (Le Heron, 1993; Coleman; Grant; Josling, 2004). É importante destacar que esse é um movimento que acompanha a produção agrícola onde quer que ela seja intensiva em capital já há algum tempo. De fato, desde o fim da Segunda Guerra Mundial,

> conforme a agricultura continuou seu movimento da policultura camponesa, de subsistência, para a agricultura comercial, a produção se tornou mais especializada. Companhias de processamento que compram de fazendeiros têm demandado mais similaridade na qualidade e padronização de tamanho e os mercados para esses

produtos mais especializados e padronizados estão se expandindo gradualmente para longe dos locais onde as plantações são cultivadas e os animais criados. A ênfase crescente na monocultura tem se sustentado em vários sistemas especializados para alcançar economias de escala e maior produtividade, incluindo equipamento sofisticado, químicos para controlar pestes, ervas daninhas, e para estimular o crescimento, e na ciência biológica para aprimorar o rendimento das plantas e a produção dos animais. Em algumas áreas de produção de víveres, como frangos e porcos, produtores estão fazendo contratos muito específicos com companhias processadoras que governam a natureza e a qualidade dos produtos a serem entregues. Numa minoria das situações, grandes companhias de processamento buscaram integração para trás, para terem suas próprias fazendas corporativas. (Coleman; Grant; Josling, 2004, p.7)

É preciso salientar também que esse movimento faz parte da estratégia transnacional das corporações (Friedmann, 1992; Clapp; Fuchs, 2009; Clapp, 2012a). Após a Segunda Guerra vigoraram políticas de autossuficiência em diversos países, o que levou as corporações a estabelecer filiais multinacionais e, posteriormente, integrar sua produção em grandes cadeias transnacionais, como veremos no Capítulo 5. Essa integração é, inclusive, um dos motivos para as grandes corporações pressionarem pela liberalização das barreiras aduaneiras ao comércio de alimentos e descartar autossuficiência como um princípio válido para políticas públicas relacionadas ao abastecimento alimentar. Veja-se, por exemplo, o discurso do vice-presidente da Cargill, Robbin Johnson, na reunião Building Global Food System da APEC, com o objetivo de fomentar um sistema alimentar internacionalmente aberto:

> Autossuficiência não é a resposta prática para a crescente demanda por alimentos da Ásia. Um comércio expandido é necessário para aliviar as oscilações do fornecimento regional e aproveitar a produtividade de produtores de baixo custo ao redor do mundo. Ao tomar as vantagens naturais e os ganhos tecnológicos de produtores de alimentos eficientes, eles podem evitar o dilema malthusiano [...] segurança alimentar é geralmente incorretamente traduzida numa demanda por autossuficiência alimentar. Ela [segurança alimentar] não significa que cada país tem de produzir todos os seus alimentos básicos. De fato, um sistema comercial aberto possui três vantagens incontestáveis sobre a autossuficiência [...] Primeiro, o comércio reduz os riscos das quebras de safra [...] Segundo, o comércio diminui o custo dos alimentos ao dar aos consumidores aos produtores eficientes [...] Terceiro, ele eleva a renda e melhora as dietas por meio da vantagem comparativa. (Kneen, 2002, p.11)

A tendência do apropriacionismo levou à capitalização da atividade agrícola. Deve-se ter em conta que a capitalização da agricultura é fenômeno que deriva da busca elementar das empresas por mercados lucrativos, mas é também viabilizada e estimulada pelo Estado. Ademais, é importante ressaltar que em muitos casos as corporações gigantes que fornecem os insumos aos fazendeiros são as mesmas que compram seus produtos, como a Cargill e a Smithfield, entre outras, numa espécie de movimento de pinça.

Seria exagero comparar essa situação com aquela em que os trabalhadores rurais deslocados para áreas longínquas devem usar o salário ganho na lavoura para comprar seus mantimentos diários do dono daquela mesma lavoura? Pode ser que sim, pois muitas das fazendas envolvidas nessas redes não são propriedade de pessoas pobres e com poucas alternativas para ganhar a vida, como denota a alta concentração na distribuição dos subsídios, mencionada no Capítulo 2. Entretanto, o reconhecimento desse encadeamento levanta a questão sobre quem são os reais beneficiários dos subsídios agrícolas fornecidos pelos países desenvolvidos aos seus produtores rurais. Isso porque as empresas que fornecem insumos a jusante e compram matéria-prima a montante obtêm grandes vantagens com o emprego desses recursos públicos. Com eles, os produtores adquirem capacidade financeira de utilizar métodos e meios de produção avançados e muitas vezes estipulados pelos processadores. Estes, por sua vez, conseguem a) obter matéria-prima com a qualidade requerida e a baixo custo, pois b) os preços agrícolas são pressionados para baixo por conta da superprodução decorrente daqueles meios e métodos, c) os produtores não precisam repassar na sua totalidade os altos preços dos insumos, e d) os subsídios mantêm a produção rural como um investimento artificialmente viável, garantindo a estabilidade do fornecimento de matéria-prima dentro de suas fronteiras.

Esses elementos reforçam a hipótese de que os subsídios agrícolas interessam a um conjunto maior de atores do que simplesmente às fazendas. As subvenções podem ser justamente o lubrificante da engrenagem principal dos CAI, um contraponto à dependência da terra e dos processos naturais, que são instáveis e não operam nos tempos requeridos pela atividade capitalista.

A outra tendência histórica à qual nos remetemos no início desta seção é a do substitucionismo. Ela está ancorada na disposição dos fabricantes de fibras e alimentos de substituir matérias-primas de origem orgânica por outras de origem diversa, como no caso dos tecidos sintéticos. A substituição pode ocorrer com diversos fins: baratear custos, obter estabilidade de fornecimento, potencializar propriedades.

> O efeito cumulativo dessa tendência é obscurecer a especificidade ou "identidade" dos bens produzidos no meio rural, reforçando o movimento de longo prazo do substitucionismo para reduzir a parcela da agricultura e da terra no valor agregado gerado pelo sistema alimentar. Métodos aperfeiçoados de fracionamento e inovações bioindustriais melhoraram grandemente as oportunidades de se criar alimentos reconstituídos em fábricas. Ingredientes alimentares genéricos, derivados de uma grande variedade de matérias-primas, inclusive de fontes "não convencionais",

ganharão terreno progressivamente às expensas de bens individuais "completos". Em seu limite, será difícil manter a noção de uma indústria alimentar de transformação. Poderemos precisar falar, ao invés disso, de uma indústria de transformação de elementos químicos constituintes dos alimentos, reconhecendo que as culturas alimentares tradicionais constituem apenas uma das diversas fontes possíveis. (Goodman; Sorj; Wilkinson, 1990, p.120)

Desse modo, existe um contraste no agronegócio entre as tendências apropriacionista e substitucionista, uma possuindo seu centro de gravidade nos processos naturais, e outra buscando eliminar aquele centro, substituindo-o por outro artificial. Para os interesses vinculados à primeira, é fundamental que os processos naturais continuem sendo o centro do padrão alimentar da humanidade. Afinal,

seu poder e sua futura expansão estão atados umbilicalmente às perspectivas de certos produtos agrícolas particulares, tais como cereais, açúcar ou leite. Essa íntima identificação com os produtos estimula também as estratégias de pesquisa e desenvolvimento (P & D); por exemplo, para aumentar a utilização derivada ou diversificar seus possíveis usos nas indústrias baseadas nas estruturas rurais de oferta de produtos agrícolas, sobre as quais os poderosos interesses ligados ao processamento de bens agrícolas consolidaram seu poder. (Goodman; Sorj; Wilkinson, 1990, p.8)

Seria o caso de empresas gigantes como Bunge, Dreyfus, Monsanto, JBS, Brasil Foods etc. Vale citar parte da autodefinição que a Cargill, uma dessas empresas, faz de si mesma para que se vislumbrem os interesses em jogo:

A Cargill é uma comerciante, processadora e distribuidora internacional de serviços e produtos agrícolas, alimentícios, financeiros e industriais [...] Nós somos a farinha no seu pão, o trigo no seu macarrão, o sal nas suas batatas fritas. Somos o milho nas suas tortilhas, o chocolate na sua sobremesa, o adoçante no seu refrigerante. Somos o óleo no molho da sua salada e a carne de boi, porco ou frango que você come no jantar. Somos o algodão na sua roupa, o forro do seu carpete e o fertilizante no seu campo. (Kneen, 2002, p.2)

Apesar dessa autodefinição poder ser motivo de orgulho para os investidores e aqueles que trabalham na empresa, ela não deixa de causar certa apreensão no consumidor quando se pensa na extensão que as atividades de uma única empresa podem ter na vida das pessoas (Lindblom, 1984). Para os produtores rurais, apreensão pode ser uma palavra muito suave para uma situação em que se compram insumos e se vendem produtos para uma mesma empresa, sem muita alternativa. Já para os governos, é preciso no mínimo atenção e cautela ao lidar com essas empresas e ao estabelecer o contexto institucional no qual elas operam, sabendo que, pelo seu tamanho, são atores privados fundamentais para a produção de alimentos, manutenção de investimentos e geração de empregos e impostos (Lindblom, 1979, 1982).

O ponto que desejamos salientar é que, embora exista a busca pela substituição de matérias-primas derivadas de processos naturais, muitos capitais são dependentes desses produtos para prosperar. Se pensarmos em biocombustíveis, a questão fica ainda mais clara. Essa dependência que atores industriais, técnicos e científicos têm dos processos naturais é uma força que impele na direção da viabilização da atividade agropecuária, o que demanda coordenação política de interesses. É importante frisar que a coordenação é "política" porque ela deriva de interesses diversos que buscam estabelecer uma *rationale* dominante para os investimentos privados e estatais por intermédio de políticas públicas. Dado o tamanho dessas empresas, os investimentos que realizam, os empregos que geram, enfim, o montante econômico que movimentam, é de se esperar que tenham interlocução privilegiada com o Estado (Miliband, 1982; Offe; Ronge, 1984).

Enfim, nota-se a dependência que as empresas têm das atividades ancoradas na terra e em processos naturais, e que é de seu maior interesse coordenar tais atividades. Tal coordenação ocorre tanto no âmbito privado quanto no público. No que toca ao primeiro,

> para o processador, o atacadista ou a cadeia de supermercados, a atração da integração vertical via produção direta ou contratação antecipada é que ela oferece maior controle sobre as condições de oferta. Estas incluem não apenas o preço e o planejamento das entregas, mas também fatores como a uniformidade do produto, a qualidade (grau de maturação, cor, formato) e propriedades técnicas desejáveis para o processamento de massa. (Goodman; Sorj; Wilkinson, 1990, p.75)

No que toca ao segundo,

> a aliança do Estado, capitais agroindustriais e "lobbies" agrários representa uma formidável coalizão em defesa da agricultura e assegura a continuidade das oportunidades de acumulação nas cadeias agroalimentícias tradicionais. A institucionalização dos excedentes de produção, relegando a segundo plano as forças do mercado, tornou-se, assim, a base das estratégias apropriacionistas dos capitais agroindustriais. (Goodman; Sorj; Wilkinson, 1990, p.10)

Considerações finais

O objetivo deste capítulo foi demonstrar que, substantivamente, a produção agrícola nos Estados Unidos não pode ser pensada de forma independente de outros segmentos econômicos. Esse aspecto é, no entanto, frequentemente negligenciado nas análises políticas sobre o protecionismo da política agrícola, como as de Moyer e Josling (1990), Sheingate (2001), Davis (2003), entre tantos outros.

Não se trata de uma mera relação entre a agricultura e outros setores, mas sim de uma profunda interdependência que, em seus primórdios, foi promovida pelo Estado e, desde então, conta com seu apoio para mantê-la em funcionamento. Os CAI foram incentivados pelo Estado como uma forma de ampliar a produção de alimentos, mas também como uma forma de se utilizar as fazendas como plataforma de impulso para o crescimento econômico de segmentos industriais e de serviços. Nesse sentido, não importa que as fazendas especializadas nas commodities em torno das quais se constituem os CAI não consigam cobrir seus custos de produção com a venda no mercado de seus produtos durante a maior parte do tempo. O Estado atua para garantir que elas continuem investindo, colheita após colheita, visando sempre ao aumento da produtividade, mesmo sabendo que o excesso de oferta é uma das principais causas para os preços insuficientes que o mercado paga. As fazendas continuam investindo, ainda que isso signifique a contração de dívidas enormes para ampliar sua capacidade produtiva. Embora isso pareça um paradoxo, ao olharmos pelo ângulo dos complexos agroindustriais, podemos notar que, a despeito de as fazendas frequentemente fecharem no vermelho na ausência de subsídios governamentais, uma gama de outros interesses econômicos ganha com isso. Ganha, inclusive, o Estado, que por meio das exportações agrícolas consegue aliviar minimamente o seu balanço comercial cada vez mais vermelho (veja o Gráfico 3.9).

Numa perspectiva de longo prazo, o consenso em torno do contínuo aumento da produtividade de commodities básicas se mantém inabalável. A carga orçamentária adicionada pelos subsídios agrícolas, as contestações ideológicas que os apontam como atentados à economia de mercado e à competição leal, os relatórios que demonstram ser as maiores fazendas as principais recebedoras de pagamentos, os estudos que afirmam uma relação entre a distribuição de subsídios e a contínua concentração da propriedade, as denúncias de que seus beneficiários finais nem sequer são fazendeiros, nada disso conseguiu eliminá-los. Tampouco as críticas de organizações internacionais ou da sociedade civil que evidenciam os danos que os subsídios causam às economias dos países mais pobres. Nem as negociações internacionais, pequenas ou gigantes como a Rodada Uruguai, nem as arbitragens da OMC foram capazes de desarticular os programas de subsídios. Muitos presidentes, entre eles Reagan, Clinton e G. W. Bush, chegaram a se opor frontalmente às subvenções agrícolas, mas tiveram de recuar ou foram atropelados pelo Congresso no momento decisivo. Em nossa perspectiva, a resiliência desse protecionismo americano provavelmente tem uma fonte de poder político maior do que os cerca de 1% que representam a agricultura para o PIB e os trabalhadores rurais para a força de trabalho dos Estados Unidos.

Gráfico 3.9: Saldo do comércio exterior agrícola e de bens e serviços, 1953-2011 (USD bilhões)

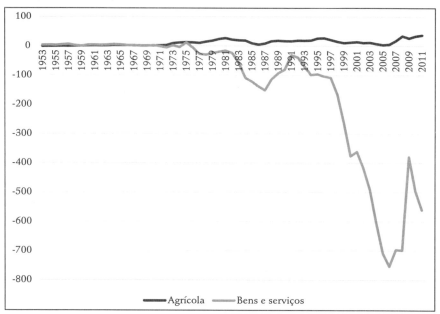

Fonte: Council of Economic Advisors (2013).

Por mais que, na hora da decisão, sejam os grupos de interesse agrícola que apareçam publicamente e pressionem os políticos por meio de doações para campanhas e mobilização de eleitores, coisa que as análises pluralistas de Ciência Política demonstram bem, é preciso entender que esses movimentos estão imersos numa lógica econômico-política maior. Como tal, ela impulsionaria os atores para o resultado tradicional a cada renovação de Farm Bill: manutenção do protecionismo por intermédio de subsídios.

4
A ECONOMIA POLÍTICA DOS COMPLEXOS AGROINDUSTRIAIS

Introdução

O capítulo anterior procurou demonstrar que, substantivamente, a atividade agrícola intensiva em capital não pode ser concebida de forma independente de outros segmentos, sobretudo dos fornecedores de insumos e dos processadores. Onde a produção se torna avançada surgem os CAI, que possuem uma dinâmica diferente daquela de um mundo rural mais tradicional. A natureza é submetida o máximo possível à ciência e à tecnologia, tanto industrial quanto gerencial, e inserida no tempo das operações do capitalismo.

O objetivo deste capítulo é argumentar que a estrutura dos CAI cria, como toda estrutura, constrangimentos e incentivos aos atores nela inseridos. Fundamentalmente, procuraremos argumentar que a concentração de mercado nos segmentos de insumos e processamento gera estímulos para que os produtores agrícolas busquem constantemente junto ao Congresso e ao governo a renovação dos programas de subsídios, bem como iremos evidenciar o forte interesse que os demais atores dos CAI podem ter nas subvenções.

Além dos segmentos de insumos e processamento, outro segmento muito importante para a atividade agroalimentar tem suas decisões de negócios afetadas pelos programas de subsídios: o financeiro. Isso porque o risco dos empréstimos, essenciais para a custosa produção agrícola tecnologicamente avançada, é estimado em boa medida a partir da expectativa sobre a capacidade de pagamento dos tomadores de empréstimo, bem como sobre a perspectiva de continuidade da contração de empréstimos. Se os fazendeiros forem resguardados pelo Tesouro dos Estados Unidos, o risco de calote é, no mínimo, menor. Além disso, o mercado imobiliário também é influenciado pelos pagamentos do Estado. As terras subsidiadas têm maior valor de mercado, o que significa maior garantia para a contração de empréstimos maiores ou maior rentabilidade para aqueles que as arrendam.

Assim, o mercado do agronegócio nos Estados Unidos confere, por um lado, proteção e estímulo a agricultores; por outro, impele-os em direção à especialização e à concentração. Esses efeitos decorrem, em certo grau, de legislações aprovadas pelo Congresso, principalmente a Farm Bill. A explicação tradicional para a contínua renovação dessa legislação, como apontado no capítulo introdutório da tese, reside na relação entre grupos de interesse de produtores agrícolas e políticos, mediada de forma enviesada pelas instituições legislativas. O que queremos assinalar aqui, entretanto, é que tal explicação pode estar imersa numa lógica econômico-política maior do que a captura de determinados congressistas por grupos de fazendeiros, tendo em vista que os "subsídios agrícolas, como a experiência estadunidense sugere, não são uma simples transferência do governo ao produtor" (Murphy, 2002, p.36).

Os subsídios agrícolas podem ser compreendidos como o lubrificante de engrenagens que atendem aos interesses de vários e poderosos atores nos CAI – fornecedores de insumos, processadores de fibras e alimentos, proprietários de terras, bancos e até operadores de ajuda internacional –, e não simplesmente como expressão da capacidade de lobby de fazendeiros junto a políticos e burocratas.

Constrangimentos e estímulos no setor agrícola

A forma como os fazendeiros que produzem commodities do programa de subsídios dos Estados Unidos estão posicionados nas cadeias produtivas impele-os constantemente a buscar subsídios agrícolas, sem os quais eles não seriam capazes de cobrir regularmente os seus custos de produção, conforme apontado no Capítulo 3. Sem a cobertura dos custos e, mais grave, um novo ciclo de investimentos, perdem, além dos próprios fazendeiros, os fornecedores de insumos, os bancos, os processadores e os proprietários de terra. Perde também o Estado, com a diminuição da atividade econômica e da geração de impostos. De acordo com a perspectiva teórica que adotamos, essa perda é algo que os atores estatais se preocupam em evitar (Block, 1980; Offe; Ronge, 1984; Lindblom, 1979).

Uma hipótese que levantamos, no contexto dos CAI, para entendermos a busca contínua das fazendas por subsídios agrícolas foi o poder diretamente exercido pelos oligopólios e oligopsônios sobre os fazendeiros, no sentido de que as empresas fornecedoras de insumos ou os processadores os direcionam para pressionar o Congresso por subsídios. Essa hipótese encontra ressonância na literatura. Na avaliação do experiente professor de política agrícola, Daryll Ray (2004), diretor do Centro de Análise de Política Agrícola da Universidade do Tennessee,

> A política de renda e preço das commodities tem sido comandada por interesses não agrícolas – interesses não agrícolas que se beneficiam de uma elevadíssima produção das commodities e de seus baixos preços. Eu não acredito que a atual direção da política seja viável. Ela custa muito. Além disso, é uma política que beneficia produtores integrados da pecuária e do agronegócio e que, quando comparada aos antigos programas de commodities, não propicia vantagens financeiras reais aos produtores agrícolas.

Brewster Kneen (2002), estudioso da história da Cargill, empresa gigante do agronegócio, afirma que o direcionamento dos esforços de lobby dos produtores agrícolas é algo corrente.

> Muito do lobby da Cargill – e de todos do agronegócio – é realizado através de associações comerciais, como a US Wheat Associates e a National Grain and Feed Association, e por organizações de commodities, como a National Corn Growers Association, a Canola Council e a American Soybean Association (não é realmente uma associação de soja, mas sim de corporações com interesses na soja, tais como grandes produtores, processadores, empresas de sementes e assim por diante). (Kneen, 2002, p.34)

Nessa mesma linha, Timothy Wise (2005), cujos importantes estudos examinamos no capítulo anterior, aponta a necessidade de se pesquisar as relações entre as fazendas e as empresas a montante e a jusante, dada a observação clara de que os seguimentos industriais do agronegócio se beneficiam do excedente de oferta nos Estados Unidos. Em suas palavras,

> Há uma grande necessidade dessa pesquisa. Algumas organizações de defesa dos produtores agrícolas têm argumentado que os reais beneficiários das políticas agrícolas estadunidenses que deprimem preços são os interesses do agronegócio que fornecem insumos ao setor agrícola e consomem a produção dele. Os fornecedores de insumos incluem as companhias de sementes (ex.: Monsanto), companhias químicas (ex.: Dow), indústrias de equipamentos (ex.: John Deere). Os programas de subsídios injetam dinheiro na economia agrícola e encorajam altos níveis de produção de cultivares em fileira [row crop production], em vez de pecuária extensiva. Isso aumenta a demanda por insumos para produção de commodities. Enquanto isso, na medida em que os fornecedores de insumos desfrutam de posições monopolistas, seja na indústria como um todo ou em uma região específica, eles podem usar seu poder de mercado para capturar uma parte maior da renda agrícola por meio de estratégias

de preço. Na outra ponta da cadeia de valor estão consumidores do agronegócio que utilizam grãos e outras commodities básicas como matéria-prima para suas indústrias verticalmente integradas. Grãos baratos diminuem os custos de operação. Isso, por sua vez, torna os seus produtos globalmente mais competitivos, aumentando suas parcelas no mercado agroalimentar em rápida globalização. (Wise, 2005, p.4)

A despeito da plausibilidade da hipótese de que os fazendeiros são diretamente pressionados por outros segmentos do agronegócio, ou que estão em conluio com eles, deixamos de trabalhar com tal hipótese por não termos encontrado fortes evidências empíricas nas revistas especializadas, nem nas entrevistas que realizamos com associações agrícolas em Washington, D.C. A resposta de John Maguire, vice-presidente sênior do National Cotton Council, quando questionado se os interesses a montante ou a jusante buscavam explicitamente direcionar os fazendeiros na busca por subsídios foi que esses segmentos não se intrometem diretamente no debate sobre subsídios, considerado domínio político dos produtores agrícolas.[1] Tais interesses apoiam sim, implícita ou explicitamente, o programa de subsídios e dificilmente entrariam em colisão com as associações agrícolas. Empresas como a "[John] Deere e outras gostam que os fazendeiros estejam à frente. Elas geralmente apoiam o programa de apoio às *commodities*, mas elas não se envolvem [nas discussões] sobre os programas de commodities". E exemplifica: "se o fabricante do trator verde [John Deere] desagrada os fazendeiros, os vermelhos estão à venda [Massey Fergusson]". A avaliação de Terry P. Townsend, diretor executivo do International Cotton Advisory Committee (ICAC), enfatiza esse ponto.[2] Segundo ele,

> químicos, sementes, fertilizantes, herbicidas, inseticidas, reguladores de crescimento e energia são a maior parte dos custos variáveis e representam cerca de 50% dos custos de produção do algodão. Fornecedores de insumos fortemente apoiam [subsídios]. Mercadores também têm interesse, embora tenham menos influência, pois empregam poucas pessoas e agregam pouco valor.

Jan Ahlen, representante para Relações Governamentais da National Farmers Union, afirmou que não há um direcionamento da política, mas que as corporações apoiam sim as demandas das grandes fazendas em prol dos subsídios,[3] o que faz coro à avaliação de Browne (1988), para quem, historicamente,

---

1 Entrevista com John Maguire, vice-presidente sênior do National Cotton Council, realizada em Washington, D.C., em 13 de abril de 2012.
2 Entrevista com Terry P. Townsend, diretor executivo do ICAC, realizada em Washington, D.C., em 16 de abril de 2012.
3 Entrevista com Jan Ahlen, representante de Relações Governamentais da National Farmers Union, realizada em Washington, D.C., em 19 de abril de 2012.

Aqueles que esperam que o agronegócio se torne uma força integrante ou um mediador da política agrícola provavelmente se decepcionarão. Os interesses do agronegócio são muito diversos; e o comportamento conservador que caracteriza essas firmas, que realmente existe, é mais por cautela do que por filosofia política. Os executivos e seus representantes políticos são pragmáticos e não são avessos a utilizar os programas de apoio governamental que beneficiam a indústria. Nesse sentido, eles refletem os valores convencionais dos ativistas políticos, embora tendam a se distanciar mais do processo político.

Nos termos de Clapp e Fuchs (2009), falta às corporações transnacionais a legitimidade política necessária ao exercício do poder discursivo. Isso faria que elas não entrassem frontalmente no debate relativo ao capítulo de commodities da Farm Bill, mas não significa que elas sejam alheias ao debate. O tipo de poder que exercem parece ser mais estrutural do que instrumental, isto é, elas limitam as alternativas disponíveis no debate político.

De todo modo, o que pudemos concluir é que, se não se envolvem diretamente, pode ser que utilizem os grupos de interesse agrícolas como porta-vozes, direta ou indiretamente. O que fica claro é que há um interesse patente de segmentos industriais e financeiros na política de subsídios, e que a lógica dos CAI que mantém as fazendas operando, sempre em busca da máxima produtividade, acaba impelindo-as a lutar publicamente pelos subsídios, como demonstraremos ao longo deste capítulo.

Relatos de produtores agrícolas e análises acadêmicas apontam que essa lógica exerce poder sobre as fazendas, diminuindo suas alternativas e, na prática, levando-as ao caminho da pressão política por subsídios. Não é, assim, uma relação de poder como preconizada pelos estudos pluralistas que, seguindo a linha de Dahl (1957), buscam analisar o poder relacional, visível e de alguma forma mensurável. Seria algo mais próximo da linha de Bachrach e Baratz (1962, p.948), para quem

> A questão é, entretanto, como alguém pode ter certeza em qualquer situação de que "elementos imensuráveis" não possuem consequências ou não são de importância decisiva? Colocada em termos ligeiramente diferentes, é possível que um conceito robusto de poder possa ser assentado no pressuposto de que o poder é totalmente expresso e completamente refletido em "decisões concretas" ou em atividades diretamente relacionadas à sua formação? Cremos que não. É claro que o poder é exercido quando A participa da formação das decisões que afetam B. Mas o poder também é exercido quando A devota energias para criar ou reforçar valores políticos e sociais e práticas institucionais que limitam o escopo do processo político à consideração pública apenas para aquelas questões que são comparativamente inócuas a A.

Clapp e Fuchs (2009, p.8) empregam essa perspectiva em seu exame sobre o papel das corporações do agronegócio nos sistemas agroindustriais avançados. Para as autoras,

> Essa "segunda face do poder" enfatiza a importância do *input side* do processo político e da predeterminação das opções de comportamento para os tomadores de decisões políticas pelas estruturas materiais existentes que formatam o poder de tomada de decisões direta e indiretamente.

Isso não significa rejeição em torno das relações causais que podem existir em torno das ações de grupos de interesse, agrícolas ou não, sobre políticos, mas sim que os incentivos e constrangimentos que são gerados pela estrutura dos CAI também podem fornecer explicações. Isto é: "Enquanto uma perspectiva instrumentalista é importante para explicar o poder direto de um ator sobre outro, ela é falha ao capturar o poder exercido via imposição de limites às escolhas possíveis dos atores" (Clapp; Fuchs, 2009, p.8). Desse modo, a perspectiva do poder estrutural

> Leva em consideração a ampla influência que atores corporativos têm sobre a formação de agendas e sobre a realização de propostas como um produto de sua posição material dentro dos Estados e mais amplamente na economia global. Ao fazer isso, ela enfatiza a importância de se examinar o contexto que cria alternativas mais ou menos aceitáveis antes mesmo de que a barganha seja observável e de fato comece (Bachrach; Baratz 1970). O poder estrutural que as corporações transnacionais possuem, derivado da capacidade de punir e recompensar países por suas escolhas políticas de realocação de investimentos e empregos, tem sido foco de atenção considerável por acadêmicos da economia política internacional crítica (Cox, 1987; Gill; Law, 1989; Fagre; Wells, 1982). (Clapp; Fuchs, 2009, p.8)

No plano doméstico, isso significa que as grandes corporações podem influenciar os produtores agrícolas e os agentes governamentais, se não diretamente, indiretamente, por meio do mercado, conforme abordamos no capítulo introdutório.

No caso da política agrícola, tal capacidade decorre das posições oligopólicas e oligopsônicas, que se traduzem em poder de mercado. Aquele que detém poder de mercado pode exercê-lo para afetar, basicamente, três aspectos das relações comerciais: padrão de atividade, competição e preços (Heffernan, 1998; Levins, 2001; Murphy, 2006).

Seja pela grande capacidade de compra ou de venda, a grande corporação tem poder de direcionar os padrões científicos, técnicos e gerenciais da atividade agrícola. Quando é grande compradora, como no caso da indústria alimentícia, exige produtos com determinadas especificações e, quando é grande vendedora, como no caso das fornecedoras de sementes, torna outras alternativas menos competitivas, fazendo que o produtor que adota suas sementes seja direcionado para um certo pacote tecnológico. A empresa poderosa também pode afetar a forma como os negócios são conduzidos em termos de gestão.[4]

Empresas com demasiado poder de mercado também têm a habilidade de limitar a competição, o que acontece por diversos meios como, por exemplo, a capacidade de operar com margens de lucro muito baixas e até de incorrer em prejuízos por algum tempo. Outros exemplos seriam os elevados gastos com publicidade.[5] Práticas desse tipo podem ocorrer de maneira concertada nos oligopólios e oligopsônios com o fito de dificultar a entrada de novos competidores (Possas, 1985). Esse elemento é interessante, pois não necessariamente significa que as empresas líderes de mercado extraem valor dos fazendeiros, como se poderia pensar num primeiro momento. Num cenário de oligopólio de fornecedores de bens de capital, por exemplo, as grandes empresas podem adotar baixas margens de lucro sobre unidade vendida (o que não significa que seus produtos sejam baratos) e garantir sua meta de retorno maximizando a quantidade de vendas. Tal prática torna as empresas fornecedoras de insumos ainda mais dependentes da capacidade contínua de compra dos fazendeiros, pois é de seu interesse que os produtores comprem sempre as últimas versões de seus insumos.

Por fim, o aspecto mais importante considerado pela literatura, muitas vezes tido como elemento definidor, é o que relaciona o poder de mercado à capacidade das empresas de manipular preços, imputando distorções às operações de mercado, o que se dá porque a companhia que detém grande poder de mercado pode, quando compradora, deprimir os preços dos seus fornecedores por conta da ausência de compradores alternativos. A empresa se torna formadora de preços e não tomadora de preços. O mesmo acontece quando a empresa não possui muitos concorrentes para a venda de seus produtos, condição na qual pode explorar preços maiores.

A formação de preços num mercado oligopólico é tema controverso e complexo. Mas, no geral, a expectativa é que as empresas pratiquem preços mais altos do que poderiam praticar em concorrência mais acirrada. O que se verifica, porém, é que as empresas não buscam a maximização do lucro

---

4 Schweikhardt e Browne (2001) argumentam que grupos que atuam no interesse dos consumidores também agem via mercado, praticando "politics by other means", isto é, alteram padrões de produção das indústrias alimentícias expondo a elas as preferências dos consumidores ou ameaçando-as de propaganda negativa. Com isso, seriam capazes de modificar certos padrões, por exemplo, o compromisso de certas empresas de eliminar o uso de ingredientes geneticamente modificados nos alimentos preparados, ao invés de pressionar o Congresso por legislação nesse sentido.

5 Trata-se de um ponto muito salientado por um dos pais do termo *agronegócio*, Ray Goldberg, como demonstra detalhadamente Mendonça (2013).

no curto prazo. Preferem praticar margens de lucro mais baixas, buscando assim criar barreiras à entrada de novos competidores, o que aumenta a segurança da empresa no longo prazo. A estratégia seria, então, praticar preços mais altos que os de concorrência competitiva, mas baixos o suficiente a ponto de constituírem uma barreira à entrada de novas empresas (Possas, 1985). Os membros do oligopólio, cônscios de que sua ação resultará numa reação dos outros membros, podem buscar algum tipo de coordenação para estabelecer preços de modo a evitar que a competição entre eles se acirre mortalmente, embora isso não necessariamente ocorra.

Esse aspecto é fundamental no caso do agronegócio, pois a concentração de mercado limita as alternativas dos produtores agrícolas na escolha dos seus fornecedores e, uma vez adotado um fornecedor, pode ser estabelecida uma dependência tecnológica em relação a ele. O investimento alto num pacote tecnológico conduz à especialização que, ao final, reforça a dependência do fornecedor. Os custos de saída são muito altos, porque os insumos adquiridos raramente possuem uma utilização diferente daquela para a qual foram comprados. Na outra ponta, a da venda ao consumidor, o poder de mercado também afetaria os preços. Fenômeno mais recente tem sido, por exemplo, a acirrada competição oligopólica entre corporações do varejo, como os supermercados (Busch; Bain, 2004).

> Essa tendência a uma maior concentração no varejo significa que os processadores de alimentos e os produtores agrícolas enfrentam um mercado com características oligopólicas no que toca à venda de seus produtos. O poder flui através da cadeia alimentar, desde os produtores agrícolas, que confiaram nas formas tradicionais de proteção política, até os varejistas, que são capazes de explorar sua posição de mercado. O executivo-chefe da empresa britânica Tesco advertiu que a agricultura deve produzir por menos, pois as listas de preços estão espremidas por causa da competição global entre grupos varejistas. (Coleman; Grant; Josling, 2004, p.37)

A análise de Coleman, Grant e Josling (2004), entre outros, diverge da realizada anteriormente por Wilkinson (1989), que sugeria que a indústria de processamento era a líder dos CAI, sobretudo por causa da importância dos grãos processados no sistema alimentar. Vale lembrar que as propriedades dos grãos em termos de durabilidade, logística, preço e engenharia alimentícia os colocam no centro do sistema alimentar internacional (Friedmann, 1992). Assim, a partir dos anos 1990, o que se observa é um ganho de poder por parte das cadeias varejistas sobre os processadores e as fazendas, como apontam Busch e Bain (2004, p.331):

> O aumento de escala permitiu aos supermercados mudar suas compras de múltiplos intermediários para um único intermediário ou então comprar eles mesmos os produtos diretamente. Isso também encorajou os supermercados a realizar contratos

diretos com os fornecedores, ao invés de comprar os produtos no mercado livre. Num movimento particularmente irônico, isso está fazendo que a competição em termos de preço entre os produtores agrícolas se torne mais difícil, pois tal competição depende dos preços disponíveis publicamente. Mesmo os dados de preços há muito coletados por agências governamentais, como o Agricultural Marketing Service, passam a ser suspeitos. Em muitos casos, os mercados públicos [...] refletem apenas o preço dos produtos que não foram previamente contratados e chegaram ao mercado livre. Os preços sob contrato podem ser muito diferentes dos preços de produtos similares que não foram previamente contratados. Pequenos produtores agrícolas têm manifestado preocupação com o fato de que o abandono dos mercados livres em prol dos mercados contratados faz que os preços se tornem "mais vulneráveis à manipulação e à volatilidade, pois poucos compradores e vencedores respondem por uma alta percentagem do comércio".

Para o nosso objetivo, o mais importante não é determinar qual grupo econômico é dominante nos CAI, e sim apontar que, de um modo ou de outro, extrai-se valor das fazendas, que se encontram em posição de fragilidade nas cadeias produtivas. O relato contemporâneo de uma criadora de frangos contratada pela Perdue Farms nos Estados Unidos, Carole Morison, ilumina o ponto e denota a permanência dessa dinâmica no tempo. Segundo ela, pequenos produtores que querem produzir frango e vender para as corporações processadoras precisam investir entre US$ 280 mil e US$ 300 mil para construir as instalações requeridas por aquelas empresas e, para lidar com esse custo de entrada, normalmente contraem empréstimos. Porém, antes da liquidação da dívida, os processadores aparecem com novas exigências técnicas ou de infraestrutura, o que acaba levando os produtores a tomar novos empréstimos. Se os *upgrades* não forem feitos, os produtores podem perder seus contratos, sem os quais dificilmente conseguirão saldar suas dívidas.[6]

De acordo com Morison, "não ter voz no seu próprio negócio é degradante; é como ser um escravo da companhia" (Kenner, 2008). De acordo com os documentaristas, "um criador [americano] típico, com duas *chicken*

---

6 A necessidade de crédito para viabilizar a atividade agropecuária parece ser uma constante nos Estados Unidos. Benedict (1953, p.510) afirma que: "De 1790 certamente até os anos 1940, e possivelmente mesmo depois disso, os fazendeiros têm sido, na maior parte, uma classe devedora. O grande investimento requerido para se colocarem como trabalhadores autoempregados, e a oportunidade para o uso efetivo de mais capital, geralmente os levou a usar todo o seu capital próprio no negócio e a tomar mais emprestado. Como resultado eles tenderam a favorecer políticas de dinheiro fácil e geralmente a se posicionar do lado dos programas inflacionários" (Benedict, 1953, p.510). Ainda segundo o autor, os diversos governos responderam positivamente a essa demanda, ainda que de formas variadas, o que reforça a necessidade de se entender o aspecto financeiro – bancos, instrumentos financeiros, especuladores etc. – dos CAI.

houses, tomou mais de U$S 500 mil em empréstimos e ganha cerca de US$ 18 mil por ano". A opção de se proteger do risco da oscilação de preços por meio de contratos antecipados de venda é uma prática que data dos anos 1930 e, com a concentração das agroindústrias, a possibilidade de os fazendeiros negociarem melhores contratos está cada vez mais difícil em decorrência da concentração no setor (Starmer; Wise, 2007; Marion; MacDonald; 2009). Em 2005, por exemplo, os quatro maiores processadores de frango somavam cerca de 55% do mercado, enquanto os dez maiores detinham cerca de 75% do mercado. Na prática, isso significa que muitos "criadores de frango têm apenas um ou dois integradores [processadores] contratando em sua área. Pouca negociação dos termos de contrato é possível" (Marion; MacDonald, 2009, p.14).

Esse é um fenômeno de proporções mundiais. No Brasil, a Parmalat e a Nestlé se tornaram grandes compradoras que, ao exigirem determinados padrões de higiene, acabaram por forçar a saída de aproximadamente 50 mil produtores de leite e laticínios do mercado por falta de capacidade de adaptação. A Parmalat, especificamente, quando "estabeleceu sua dominação no mercado por meio da aquisição de firmas locais e cooperativas, insistiu que os produtores agrícolas que desejassem vender o leite a ela deveriam instalar refrigeradores da Parmalat, o que era um custo proibitivo para muitos produtores e um custo que não se justificava pela produção dos pequenos produtores" (Murphy, 2006, p.14).

O poder de mercado[7] pode ser considerado prejudicial para o conjunto da economia por afastá-la das condições de competição perfeita? Essa é uma situação que gera questões importantes em diversos campos: economia, sociologia, política, direito. Quais as consequências de alta concentração de mercado em termos de eficiência produtiva e bem-estar dos consumidores? Quais os impactos nas relações trabalhistas e nas relações das empresas com as comunidades? O poder de mercado é convertido em poder político? Ele afeta o caráter democrático das decisões políticas?

Do ponto de vista político, empresas dotadas de poder de mercado podem exercê-lo para além da economia. São atores relevantes nos rumos da política justamente pela posição destacada que possuem nas esferas da

---

7 Entre as várias formas de medir o poder de mercado, duas se destacam: a CR e a HH (Murphy, 2006). A primeira corresponde ao termo Concentration Ratio (CR) e afere a parcela de um determinado mercado dominado pelas maiores empresas do setor, de três (CR3) a dez (CR10) empresas, por exemplo. Em geral, admite-se que uma concentração de 40% num modelo CR4 é um mercado competitivo. A segunda forma de medir o poder de mercado é pelo índice Herfindal-Hirschman (HH), que é "a soma dos quadrados do *market share* de cada firma" num setor (Murphy, 2006, p.8). "Um setor composto por 100 empresas de igual dimensão gerará um índice de 100. Se houver apenas quatro empresas de igual tamanho, o índice HH será de 2.500. Com apenas uma empresa no mercado, um monopólio puro, o índice HH é de 10.000. Quanto maior o índice, mais concentrado é o poder de mercado no setor." [tradução nossa].

produção e distribuição. Em muitos casos, dependendo da relevância econômica ou social das empresas, não são elas que capturam o Estado, e sim o Estado que vai ao encontro delas. Não raramente, o que ocorre é a atuação concertada entre o governo e as lideranças empresariais (Offe; Ronge, 1984; Lindblom, 1979; Hollingsworth; Schmitter; Streeck, 1994; Kneen, 2002).

O poder de mercado derivado da concentração, ou seja, da redução da quantidade de competidores, é um fenômeno estudado no campo agrícola e do agronegócio há muito tempo e, em geral, a conclusão a que se chega é que a concentração de mercado é prejudicial aos produtores agrícolas, sobretudo para os menores. Isto é, as empresas utilizam do seu poder de mercado para imputar maiores custos, extrair maiores descontos e firmar relações de dependência assimétrica com as fazendas.

A concentração de mercado, contudo, também pode ter efeitos positivos ao gerar economias de escopo e escala, otimizar procedimentos gerenciais, oferecer maior capacidade de suporte às suas operações e, finalmente, diminuir os preços ao consumidor.[8] Nesse sentido, a análise de que os oligopólios e oligopsônios espremem negativamente os produtores agrícolas não é consensual (Tweeten; Thompson, 2002; GAO, 2009; Gardner, 2006; Mendonça, 2013). Persaud e Tweeten (2002), por exemplo, revisam uma série de estudos em que não encontram preços distorcidos por conta da concentração de mercado. O que encontram, em muitos casos, são ganhos de eficiência. No que toca à redução da quantidade das fazendas, por exemplo, afirmam que: "O maior impacto sobre o tamanho e o número das fazendas no futuro como no passado será decorrente do desempenho exemplar do agronegócio na inovação de novas instituições e na melhoria de tecnologias, e não da formação de preços 'injustos' devido ao poder de mercado" (Persaud; Tweeten, 2002, p.140).

Essa visão, no entanto, contrasta drasticamente com outros estudos e queixas em massa dos produtores agrícolas. Queixas essas, aliás, bem antigas, pois desde o século XIX os fazendeiros acusavam as empresas de logística, processadores e bancos de pressionar para baixo sua renda (Lauck, 1996; Schweikhardt; Bonnen,1998; Heffernan, 1998). Isso teria levado a regulações legislativas dos sistemas de transporte e bancário no século XIX e a leis antitruste. Estimativas do governo nos anos 1960 apontavam que cerca de 80% da agregação de valor de produtos agrícolas era feita em indústrias oligopolizadas.

> Muitos acreditavam que sob essa condição os produtores agrícolas nunca teriam um preço justo e que a maior parte dos lucros sobre os alimentos seriam desfrutados pela indústria de processamento. A credibilidade do argumento cresceu depois que

---

8 Reinert (2007) argumenta que a competição imperfeita é um dos importantes elementos nos processos de desenvolvimento econômico.

os "McGovern papers" divulgaram amplas vantagens monopólicas da indústria alimentícia. Na década de 1970, a preocupação tocava também no gigante e crescente segmento de exportação de grãos. Se nos anos 1920 cerca de 35 empresas concentravam a exportação daqueles produtos, cinquenta anos adiante apenas seis empresas exportavam 80% do sorgo, 90% da aveia, 95% do milho e 96% do trigo americanos. (Lauck, 1996)[9]

No que toca à produção, Price (1983) destaca que a tendência de concentração foi notada e criticada também nos anos 1970. Debatia-se se o uso intensificado de tecnologias que aumentavam a produtividade era algo de fato benéfico aos consumidores. Em princípio, era forte o entendimento de que isso favorecia os cidadãos por conta do aumento da oferta perante a demanda inelástica. Posteriormente, porém, parte dos analistas passou a sustentar que, no caso de algumas commodities, as novas e caras tecnologias estavam relacionadas à concentração dos segmentos componentes da cadeia agroalimentar, a montante e a jusante. Nessas condições, os pressupostos acerca dos mercados competitivos passavam a não encontrar mais respaldo na realidade. Como constatou Perelman (1977) ao examinar a diminuição da autossuficiência das fazendas em meio ao fortalecimento dos avançados CAI, "mais e mais bancos, processadores e distribuidores estão aprendendo à sua própria maneira como controlar o produtor agrícola por meio de manipulações sutis do mercado" (Perelman, 1977, p.88).

Recentemente, em 2010, a preocupação com a falta de competição no setor agrícola chamou a atenção do Departamento de Justiça dos EUA (DoJ).[10] A Divisão Antitruste desse departamento organizou uma série de

---

9 "O tamanho e o número de exportadores foram destacados publicamente no início de 1970, quando a administração Nixon aliviou os controles de exportação para países comunistas e as empresas de grãos rapidamente se moveram para vender grandes quantidades de grãos para a China e para a União Soviética. O acordo deixou os agricultores indignados, uma vez que não foram notificados até terem descarregado seus estoques e, portanto, não puderam se beneficiar do aumento de preço. As vendas para os países comunistas faziam parte de um *boom* de exportação entre 1971 e 1975 que igualou o crescimento total do comércio internacional de grãos durante todo o período pós-guerra. As mudanças significaram uma maior dependência do mercado internacional e, como muitos viram, maior dependência de um cartel global de companhias de comércio de grãos que injustamente manipularam preços e não foram objeto de qualquer controle efetivo. Grupos de agricultores também se irritaram porque o comércio de grãos enfraqueceu o Acordo Internacional de Grãos, um regime de comércio internacional estabelecido na Conferência Monetária e Econômica de Londres de 1933, para manter preços mundiais mínimos para commodities como trigo" (Lauck, 1996, p.205).
10 A concentração de mercado no campo agroindustrial, muito forte nos Estados Unidos, é na verdade um fenômeno internacional, decorrente das estratégias corporativas das gigantes transnacionais, como vêm apontando relatórios de organizações intergovernamentais, como a Organização das Nações Unidas para Alimentação e Agricultura (FAO) e a Conferência das Nações Unidas sobre Comércio e Desenvolvimento (UNCTAD) (2006), sem contar os diversos centros de estudos debruçados sobre o tema (Heffernan, 1998; Lang, 2003; Busch; Bain, 2004; Fuchs; Kalfagianni; Arentsen, 2009).

workshops no país para escutar dos diversos atores suas impressões sobre a concentração de mercado e a competição no setor. Ao todo, foram mais de 18 mil comentários feitos por pequenos e grandes fazendeiros, processadores, varejistas, acadêmicos, trabalhadores, fiscais, burocratas e funcionários dos governos federal, estadual e local (Department of Justice, 2012).

A crítica geral por parte dos produtores agrícolas foi sobre a falta de *enforcement* antitruste nos últimos trinta anos, o que resultou nas grandes compras e fusões geradoras de vastíssimo poder de mercado para fornecedores de insumos, indústrias alimentícia e varejista. A concentração de mercado, mesmo que por crescimento endógeno das empresas, também foi vista como altamente prejudicial, conforme apontou a síntese do DoJ:

> Uma reclamação constante era que, em várias fases da cadeia alimentar, existe apenas uma meia dúzia (se é que tantos) de compradores ou vendedores, resultando em uma falta de opções para os produtores, assim como em preços mais baixos para os seus produtos ou preços mais elevados para os seus insumos. Produtores frequentemente contrastaram os mercados concentrados de hoje com os mercados mais atomizados de anos passados, recordando tempos em que havia muito mais parceiros comerciais. (Department of Justice, 2012, p.6)

O relatório do DoJ (2012) apontou algumas queixas específicas de muitos produtores que valem ser mencionadas: poucas opções de vendedores de sementes e tipos de sementes; poucos elevadores e transportadores de grãos; concentração dos empacotadores e processadores de carnes; concentração do mercado varejista. O DoJ reconheceu que a queixa dos produtores agrícolas é histórica e mercados competitivos são fundamentais para um funcionamento mais adequado do setor agrícola americano. Reconheceu também que é preciso maior esforço de investigação e aplicação da lei para impedir a redução da competição por meio de fusões, aquisições e práticas desleais de marcado, como a cartelização, mas informou que não se pode fazer nada quanto ao tamanho de uma empresa, isto é, não se pode desmembrá-la simplesmente porque é grande. Robert L. Thompson, especialista agrícola de longa data e ex-assessor da administração Reagan para o tema, ressalva que, independentemente do tamanho, poucos competidores já são suficientes para garantir uma forte concorrência. O avanço das comunicações permite aos produtores encontrar os preços mais competitivos para os insumos, por exemplo. Contudo, a altíssima qualidade dos produtos oferecidos por essas grandes empresas atrai os fazendeiros, que querem comprá-los para aprimorar sua produção.[11]

---

11 Entrevistas com Robert L. Thompson, professor visitante da Johns Hopkins University's Paul H. Nitze School of Advanced International Studies, realizadas em Washington, D.C. em 9 e 19 de abril de 2012.

Na avaliação de Cochrane – que deixa explicitamente de lado as questões técnicas e jurídicas sobre monopólios e cartéis – *"Gigantismo é o problema,* e os problemas que o gigantismo traz com ele" (2003, p.72, grifos do original). E continua: "Uma corporação moderna gigante operando numa comunidade agrícola localizada é como um enorme elefante numa loja de porcelana. O poder do gigante predomina e estraçalha o estabelecimento" (Cochrane, 2003, p.72). A crítica do aclamado analista é a mais direta possível. Para ele, as grandes empresas de insumos e processamento têm impactos negativos significativos em comunidades agrícolas locais, desarticulando e reconfigurando as relações econômicas em detrimento dos produtores agrícolas.

Uma maneira de visualizar a relação econômica entre as fazendas e o restante dos segmentos agroalimentares é mensurar a distância entre o faturamento bruto e a renda líquida das fazendas ao longo do tempo, conforme demonstra o Gráfico 4.1. O intervalo que se abre entre as duas linhas deixa claro que há um encarecimento dos custos de produção.

Gráfico 4.1: Custos de produção, renda bruta e líquida das fazendas, 1960-2012 (USD bilhões)

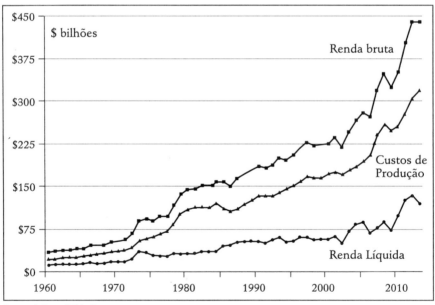

Fonte: Schnepf (2013).

> O crescimento dos retornos financeiros para os proprietários de terras e para muitas das maiores corporações do agronegócio excedeu o crescimento da renda agrícola líquida. Esses anos foram também anos em que o poder econômico se tornou mais e mais concentrado em menos e menos mãos não agrícolas. (Levins, 2001, p.4)

Foi nos anos 1970, deve-se salientar, que essa tendência passou a se agravar (Mendonça, 2013) e foi percebida nesses termos: "Como o custo de novas tecnologias agrícolas está crescendo mais rápido do que a renda agrícola, manter o ritmo desse desenvolvimento significa que muitos agricultores vão se afundar mais e mais em dívidas" (Perelman, 1977, p.88).

Enfim, pela sua posição nas cadeias agrícolas, os produtores agrícolas estão em situação desfavorável:

> espremida entre as indústrias de insumos e o subsistema descendente de processamento e distribuição, a importância da agricultura de produção tem declinado constantemente desde o século XIX, embora em ritmo acelerado a partir de meados da década de 1930 à medida que as inovações químico-genéticas convergiam cada vez mais para formar "pacotes" tecnológicos integrados. (Goodman; Sorj; Wilkinson, 1990, p.51)

As palavras de Sophia Murphy (2006, p.23) ecoam as da maior parte daqueles que trabalham com o tema:

> O poder de mercado concentrado é uma razão importante para a erosão da renda agrícola. O agronegócio é capaz de puxar lucros "a jusante" para longe do agricultor e na direção dos alimentos altamente processados, feitos sob medida para facilitar a vida dos consumidores de classe média, e "a montante" na direção de tecnologias cada vez mais elaboradas para maximizar a produção dentro das fazendas, como sementes híbridas e geneticamente modificadas, herbicidas, pesticidas e fertilizantes caros; sistemas de posicionamento global para determinar quanto de cada insumo vai para onde na fazenda; chips de computador que controlam a quantidade de ração que cada vaca pode comer na calha; e muito mais. Embora essas tecnologias muitas vezes aumentem a produção, elas também aumentam a necessidade de capital dos agricultores, e aumentam sua dependência em relação a um sistema econômico mais amplo no qual a sua principal fonte de receita – a venda de commodities agrícolas – não vale o suficiente para pagar pelos insumos. Do ponto de vista das políticas públicas, as implicações mais amplas disso são significativas porque o resultado é drenar o dinheiro para fora da economia rural em sentido amplo, e não apenas reduzir a rentabilidade das fazendas.

Débito, crédito e subsídios

A relação entre o endividamento dos fazendeiros com os bancos e a função dos subsídios como parâmetro para o fornecimento de crédito é tema pouco abordado na literatura que fala sobre a sustentação política das subvenções agrícolas na perspectiva pluralista. É, no entanto, aspecto-chave nas análises a partir da lógica dos complexos agroindustriais. No pós-Segunda

Guerra, o "Estado foi o avalista na expansão de mercados para os capitais apropriacionistas nas indústrias de suprimentos-insumos agrícolas, desde maquinaria agrícola e agroquímicos até sementes e rações" (Goodman; Sorj; Wilkinson, 1990, p.147).[12] Isso significa dizer que houve uma operação concertada entre os cofres públicos e privados para viabilizar os meios de expansão para os elementos industriais nos ciclos de produção agrícola, tanto a montante quanto a jusante, em vários países (Delgado, 1985, 2012; Cochrane, 1993; Mendonça, 2013; Gardner, 2006). Por meio de vários processos conjuntos político-financeiros, como a determinação de preços mínimos, taxas de juros e disponibilidade de crédito, a arquitetura financeira contribuiu significativamente para a formação dos CAI.

A capacidade de os produtores agrícolas continuarem operando com tecnologia de ponta e contraindo crédito é muito relevante para os fornecedores de insumo. Dessa capacidade deriva parte do seu valor de mercado, como sugere o raciocínio de Levins (2001, p.8):

> Considere o custo de algo que os agricultores necessitam além de terra: um trator, por exemplo. Na teoria do livre mercado, o custo de compra de um trator está intimamente ligado ao custo de se fazer um trator. Bastante simples. Agora, ao invés de pensar em tratores, pense na Deere and Company, fabricante líder mundial de equipamentos agrícolas. Quanto custa uma ação da Deere and Company na Bolsa? Mesmo que Deere faça tratores, isso não é uma questão apenas de tratores. Trata-se de possuir uma quota dos lucros da Deere and Company. As ações da Deere and Company podem ser vendidas por um preço elevado quando a economia agrícola está indo bem. Quando a economia agrícola está patinando, as mesmas ações da Deere vão ser vendidas por menos.

Nesse sentido, se os programas de subsídios viabilizam as vendas contínuas de equipamento novo e tecnologicamente avançado, eles acabam por afetar o valor de mercado dessas próprias empresas. Vinculam-se, assim, fabricantes de bens de capital, seus acionistas, produtores agrícolas e fornecedores de crédito.

A produção agrícola avançada, como dissemos, é de altíssimo custo,[13] custo esse que precisa ser financiado cada vez e, nesse processo, os bancos podem exercer influência sobre seus clientes. Foi o que Perelman (1977)

---

12 Para uma análise desse processo no Brasil, veja Delgado (1985, 2012).
13 "A mecanização fez mais do que aumentar a vulnerabilidade de um fazendeiro ao preço de sua produção no mercado. Ela também o tornou mais dependente daqueles que fornecem insumos. O custo da nova maquinaria agrícola tem aumentado mais rapidamente do que a capacidade do agricultor de pagar por ela. Como resultado, ele teve de pedir empréstimos pesados a bancos e a grandes empresas de máquinas agrícolas para manter seu lugar na esteira [*treadmill*] tecnológica. Uma indicação dessa tendência de endividamento é sugerida pelo fato de que em 1950 os agricultores dos EUA poderiam ter pago sua dívida total com

identificou nos anos 1970: "Se o fazendeiro não pretende produzir em conformidade com as 'melhores práticas comerciais', o banco não irá fornecer o crédito – uma forma de enviesamento agrícola" (Perelman, 1977, p.89).

Isso significa que o crédito estava mais disponível para aqueles fazendeiros que se dispusessem a plantar determinadas culturas e utilizar certos métodos e insumos. A necessidade fundamental de se obter crédito pode colocar as fazendas numa posição de fragilidade. "Quanto mais os fazendeiros tomam emprestado, é claro, mais independência eles cedem aos credores. Alguns bancos do Meio-Oeste, por exemplo, forçaram os fazendeiros a continuar com uma abordagem química da agricultura ao invés de orgânica, mesmo se o fazendeiro preferisse esta última" (Price, 1983, p.18). Exame mais recente dessa questão pelo órgão estatal General Accounting Office (GAO) chegou à conclusão similar, mas menos drástica. O GAO (1990) afirmou que não encontrou evidência direta de que o sistema federal de crédito e seguros negue acesso aos seus serviços. Além disso, a grande maioria dos fazendeiros que respondeu a um *survey* disse que suas práticas agrícolas não eram consideradas na hora de contratar empréstimos ou seguros. O mesmo GAO, no entanto, ao pesquisar os prestadores de serviço, concluiu que eles "colocam uma ênfase maior nas práticas agrícolas convencionais e são menos propensos a aceitar o potencial de práticas alternativas de produção, particularmente aquelas para as quais os resultados econômicos são incertos" (GAO, 1990, p.4). Isso está de acordo com a análise de Delgado (2012) sobre a atuação dos bancos nos CAI. Segundo ele, "os bancos, sozinhos ou em conexão com o Estado, definem *ex ante* um conjunto de parâmetros financeiros que devem funcionar no ano-safra como balizador da produção rural" (Delgado, 2012, p.27). Esses parâmetros acabam por influenciar as decisões de investimento dos produtores agrícolas e, por extensão, podem afetar as vendas dos fornecedores de insumos e as compras dos processadores de produtos agrícolas.

Mas por que os bancos teriam interesse em direcionar a produção nas fazendas? Um primeiro motivo era tornar as fazendas menos autossuficientes, isto é, romper com os complexos rurais que as isolavam como unidades produtivas autônomas para transformá-las em compradoras de insumos.

> Os banqueiros também sabem que seu negócio não se sairia bem em uma nação de agricultores autossuficientes ou mesmo de comunidades autossuficientes. Eles não têm nenhum motivo para incentivar práticas agrícolas que poderiam acabar com a necessidade de empréstimos. Pelo contrário, quanto mais agricultores adotarem técnicas intensivas de capital, maior será a demanda para as commodities que os bancos vendem – ou seja, dinheiro. Os bancos também percebem que eles são

---

75% do seu rendimento anual. Hoje, eles precisariam da renda de mais de três anos para saldar sua dívida total" (Price, 1983, p.18).

dependentes do sucesso dos negócios agrícolas em geral. Uma falência geral nos negócios significa uma falência bancária em geral. Mais uma vez, as técnicas de capital intensivo são de melhor interesse para os bancos. (Perelman, 1977, p.90)

Assim, a cada nova temporada os produtores americanos captam empréstimos no mercado privado ou com financiadores estatais, como a Farm Service Agency (FSA) do Departamento de Agricultura (USDA), considerando o "'emprestador de última instância' para fornecer crédito direto aos produtores que não conseguem crédito em outro lugar" (Klose; Knapek; Raulston, 2008). A importância disso não pode ser subestimada nos CAI, pois "as necessidades de capital de giro tendem a crescer quanto mais modernizada ou capitalista seja esta agricultura, em razão do crescimento da mercantilização em todos os mercados e a paralela monetarização das relações de intercâmbio" (Delgado, 2012, p.24). No caso dos Estados Unidos, como conclui um dos mais célebres pesquisadores do desenvolvimento da agricultura estadunidense, o processo histórico de desenvolvimento agropecuário fez que "a fazenda moderna se tornasse uma unidade altamente intensiva em capital que deve ter pronto acesso a crédito para produção de todos os tipos, e deve fazer uso de grandes quantidades daquele crédito, se quiser operar com sucesso" (Cochrane, 1993, p.205). Nesse sentido, Maguire ressalta a importância dos bancos. "Bancos são realmente importantes. Eles dão crédito para cada novo ciclo. Dependendo da taxa de juros que colocam para uma ou outra commodity a cada ciclo, eles podem influenciar decisões de investimento."[14]

De acordo com McMichael (2000), houve uma acentuação no crédito fornecido por bancos privados nos anos 1970, diminuindo relativamente o papel financiador do Estado, o que teria fortalecido os bancos privados como provedores de crédito agrícola. A expansão da atuação dos bancos privados naquele período estava profundamente relacionada ao superaquecimento da atividade agrícola, muito incentivada pelo governo, inclusive como uma forma de aumentar as exportações agrícolas num contexto de crescentes dificuldades na balança comercial. Essa forte expansão, entretanto, sofreu na década seguinte um gravíssimo revés, como veremos adiante.

O fornecimento de crédito, privado ou estatal, é fundamental para a atividade agrícola. Nesse sentido, e de especial interesse para este livro, o Estado americano contribui para a fluidez do sistema ao diminuir os riscos dos bancos comerciais. O FSA, por exemplo, também fornece garantias para empréstimos agrícolas, o que reduz o risco do conjunto do crédito provido pelos bancos comerciais. Dessa forma, contribui para assegurar a

---

14 Entrevista.

disponibilidade de crédito (Klose; Knapek; Raulston, 2008).[15] Nesse diapasão, um segundo motivo para os bancos terem interesse em influenciar as decisões de produção dos produtores agrícolas é que os programas de subsídio contribuem para a diminuição do risco dos seus empréstimos. Determinadas commodities são amparadas pelos programas de subsídios e isso aumenta substancialmente a garantia de que os contratos serão cumpridos. Afinal, o fiador do fazendeiro tem acesso às impressoras do Federal Reserve Bank.

> Os tradicionais programas governamentais de commodities também têm sido determinantes para as decisões de empréstimo. *O programa loan rate efetivamente cria um preço mínimo com o qual um produtor (e, portanto, seu credor) pode contar*. No mercado de commodities, onde os preços são incertos, saber o pior cenário possível para o preço que será recebido pelo agricultor alivia alguns aspectos do risco de crédito. Da mesma forma, *os programas históricos de sustentação de preços e o recente programa de pagamentos contracíclicos oferecem uma fonte de receita adicional para o agricultor quando os preços caem, reduzindo, novamente, pelo menos uma parte do risco do credor ao financiar a produção agrícola*. Em 1996, os pagamentos diretos fixos foram adicionados aos instrumentos de política de apoio à agricultura de produção. *Os pagamentos diretos, sendo certos com bastante antecedência, fornecem uma garantia potencial para empréstimos operacionais, reduzindo assim o risco credor*. Embora o seguro agrícola não seja muitas vezes considerado no contexto de disposições da Farm Bill, os prêmios subsidiados do seguro de colheitas ajudaram a criar uma ferramenta que de outra forma não poderia estar disponível para a agricultura. *Credores têm usado o seguro agrícola para reduzir ainda mais o risco de inadimplência do empréstimo, exigindo de alguns mutuários a compra de pelo menos um nível mínimo de seguro agrícola*. (Klose; Knapek; Raulston, 2008; grifos nossos)

A capacidade de pagamento, isto é, de a fazenda gerar renda e quitar suas dívidas, possui tradicionalmente um papel diferenciado na concessão de empréstimos agrícolas. O fornecimento de crédito até o início dos 1900 era muito difícil e arriscado, sobretudo nas áreas de expansão de fronteiras (Jones; Durand, 1954; Cochrane, 1993). No âmbito dos negócios comerciais, industriais e urbanos, normalmente os empresários fornecem ativos e rendimentos passados como colaterais e garantias para tomar dinheiro emprestado, mas os fazendeiros que desbravavam o Oeste muitas vezes estavam iniciando suas operações e buscando comprar terra para isso. Ou seja, não havia um histórico seguro de rendimentos, muito menos ativos que servissem de colateral para os credores. Além disso, em caso de falência, não era comum que a legislação, os tribunais e mesmo os movimentos de massas

---

15 Para uma listagem das instituições federais que fornecem crédito subsidiado, veja Pasour Jr.; Rucker (2005).

impedissem os credores de se apropriar dos ativos das fazendas. Assim, após a crise hipotecária que ocorreu na esteira da Primeira Guerra Mundial, "os credores começaram a dar ênfase ao poder aquisitivo potencial como uma fonte de segurança financeira e a confiar um pouco menos no valor de venda de ativos colaterais" (Jones; Durand, 1954, p.153).

A crise do entreguerras havia deixado claro que o desempenho econômico das fazendas tinha impactos difusos, especialmente sobre os bancos e seguradoras. Estes, por sua vez, buscaram influir no processo produtivo das fazendas para mitigar seus riscos (Fitzgerald, 2003). Foi ao final dos anos 1920 que avaliações mais sistemáticas sobre a capacidade de pagamento começaram a ser feitas, levando em conta fatores como qualidade do solo, produtividade da fazenda, estabilidade da renda e capacidade de gerar retorno financeiro. Nesses dois últimos quesitos, os programas federais de proteções e subsídios agrícolas tinham papel importante, já que sua função principal era sustentar preços.

Em tempos mais recentes, em que boa parte dos produtores agrícolas não são os proprietários da terra, como veremos adiante, e portanto não podem oferecê-la como garantia, a capacidade futura de pagamento se torna tão crítica como era no início do século. Desse modo, os programas de subvenções são de alto interesse para os produtores, porque viabilizam melhores condições de crédito, mas também interessam aos bancos e aos proprietários da terra, pois a vigência dos programas permite que sua propriedade continue sendo lavrada e os empréstimos continuem sendo renovados.

Assim, nas últimas décadas, a conclusão a que se chega é que:

> A maioria das ferramentas de apoio à produção de alimentos e fibras do país parecem ter, na superfície, o maior impacto sobre o risco de crédito dos empréstimos operacionais de curto prazo. No entanto, o impacto é muito mais profundo. A história, a atual existência, e a expectativa de apoio futuro do governo para a agricultura fornece pelo menos algum nível de conforto sobre a capacidade de reembolso dos empréstimos a médio prazo para equipamentos, bem como empréstimos de longo prazo para aquisição de terras agrícolas. (Klose; Knapek; Rauslton, 2008)

Cabe ressaltar que outra conclusão do GAO é que há indícios de que os bancos incentivam a participação dos produtores nos programas de subsídios (GAO, 1990). Afinal, como salientou Jeff Gehart, presidente da Independent Community Bankers of America, quando defendia o aumento de subsídios perante o Comitê de Agricultura da Câmara: "Um programa agrícola forte também apoia os credores em sua decisão de oferecer empréstimos para a comunidade agrícola com alguma garantia de que eles serão pagos" (Gehart apud Subcommittee on Department Operations, Oversight and Credit, 2012). Isso, obviamente, corrobora o argumento de que os programas de subsídios não só atendem, mas se sustentam politicamente numa constelação econômico-política muito maior do que normalmente supõem os estudos de ciência política.

Para se ter uma ideia da magnitude dos interesses bancários, Matthew H. Williams, da American Bankers Association, reportou que o portfólio de empréstimos a fazendas pelos bancos americanos somou aproximadamente USD 130 bilhões em 2011, uma alta de 13,8% em relação a 2007, quando era de USD 114, 2 bilhões. Em 2011, o montante foi superior ao PNB da Hungria (USD 124,6 bilhões), o 58º no ranking do Banco Mundial de 2012,[16] ou algo equiparável à soma dos PNB dos cinquenta menores países da lista (USD 134,2 bilhões). Em 2011, os EUA possuíam 2.185 *farm banks*, empregando cerca de 87 mil funcionários. Aproximadamente 1 em cada 3 dólares emprestado por um *farm bank* vai para um empréstimo agrícola (Williams apud Subcommittee on Department Operations, Oversight and Credit, 2012).

Produtividade, financiamento e a questão imobiliária

A questão do crédito está profundamente imbricada com a imobiliária[17] (Goodwin; Mishra; Ortalo-Magné, 2011; Nickerson et al., 2012; Mendonça, 2013). Afinal, a terra é a principal garantia para a contração de empréstimos no meio rural americano desde o começo do século XX. Quando está valorizada, viabiliza financiamentos maiores; quando se desvaloriza, pode não só diminuir a capacidade de endividamento do produtor, como também depreciar os ativos dos bancos que as aceitaram como garantia.

Em 2010, o valor total do Farm Real State, que é composto pela terra e suas instalações, foi de US$ 1,85 trilhão de dólares, correspondendo a 85% dos ativos agrícolas nos Estados Unidos. Além do alto valor bruto, o elevado percentual denota a relevância do valor da terra nas operações dos CAI. "Como a terra representa o maior ativo para a maioria dos negócios agrícolas dos EUA e é o maior investimento único na carteira de um agricultor típico, as mudanças nos valores dos imóveis rurais afetam o bem-estar financeiro dos produtores agrícolas", assim como de produtores aposentados que arrendam suas terras (Nickerson et al., 2012). Na verdade, a questão pode ser mais complexa, pois, por exemplo, de 1964 a 2007, aproximadamente 35% das terras agrícolas não foram operadas, em média, pelos seus proprietários (veja Gráfico 4.2 a seguir) e cerca de 60% das terras agrícolas que receberam subsídios em 2000 não eram operadas pelos seus donos (Barnard et al., 2001).

---

16 Gross Domestic Product Ranking Table. Disponível em: http://data.worldbank.org/data-catalog/GDP-ranking-table. Acesso em: 7 jan. 2014.
17 Para uma análise profunda das relações entre propriedade fundiária, bancos e o Estado nos CAI brasileiros, veja Delgado (1985, 2012).

Gráfico 4.2: Percentual da terra agrícola arrendada ou na forma de leasing, 1964-2007 (percentual de acres)

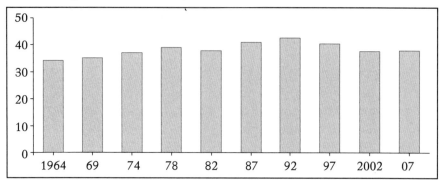

Fonte: Nickerson et al. (2012).

O preço da terra tem apresentado uma forte tendência de alta desde a Segunda Guerra Mundial, embora tenha enfrentado uma severa baixa nos anos 1980 (Barnett, 2000). Entre 1969 e 1978, período de grande expansão agrícola, sobretudo pelo esforço incentivado pelo governo de ampliação das exportações num cenário de alta demanda internacional,[18] o preço da terra aumentou 73%. As exportações agrícolas saltaram de USD 7 bilhões em 1970 para cerca de USD 44 bilhões em 1981 (Cochrane, 1993). A tendência, no entanto, se reverteu drasticamente no começo dos anos 1980 por conta da queda da demanda externa por alimentos, da elevação do custo da energia e pela política anti-inflacionária de elevação de juros, que não só encareceu o financiamento como também valorizou o dólar no cenário internacional, diminuindo a competitividade das exportações americanas. No caso do trigo, especificamente, houve ainda um embargo às exportações para a URSS imposto pelo governo Carter em 1980 como represália à invasão do Afeganistão (Friedmann, 1993; Veiga, 1994; Gardner, 2006; Conkin, 2009). Se em 1981 as exportações agrícolas somavam aproximadamente USD 44 bilhões, em 1986 o total era a metade desse valor em termos reais. Os três principais produtos agrícolas vendidos ao exterior, trigo, soja e milho, tiveram uma queda no seu preço de 51%, 52% e 64%, respectivamente, entre 1980 e 1986. Para agudizar a questão, houve uma grave seca entre 1980 e 1983.

Nesse ano 1983, o USDA registrou o menor valor para a renda nacional agrícola desde 1910: apenas USD 12,2 bilhões de dólares. Esse conjunto contribuiu para a eclosão de uma crise rural marcada pela falência de

---

18 "Na safra 1972-73, a União Soviética comprou 30 milhões de toneladas métricas de grãos, que totalizaram três quartos de todos os grãos comercializados no mundo" (Friedmann, 1993, p.40, tradução nossa).

muitas fazendas e bancos ao longo da década[19] – entre 1981 e 1987, 623 bancos quebraram! Desses, aproximadamente um terço era de bancos agrícolas (Glenna, 2003). O Farm Credit System sofreu um prejuízo de USD 2,7 bilhões somente em 1985, a maior perda de uma instituição financeira em um ano na história dos EUA até então (Barnett, 2000).

Entre 1981 e 1987 os ativos agrícolas nacionais foram rebaixados em 30%, reduzindo drasticamente não só a prosperidade dos fazendeiros, mas também a sua capacidade de contração de financiamento. Cerca de um quinto dos fazendeiros, é preciso frisar, já se encontrava altamente endividado. Os bancos tão generosos nos anos 1970 passaram a dificultar muito a renovação dos empréstimos. Mesmo assim, em meados dos anos 1980 a tendência de apreciação da terra foi retomada sem interrupções, conforme o Gráfico 4.3. Um dos motivos para isso, além da diminuição da taxa de juros em meados da década, foi o crescimento da renda agrícola, que, entre 1985-1988, aumentou 55% em relação ao período de 1980-1984. Umas das principais causas desse aumento, ao lado do reaquecimento do mercado, foram as enormes transferências de recursos por meio de subsídios da Food Security Act de 1985. Três anos após a publicação da lei, mais de 50 bilhões de dólares foram pagos às fazendas, o que representou 31% de sua renda líquida no período (Barnett, 2000; Cochrane, 1993; Veiga, 1994).

A grave crise dos anos 1980 e a falência dos bancos têm muitas causas. Entre elas, a relação entre o valor da terra e o sistema bancário é da maior importância. Como aponta Levins (2001):

> Se um banco empresta a alguém USD 1 milhão para comprar um terreno que vale pelo menos tanto, não surgem problemas. Mas se o valor da terra cai para, digamos, USD 500 mil, o banco tem um grande problema. Os ativos do banco, que incluem o valor dos terrenos mantidos como garantia das hipotecas, já não são tão grandes como os empréstimos pendentes. Se um determinado número desses empréstimos fica descoberto, o banco pode ser forçado, pela regulamentação bancária, a fechar suas portas. A crise agrícola de meados da década de 1980 é um bom exemplo. *Como os preços dos produtos agrícolas não pararam de cair, o mesmo ocorreu com o valor da terra. Conforme isso ocorria, os bancos tornaram-se insolventes e começaram a fechar em zonas rurais*. Isso, para o público em geral, foi muito mais assustador do que os agricultores serem forçados a abandonar a terra. Parecemos ter sempre menos agricultores. *Mas o fechamento de bancos traz de volta os temores da Depressão, e isso ninguém quer.* Qualquer programa que se destinasse a baixar drasticamente os valores da terra teria de resolver o potencial problema bancário. E antes de pensarmos que de alguma forma isso

---

[19] "Também foram afetados aqueles setores econômicos que apoiam a produção agrícola, como manufaturas e marketing de insumos agrícolas e, mais notável, finanças agrícolas" (Barnett, 2000, p.366).

seria fácil, aqui está uma estatística preocupante: o valor total de terras agrícolas nos EUA normalmente excede 500 bilhões de dólares. (Levins, 2001, p.15; grifos nossos)

Gráfico 4.3: Média dos valores imobiliários das fazendas (Farm Real Estate), 1980-2010 (USD por acre)

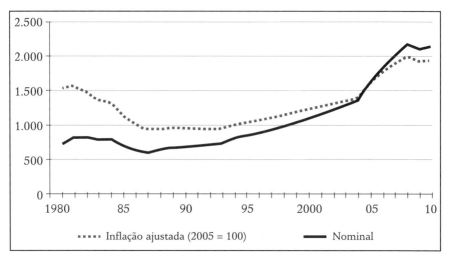

Fonte: Nickerson et al. (2012).

O trecho de Levins (2001) dá destaque à possibilidade extrema de falência em série dos bancos. Esse é um dos maiores problemas que uma economia capitalista pode enfrentar, dada a centralidade e a capilaridade do sistema bancário na economia. A crise financeira iniciada em 2007 – que envolveu bancos estadunidenses gigantes, como a alarmante quebra do Lehman Brothers em 2008, o quinto maior banco de investimentos dos EUA no período, assim como o pacote de salvação do Freddie Mac e do Fannie Mae – deixou isso muito claro.[20] Deixou claro também o empenho do Estado em salvar bancos libertinos para evitar um possível colapso geral da economia (Farhi; Cintra, 2009). Como entender esse salvamento? A perspectiva teórica que adotamos sugere que investidores privados podem

---

20 A magnitude do dinheiro que circulava apenas pelos bancos Freddie Mac e Fannie Mae demonstrou a seriedade do problema: "O Fannie Mae tinha dívida total em torno de US$ 800 bilhões, enquanto a do Freddie Mac alcançava US$ 740 bilhões. Ademais, as duas companhias carregavam ou tinham dado garantias a títulos hipotecários no valor de US$ 4,6 trilhões, o que representava 38% dos créditos hipotecários nos EUA e 32% de seu Produto Interno Bruto (PIB), estimado em US$ 14,3 trilhões em junho de 2008. Complicando ainda mais a situação, parte significativa desses títulos tinha sido adquirida por bancos centrais estrangeiros. Em junho de 2008, a dívida total das agências federais americanas detida por estrangeiros somava US$ 1,66 trilhão, sendo US$ 1,1 trilhão em portfólios de credores oficiais e US$ 557 bilhões em credores privados" (Farhi; Cintra, 2009, p.278).

ser tão importantes para o conjunto da sociedade que suas atividades são de interesse público. Daí a ação estatal para mantê-los em funcionamento. Daí a interlocução privilegiada desses atores com o Estado. Nas palavras de Offe (1995):

> As políticas que conferem *status* aos grupos de interesse, atribuem a eles certas funções semipúblicas ou públicas e regulam o tipo e o raio de ação de suas atividades são, sob as condições das estruturas sociais e econômicas capitalistas avançadas, fatores muito mais importantes que afetam a mudança em curso no sistema de representação de interesse do que os fatores relacionados à mudança de orientação ideológica [vontade] ou de estrutura de oportunidades socioeconômicas. A representação do interesse, por uma série de razões a serem exploradas, tende a tornar-se fundamentalmente uma questão de "esquema político", e portanto, em parte, uma variável dependente, e não independente, da decisão da política pública. (Offe, 1995, p.225)

A crise financeira de 2007 estava imbricada com a questão imobiliária, guardando semelhanças com a crise dos bancos das zonas rurais americanas nos anos 1980. Embora seja possível atribuir a transferência de recursos públicos para salvar empresas à pressão de grupos de interesse ou às redes de relacionamento entre os dirigentes das instituições estatais e privadas, não se pode descartar o interesse estatal decorrente das relações estruturais entre o Estado e a economia capitalista (Lindblom, 1979; Block, 1980; Offe; Ronge, 1994).

Ainda com referência à crise agrícola nos anos 1980, cabe destacar, naquele processo, uma barganha entre a multinacional Cargill e o governo dos Estados Unidos. A empresa, uma gigantesca do setor de grãos que havia adotado uma estratégia muito agressiva de internacionalização, era crítica ferrenha dos subsídios agrícolas. Isso porque os subsídios impediam que a Cargill utilizasse sua rede internacional para fornecer aos consumidores mundo afora, inclusive nos EUA, os grãos mais baratos que suas filiais pudessem obter internacionalmente. A empresa causou tremor nos Estados Unidos ao ameaçar importar trigo argentino para fornecer ao mercado americano, isto é, ela ousou tentar se valer das vantagens competitivas argentinas. A iniciativa, no entanto, foi abortada por causa da reação dos produtores, dos concorrentes (destaque para a multinacional americana ADM) e do governo americano. White (2005, p.5) assim resume o caso:

> Na primeira semana de janeiro de 1985, a Cargill tentou importar trigo da Argentina, argumentando que o trigo de lá era mais barato e era bom senso econômico importar trigo ao menor custo, independentemente de onde era proveniente. Em 14 de janeiro de 1985, a Cargill cancelou a compra sob protestos de produtores de trigo, mas a ameaça de importações de trigo barato ainda permanecia. A tentativa da Cargill de importar trigo foi especialmente problemática dada a crise na agricultura em curso por causa do excedente de trigo e outros grãos. Dado o tumulto por

causa das importações do trigo da Argentina, é interessante notar que o EEP [Export Enhancement Program] evoluiu para um programa voltado para os mercados da UE; logicamente, uma parte da ameaça veio do trigo barato da Argentina, mas o mercado argentino não foi alvo de debate posterior sobre a utilidade da EEP. Ao longo do debate, alguns segmentos do governo dos EUA trabalharam para proteger os mercados da América do Sul, tanto de trigo quanto de soja, da competição estadunidense.

Segundo Moyer e Josling (1990), o declínio abrupto das exportações galvanizou apoio doméstico para reforçar a utilização de subsídios à exportação a fim de recuperar o desempenho das vendas externas, o que contrariava frontalmente os esforços da administração Reagan, no início de seu mandato, para reduzir os gastos com programas agrícolas. O caso da importação de trigo argentino via Cargill foi, contudo, o evento que rompeu as últimas resistências. Ao final do processo, os interesses da Cargill não foram plenamente atendidos, mas isso não significa que a empresa não tenha se valido dos subsídios de exportação para suas próprias vendas.[21] Porém, se a primeira opção da empresa tivesse vingado, seria de se esperar uma depreciação significativa no valor das terras produtoras de trigo, além da queda dos efeitos econômicos multiplicadores gerados pela produção da commodity em solo americano.

Para impedir isso, os administradores do Estado, em conjunto com grupos de interesses, construíram uma solução a partir de subsídios à exportação. O episódio demonstra autonomia estatal ou controle do Estado por grupos de interesse? Para Dahl (1982), essa é uma pergunta para a qual uma resposta assertiva pode ser impossível. De acordo com uma perspectiva mais estrutural, podemos interpretar que a solução decorreu também de interesses estatais (Block, 1980).

Retomando o ponto central desta subseção, o valor da terra pode ser afetado por diversos fatores – econômicos, logísticos, ambientais, sociais, de política pública e regionais –, e entender como esses diversos fatores se relacionam e interferem na formação do preço é tarefa nada simples. Não temos a pretensão de entrar nesse campo. Queremos apenas apontar que, no rol de políticas públicas, os programas de subsídios incidem significativamente sobre aquele ativo. Conforme afirmam os economistas do USDA, "os pagamentos dos programas agrícolas governamentais podem aumentar a renda da produção agrícola. Ao fazê-lo de uma forma consistente, o valor da terra tende a aumentar devido a expectativas de um fluxo de renda futuro decorrente de pagamentos do governo ou da menor volatilidade na renda

---

21 "A Cargill tinha uma vantagem a mais na administração porque Daniel Amstutz, então sub-secretário de Agricultura e posteriormente negociador-chefe no GATT, era ex-executivo da Cargill. Isso certamente teria dado acesso interno às visões políticas da Cargill" (White, 2005, p.6).

agrícola" (Nickerson et al., 2012, p.18). Goodwin, Mishra e Ortalo-Magné (2011, p.24), após diversos testes estatísticos com variados tipos de subsídios, concluíram que,

> em todos, os resultados confirmam que os pagamentos do governo exercem um efeito significativo sobre os valores da terra. As taxas (marginais) de capitalização sugerem que, no contexto da política atual, *um dólar em benefícios geralmente aumenta o valor da terra entre USD 13 e USD 30 por acre*, com as diferenças variando substancialmente entre os diferentes tipos de políticas. (grifos nossos)

O programa de subsídios contém variados tipos e modalidades que podem mudar de Farm Bill para Farm Bill. Cada um deles pode exercer diferentes efeitos sobre a tendência de valorização. A literatura não é consensual. Para uns, pagamentos diretos feitos sobre a base histórica de produção por acre numa fazenda têm um impacto mais direto do que os pagamentos contracíclicos que são efetuados quando o preço das commodities caem abaixo de um determinado nível (Barnard et al., 2001; Nickerson et al., 2012). Para outros, pagamentos que têm uma perspectiva de continuidade futura e estão ligados à sustentação de preços têm maior influência (Goodwin; Mishra; Ortalo-Magné, 2011).

Metaforicamente, a propriedade da terra pode ser considerada como ações de uma empresa. Um hectare seria uma parcela de ações do conjunto da empresa – a economia agrícola (Levins, 2001). O lucro ou prejuízo que o proprietário desses hectares/ações obterá vai depender da prosperidade da economia agrícola. Daí o interesse dos proprietários na continuidade de programas de subsídios que mantenham a terra produzindo, o operador solvente e, no melhor dos casos, rentável. Quanto mais rentável, mais o proprietário da terra poderá extrair renda para si. Afinal, como conclui Cochrane (1993) após examinar a trajetória do desenvolvimento agrícola dos EUA, há "uma dura lição da História". A lição é que é uma falácia tentar elevar ou manter a renda dos produtores agrícolas por meio de programas vinculados ao volume da produção ou a sustentação de preços acima do equilíbrio de mercado. Isso porque:

> Os ganhos de renda para os agricultores resultantes de tais atividades governamentais serão usados pelos produtores maiores, mais eficientes e mais agressivos para expandir suas operações por meio da compra e aquisição dos ativos produtivos dos seus vizinhos menores e menos eficientes. *Nesse processo canibalístico, o preço da terra é pressionado para cima, os custos das estruturas de todas as fazendas são elevados e a assistência fornecida pelo governo desaparece.* Os ganhos de renda para os agricultores decorrentes dos programas governamentais de apoio ao preço à renda têm, no longo prazo, pressionado para cima os valores da terra e têm aumentado a prosperidade dos proprietários de terras. (Cochrane, 1993, p.434; grifos nossos)

O modelo de funcionamento dos CAI, ao privilegiar a altíssima produtividade a partir de operações de larga escala, resulta num voraz apetite por terra, como demonstram os gráficos 4.4 e 4.5 abaixo. Tal processo vincula interesses imobiliários e financeiros à lógica produtiva e ao arcabouço institucional que a regula.

Por que então não usar políticas públicas para baixar os preços da terra? Tal medida, na avaliação de Levins (2001), teria um apelo político muito baixo. Muitos donos de terra, principalmente os menores, seriam afetados e mobilizariam contra isso argumentos potentes do ponto de vista eleitoral. Seria o caso de fazendeiros aposentados, viúvas, jovens que utilizam essa renda para pagar a faculdade, além dos casos em que os compradores passaram décadas pagando pela terra. A depreciação do ativo também diminuiria a capacidade de tomar empréstimos. Os grandes proprietários não precisariam entrar de cabeça na briga. Mas, mesmo que houvesse a tentativa de baixar o preço da terra, o que ocorreria? Muito provavelmente os grandes fazendeiros ou outros interesses, do agronegócio ou fora dele, realizariam a aquisição, alimentando a dinâmica descrita acima por Cochrane (1993).

Gráfico 4.4: Acres por fazenda, 1910-2000

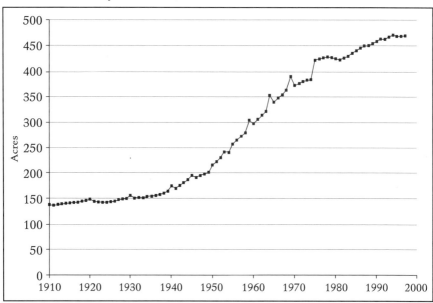

Fonte: Gardner (2006).

Gráfico 4.5: Número de fazendas, 1900-1995

Fonte: Gardner (2006).

A dinâmica de concentração da propriedade fundiária estaria destruindo a agricultura familiar nos Estados Unidos. Na avaliação de Cochrane (2003), isso seria resultado indireto das forças de mercado que incidem sobre o *modus operandi* da agricultura americana – o *treadmill*, em suas palavras.

> A corrida para adotar tecnologia moderna forçou muitos fazendeiros para fora do ramo – particularmente os pequenos ou aqueles com maiores limitações financeiras. Muitas das novas tecnologias mecânicas não eram alheias ao tamanho das terras. Grandes tratores requeriam que seus enormes custos fossem dispersados sobre grandes áreas cultiváveis, se os fazendeiros quisessem ganhar eficiência econômica ao adotá-los. A aquisição de grandes máquinas a grandes custos empurrou os fazendeiros na direção da aquisição de mais terras. E onde eles poderiam consegui-las? Dos seus vizinhos menores, claro. Assim mais um pequeno fazendeiro saía do negócio para satisfazer as necessidades de uma grande máquina nova. E mesmo as tecnologias que não dependiam do tamanho da terra, como as novas e aprimoradas sementes, colocavam fardos financeiros adicionais sobre os fazendeiros para a compra das sementes, assim como os fertilizantes e herbicidas para acompanhá-las. Assim, os custos de colocar uma plantação de milho dispararam na segunda metade do século XX, levando muitos fazendeiros com limitações financeiras a vender seu negócio para o seu vizinho mais exitoso e agressivo. E por ações assim [...] o número total de fazendeiros declina, e os recursos produtivos estão concentrados cada vez em menos mãos de fazendeiros. (Cochrane, 2003, p.68)

Em nossas palavras, entendemos que esse processo faz parte do consenso ideológico que rege os CAI (Graziano da Silva, 1994). Isto é, das relações entre os diversos interesses econômicos e políticos que compõem os complexos, sejam elas conflituosas ou harmoniosas, o que predomina é uma lógica, amparada e apoiada pelo Estado, de contínua modernização industrial da produção agrícola. Essa modernização, como observado, é intrinsecamente ligada aos negócios bancários e imobiliários, entre outros.

Em meio a toda essa discussão deve-se frisar algo muito importante: uma parcela significativa das terras que são beneficiadas pelos subsídios não é lavrada por seus proprietários, aspecto que precisa ser considerado na economia política dos subsídios agrícolas. O proprietário das terras não é o produtor, o que significa que esse proprietário tem interesse ainda maior na valorização da terra e na solvência do arrendatário. Nesse sentido, os economistas do USDA afirmam que a forma de arrendamento das terras pode afetar o seu valor dependendo da maneira como ela direciona o comportamento do produtor agrícola no que toca a "decisões de produção, adoção de tecnologias e práticas de conservação que podem melhorar a produtividade da terra" (Nickerson et al., 2012, p.29). Isso quer dizer que os proprietários possuem interesse direto nos subsídios que lubrificam os CAI e que eles podem utilizar de suas prerrogativas para direcionar a produção ao arrendar suas terras.

Por fim, é interessante mencionar o perfil heterogêneo dos beneficiários de subvenções agrícolas, como reportam Goodwin, Mishra e Ortalo-Magné (2011, p.1):

> O que o ex-astro do basquete Scottie Pippen, o editor Larry Flynt e o corretor Charles Schwab têm em comum? A resposta surpreendente é que todos são beneficiários de subsídios dos programas agrícolas. Entre os destinatários notáveis dos pagamentos incluem-se nove membros do Congresso dos EUA; David Rockefeller, ex-presidente do Chase Manhattan e neto do magnata do petróleo John D. Rockefeller, que recebeu 99 vezes mais em subsídios do que o agricultor médio; Ted Turner, o 25º homem mais rico da América, que recebeu 38 vezes mais subsídios do que o agricultor médio; e o falecido Kenneth Lay, CEO deposto da Enron e multimilionário. Várias empresas da *Fortune 500* também receberam pagamentos substanciais do programa de commodities, incluindo a John Hancock Mutual Insurance (USD 2,5 milhões em 2002), a Chevron Corporation, a Caterpillar Corporation.

Recentemente, o prestigiado Environment Working Group afirmou em relatório que cerca de USD 11,3 milhões foram pagos a 50 bilionários entre 1995 e 2012. Dentre os agraciados estão Paul G. Allen, cofundador da Microsoft, o megainvestidor Charles Schwab, George Kaiser, da empresa petrolífera Kaiser-Frances Oil Company, entre outros. No geral, mais de quarenta bilionários são proprietários de fazendas cuja produção pode ser coberta pelos subsídios da Farm Bill (Nixon, 2013).

A Tabela 4.1 mostra alguns dos maiores beneficiários de subsídios agrícolas entre empresas, legisladores e notáveis.

Tabela 4.1: Beneficiários de subsídios agrícolas (empresas da *Fortune 500*, membros do Congresso e outros notáveis). Listados por subsídios totais recebidos, 1996-2000 (USD).

Média nacional do subsídio agrícola, 1996-2000: USD 4.675

All Fortune 500 Companies Receiving Subsidies	Amout of Subsidy
Westvaco Corporation	$268.740
Chevron	$260.223
John Hancock Mutual Life Insurance	$211.368
DuPont	$188.732
Caterpillar	$171.698
International Paper	$75.393
Georgia Pacific	$37.156
Archer Daniels Midland	$36.305
Mead Corporation	$15.115
Deere & Company	$12.875
Boise Cascade Corporation	$11.024
Kinberly-Clark	$8.495
Eli Lilly Co.	$2.315
Pfizer	$2.011
Navistar	$1.980
Total	**$1.303.430**

All Members of Congress Receiving Subsidies	Amout of Subsidy
Rep. Marion Berry (D-AK)	$750.449
Sen. Blanche Lincoln (D-AK)	$351.085
Rep. Calvin Dooley (D-CA)	$306.902
Rep. Tom Latham (R-IA)	$286.862
Rep. Doug Ose (R-CA)	$149.000
Sen. Charles Grassley (R-IA)	$110.936
Sen. Mike DeWine (R-OH)	$50.000
Sen. Richard Lugar (R-IN)	$48.464
Rep. Charles Stenholm (D-TX), his wife, and a trust	$39.298
Rep. Bob Stump (R-AZ)	$20.798
Rep. Dennis Hastert (R-IL)	$17.214
Sen. Sam Brownback (R-KS)	$16.913
Sen. Phil Gramm (R-TX)	$12.571
Rep. Philip Crane (R-IL)	$7.397
Total	**$2.167.889**

Other Notables Receiving Subsidies	Amout of Subsidy
David Rockefeller	$352.187
Ted Turner	$176.077
Scottie Pippen	$131.575
Sam Donaldson	$29.106
Bob Dole (living trust)	$18.550
Birch Bayh	$13.937
Benjamin Bradlee	$3.500
John Ashcroft (trust)	$1.620
Total	**$726.552**

Notas: Média nacional do subsídio agrícola, 1996-2000: USD 4.675.
Essa tabela representa apenas subsídios diretos. Subsídios de sustentação de preços, que são pagos por consumidores no supermercado e não por contribuintes, estão excluídos porque o governo não mantém registro do custo exato.
Dados fornecidos pelo Environmental Working Group.

Fonte: Reidl (2002).

A tabela demonstra que variados atores possuem interesses nos programas de subsídios, o que se coaduna com nosso argumento de que as fontes de sustentação política dos referidos programas são mais amplas do que os grupos de interesse agrícola. Os bilionários e os executivos das empresas mencionadas certamente têm acesso privilegiado aos políticos e burocratas, sem contar, obviamente, os próprios membros do Congresso que podem trabalhar a legislação em causa própria.

Ademais, podemos notar também a prática da *Revolving Door* por parte de alguns membros dessa lista. A deputada (1993-1997) e depois senadora (1999-2011) Blanche Lincoln inaugurou em 2013 uma empresa de lobby, a Lincoln Policy Group, que tem como um dos principais clientes a Monsanto. Lincoln é a sétima geração de uma família de fazendeiros do Arkansas que produz arroz, trigo, soja e algodão. O fazendeiro Calvin Dooley, da Califórnia, foi deputado de 1991 a 2005. Após seis mandatos consecutivos, Dooley foi CEO e presidente da Grocery Manufactures Association e da Food Products Association, que são agremiações patronais da indústria alimentícia. Em 2008, tornou-se CEO do American Chemistry Council. Charles Stenholm, cotonicultor, foi deputado pelo Texas de 1979 a 2005. Após seus treze mandatos consecutivos tornou-se lobista de diversos grupos agrícolas e alimentícios no Congresso e em agências federais.

A proletarização das fazendas?

A estrutura da cadeia produtiva americana acaba levando os produtores agrícolas a adotar comportamentos que, posteriormente, irão reforçar um sistema agressivo (Glenna, 2003). Exemplos são a feroz corrida pela adoção de novas tecnologias de aumento de produção que gerarão um aumento das dívidas e a contínua produção para além da capacidade de absorção dos mercados, o que resulta em diminuição de preços por conta do excesso de oferta.

É interessante notar que, apesar da fragilidade econômica dos produtores agrícolas e da tendência de verticalização das cadeias produtivas, as corporações não adotaram como prática generalizada o controle direto, via aquisição, da produção nas fazendas. Isto é, mesmo com seu enorme poder de capital, decidiram não absorver formalmente em sua estrutura produtiva esse elo da cadeia. Por quê? Glenna (2003) oferece uma resposta:

> O governo federal, as ferrovias, os bancos e o agronegócio colaboraram no início do século XX para construir esse sistema de agricultura industrial. O agronegócio escolheu essa abordagem, ao invés do envolvimento direto na produção, porque: a terra não pode ser depreciada; o processo de trabalho agrícola é muito expansivo para que possa ser facilmente controlado; eventos naturais, como intempéries e pragas, são difíceis de controlar; e a produção não pode ser encurtada por causa dos ciclos naturais do crescimento das plantas e do crescimento e reprodução da pecuária. No entanto, o sistema ainda chegou a assemelhar-se aos princípios científicos de F. W. Taylor sobre a gestão de fábricas. (Glenna, 2003, p.18)

Ainda nessa linha, Levins (2001), como vimos, afirma que essa estrutura de mercado, de concentração, por um lado, e, por outro, de alta competição entre as fazendas, impede que a elevação dos preços agrícolas seja convertida em elevação da renda dos produtores agrícolas na mesma proporção. Ou seja, "o problema essencial da renda agrícola não é de baixos lucros no sistema. O problema é que os produtores agrícolas não conseguem reclamar esses lucros" (Levins, 2001, p.6). Em outras palavras, a estrutura de mercado faz que as fazendas de commodities operem normalmente acima dos custos de produção e o risco das operações recaia na maior parte sobre elas e sobre o próprio Estado. Os exemplos do autor esclarecem esse ponto, justificando uma citação mais longa:

> Em particular, muitas das principais commodities, como milho, trigo e algodão, não têm praticamente nenhuma demanda do varejo. Em vez disso, são vendidas como insumos para os processos industriais que produzem gado, adoçantes, pães e tecidos. Com isso em mente, considere o caso de uma colheita abundante em um ano particular. Isso certamente coloca processadores, ou seja, aqueles que compram produtos agrícolas, em uma posição invejável. Há mais produto sendo oferecido para venda do que o necessário durante um ano normal. *Os preços mais baixos pagos pelos produtos agrícolas significam maiores lucros para o setor de transformação.* Ao mesmo tempo, menos dinheiro está disponível no setor agrícola para pagar os custos de

produção, o que gera turbulência no setor de insumos. O público vê isso como um problema trágico para os agricultores, e não como azar dos proprietários de terras ou outros fornecedores de insumos, de modo que o dinheiro é doado aos agricultores para que eles possam pagar suas contas. *Dessa forma, o setor de insumos é capaz de continuar a operar em plena capacidade, nenhuma terra fica ociosa e nenhuma semente deixa de ser plantada.* (Levins, 2001, p.19; grifos nossos)

>O caso inverso é o de uma colheita pequena, talvez devido à seca ou a epidemias. Então, há uma guerra concorrencial entre os processadores e preços significativamente mais elevados para os produtos agrícolas, o que pode resultar em lucros menores para os processadores. Os fornecedores de insumos, por sua vez, estão muito satisfeitos com essa evolução. *Eles imediatamente buscam aumentar o aluguel das terras e cobrar altas "taxas de tecnologia" sobre as mais novas variedades de sementes que brotam dos laboratórios de biotecnologia.* Esse ajuste de preço leva uma temporada completa da produção agrícola, e por um breve período de preços altos criam a ilusão de que tudo está bem para os agricultores. Logo, porém, os agricultores estarão mais uma vez reclamando de custos que são demasiadamente elevados. (Levins, 2001, p.19; grifos nossos)

Seria possível aproximar essa condição com a dos trabalhadores que vendem sua força de trabalho? Sabe-se que a maior parte das fazendas que recebe subsídios nos Estados Unidos é grande e rica. Mesmo assim, a noção de "proletarização" das fazendas ajuda a entender a posição delas nesse sistema? A constante reivindicação por insumos e a contínua proteção do Estado que, por meio de subsídios (entre outros meios), impede que esses proletários faleçam, se rebelem ou parem de trabalhar – ou que as fazendas proletarizadas vão à falência, se organizem contra o consenso que rege a organização dos CAI, ou parem de produzir – poderia ser assemelhada às relações entre o capital e o proletariado? Vejamos a analogia de Lewontin (2000):

>Como o(a) agricultor(a) perde qualquer poder de escolher a real natureza e o ritmo do processo de produção em que ele ou ela estão envolvidos, e, ao mesmo tempo, perde qualquer possibilidade de vender o produto em um mercado aberto, o(a) agricultor(a) se torna um mero operador em uma determinada cadeia cujo produto é alienado do produtor. Isto é, o(a) agricultor(a) se torna proletarizado(a). É de pouca importância que o(a) agricultor(a) detenha o título legal sobre a terra, os edifícios e assim por diante e, em algum sentido literal, seja o(a) proprietário(a) de alguns dos meios de produção. Não há nenhum uso econômico alternativo para esses meios. A essência da proletarização é a perda de controle sobre o próprio processo de trabalho e a alienação do produto daquele trabalho. (Lewontin, 2000, p.97)

O polêmico e franco secretário de Agricultura dos Estados Unidos nos anos 1970, Earl Butz, afirmava que "a função do agricultor será a de 'montar pacotes de tecnologia que tenham sido produzidos por terceiros de forma personalizada'" (apud Perelman, 1977, p.90). A análise de Don Paarlberg, que foi economista agrícola chefe do USDA e um dos mais proeminentes no século XX nos EUA, converge, ainda que não totalmente, com a de Lewontin, pois, para ele, faz diferença ser dono de meios de produção, ainda que isso não se traduza em maiores ganhos econômicos. De todo modo, há perda de autonomia:

> O agricultor que alimenta e cuida das aves, um antigo agricultor na tradição da agricultura familiar, tomando suas próprias decisões e arriscando seu próprio capital, torna-se, essencialmente, um trabalhador contratado ou quase isso. Esse "trabalhador contratado" difere do trabalhador industrial em dois aspectos importantes: em primeiro lugar, o agricultor possui meios muito caros de produção e, em segundo lugar, ele ganha menos dinheiro. (Apud Perelman, 1977, p.91)

Glenna (2003) também vê fazendeiros como trabalhadores assalariados, e enfatiza dois pontos: 1) o papel do Estado como pagador de salários e (2) do USDA como gerente, dado o efeito dos programas agrícolas no estímulo e uniformização da produção. Essa conclusão vem da análise das posições de segmentos a montante e a jusante da produção agrícola quando se discutiam medidas necessárias para tirar o país da crise agrícola nos anos 1980. Por exemplo, John Reed, o vice-presidente da Archer Daniels Midland, uma das cinco maiores empresas mercadoras e processadoras de grãos do mundo, asseverou aos congressistas da Joint Economic Comission que um fornecimento estável de matéria-prima era necessário para os negócios, ao mesmo tempo que reconheceu que o aumento contínuo da produção daria prejuízos aos fazendeiros que, sem lucro, sairiam do mercado. Como solução, propôs o seguinte:

> Não estamos afirmando que as necessidades econômicas ou que o pequeno agricultor deve ser ignorado, mas acho que talvez seja hora de separar o componente de bem-estar, se quiserem, do sistema de apoio aos preços e de empréstimos, e proporcionar o componente de bem-estar através de alguma forma de pagamento direto para as pessoas as quais se julgue necessário dar apoio, quer na forma de preços de referência ou na forma de algum outro tipo de programa de pagamento direto. Deixe os empréstimos em níveis que nos mantenham competitivos no mercado de exportação e atendam às necessidades de renda dos pequenos agricultores de outra maneira. (Reed apud Glenna, 2003, p.23)

Na avaliação de Glenna (2003), a proposta de subsídios na forma de pagamentos diretos, desvinculados de decisões de produção (*decoupled*, no jargão internacional), seria o mesmo que o Estado remunerar os produtores diretamente para mantê-los ativos. Isso garantiria mais previsibilidade aos processadores e mercadores, bem como clientes para os fornecedores de insumos, além do desempenho exportador agrícola dos Estados Unidos.

A ideia de proletarização, apesar de ter um bom potencial heurístico, nos parece um tanto exagerada. Afinal, de fato, por mais que sejam endividados e devam cumprir as exigências de produção dos seus contratantes, os fazendeiros americanos não estão na mesma condição das pessoas que só possuem sua força de trabalho para vender. À diferença destes, os fazendeiros também fazem investimentos em termos de capital.

Uma ideia melhor que a de proletarização, em nossa perspectiva, é a de subsunção. Le Heron (1993) mostra como ela foi utilizada na sociologia rural para entender a posição das fazendas nos sistemas produtivos agroindustriais. A ideia fundamental é que se as empresas do agronegócio desenvolverem "poder de mercado" num mercado agrícola competitivo, as fazendas poderão se encontrar numa posição inferior em relação a elas. Essa posição inferior pode levá-los à condição de subsunção.

> O que se entende pelo processo de subsunção e quais são suas implicações para as fazendas e as famílias que vivem da agricultura? A subsunção formal permite a apropriação por organizações externas da mais-valia absoluta gerada na fazenda, através do processo de trabalho agrícola. *Isso ocorre, por exemplo, quando os chamados agricultores independentes, que dependem de crédito externo e outros insumos, são incapazes de alterar as "regras" de acumulação, e devem estar em conformidade com as necessidades do agronegócio.* (Le Heron, 1993, p.52; grifos nossos)

A dinâmica essencial que enraíza o processo de subsunção das fazendas é a contínua adoção de novas tecnologias que, como vimos, é impulsionada pelo modo de funcionamento dos CAI americanos. Portanto, décadas depois de lançado o ideal de fazer de "cada fazenda uma fábrica", nos anos 1920, como bem explicou Fitzgerald (2003), o resultado final teria sido a subsunção das fazendas ou, para utilizar um termo crítico de Cochrane (2003), das "unidades produtoras de alimentos", já que, para ele, o nome fazenda em pouco corresponde ao significado tradicional do termo no senso comum.

Para avaliar melhor essa questão é preciso retomar alguns pontos. Antes da formação dos CAI, os produtores agrícolas tinham maior capacidade de barganha no sistema. Dois dos motivos eram: 1) descontando as limitações geográficas e mercadológicas locais, havia mais liberdade para a escolha do que, quando e como produzir; 2) a dependência de fornecedores de *inputs* era menor, pois as fazendas produziam parte significativa de seus insumos, assim como era mais direta a relação com os mercados, na medida em que os alimentos eram menos processados e mais vendidos diretamente aos consumidores. Essas condições, como estamos discutindo, passam a se modificar com a formação e expansão dos CAI. No caso de produtores de commodities como milho, algodão, soja e trigo, o caso é agravado porque a demanda de varejo por esses produtos é baixíssima, o que coloca esses produtores nas mãos dos grandes compradores.

Colocados nessa posição, portanto, podemos argumentar que as unidades produtoras – as fazendas subsidiadas, ou 0,2% da população americana (Tweeten, 2002) – podem ser a *condição eficiente* para que haja uma renovação cíclica da política de subsídios nos Estados Unidos, mas elas talvez não sejam a *condição suficiente*. Os produtores agrícolas, embora essenciais aos CAI, não os comandam porque estão submetidos ao poder de mercado de outros segmentos. Na síntese de Murphy (2002, p.40):

> A maioria da política agrícola é promulgada em nome dos agricultores, e os agricultores são o objeto da maior parte da crítica que é feita às políticas agrícolas dos países desenvolvidos. *No entanto, os agricultores são realmente o elo mais fraco da cadeia. Eles são tomadores de preços, dependentes de indústrias altamente concentradas para seus insumos e para a venda de seus produtos.* Agricultores no México e nas Filipinas que dependem do milho para a sua subsistência competem não com os agricultores nos Estados Unidos, mas com as empresas que exportam grãos para seus países – empresas, aliás, que são os principais beneficiários da política agrícola dos EUA. (grifos nossos)

Conclusão

Os produtores agrícolas, como buscamos demonstrar, são ao mesmo tempo o elo mais fraco e fundamental dos CAI. O que significa ser o elo mais fraco? Numa rede interdependente como as que se formam nos CAI, possui mais poder o ator que, a partir de um número considerável de relações, consegue exercer grande influência sobre os demais atores e gerar neles certa dependência, controlando diversas possibilidades de fluxos e desfrutando de uma capacidade maior de fazer escolhas dentro de seu universo de relações (Hanneman, 2001). A centralidade no interior de uma rede surge como consequência dos padrões de relações estabelecidos entre os atores e, portanto, não é um atributo ou "posse" dos atores em si (Scott, 1992). A noção de centralidade está associada à noção de capacidade de ação, quer dizer, de escolha entre diversas alternativas possíveis e de autonomia em relação aos vínculos estabelecidos com atores específicos (Lavalle; Castelo; Bichir, 2007). Esse parece não ser o caso das fazendas produtoras de commodities subsidiadas.

Nessa perspectiva, quatro conjuntos de atores parecem ter mais poder no setor agroindustrial: os fornecedores de insumos, os mercadores/processadores, os bancos e os proprietários de terras. Por ser menos numerosos e ser nódulos de relações entre milhares de fazendas, possuem capacidade de, utilizando seu poder de mercado, influenciar a economia e, por consequência, a política de grupos de interesses agrícolas. Isso não significa que não se envolvem diretamente na política, mas quer dizer que, a seu favor, direta ou indiretamente, grupos de fazendeiros fazem lobby.

Randy Schnepf, coordenador do Congressional Research Service para a política agrícola, e com décadas de experiência pesquisando o tema para o Congresso dos Estados Unidos, enfatiza:[22] fornecedores de insumos, mercadores e indústria alimentícia querem sempre mais. Quanto mais for plantado e produzido, mais insumos serão consumidos, mais baratos serão os produtos agrícolas. Os produtores rurais ficam, em suma, numa posição delicada nessa estrutura produtiva por conta de quatro eixos:

1) Fornecedores: a constante inovação dos meios de produção faz que os produtores agrícolas que busquem se manter com a maior modernização sejam levados a adotar constantemente o que há de mais avançado do ponto de vista da tecnologia. Esses insumos são custosos, levando os produtores a contrair dívidas para adquiri-los.

2) Processadores: a indústria alimentícia e têxtil passa a exigir matéria-prima uniforme e produzida com características específicas para que possam ser industrializadas. Em muitos casos, isso significa que as fazendas devem adotar métodos de produção e insumos ditados por aquelas próprias indústrias. Como há poucos compradores de commodities no mercado, os fazendeiros precisam se adequar, sob pena de não encontrar meios para escoar sua produção. Assim, ficam atrelados aos pacotes tecnológicos predeterminados pelos processadores que, visando à alta modernização, acabando impelindo os produtores a contrair empréstimos para cumprir as exigências.

3) Bancos: a produção nos moldes acima tem custos que precisam ser financiados por meio de empréstimos. Os empréstimos podem ter precondições em termos de produção. Além disso, o custo do dinheiro pode variar de acordo com as garantias oferecidas pelo tomador do empréstimo e, nesse caso, os subsídios funcionam como colateral que diminui os juros para as fazendas e os riscos para os bancos.

4) Proprietários de terra: a necessidade de expandir a latitude das operações, decorrente das tecnologias que privilegiam os ganhos de escala, impulsiona a demanda por terra, o que acaba gerando concentração da propriedade e, nesse processo, valorização imobiliária. Tal valorização, por sua vez, viabiliza a contração de empréstimos

---

22 Entrevista com Randy Schnepf, especialista em política agrícola do Serviço de Pesquisa do Congresso, realizada em Washington, D.C., em 20 de abril de 2012.

maiores para quem é proprietário, já que a terra é utilizada como garantia da dívida. Para quem é arrendatário, a valorização imobiliária gera mais custos, pois acarreta aluguéis mais caros.

Colocadas nessa posição, as fazendas que desejam operar nesse mercado se tornam uma engrenagem que conecta esses quatro eixos, numa constante crescente de produtividade e concentração. Dado que os custos de produção são, em geral, mais altos do que o valor do produto total, os pagamentos estatais assumem a fundamental função de impedir o emperramento dessa engrenagem. Ao continuar girando, os ciclos de investimento se repetem, permitindo a acumulação de capital pelos interesses que compõem os CAI, ao mesmo tempo que as fazendas permanecem na dependência estrutural dos recursos do Estado para continuar suas operações da maneira como são. O Estado, por sua vez, conta com a renovação do investimento privado e seus efeitos multiplicadores, com os empregos e impostos gerados, além da receita das exportações.

5
REGIME ALIMENTAR INTERNACIONAL E O SISTEMA MULTILATERAL DE COMÉRCIO

> "A strong export Market is vital to the well-being of the American economy." (Cochrane, 2003, p.82)

Introdução

A análise da política agrícola nos Estados Unidos e nos demais países desenvolvidos em geral é feita a partir de uma perspectiva que privilegia os grupos de interesse, os legisladores e os ambientes institucionais, como apontamos na Introdução deste livro. Embora essas relações sejam da maior importância, a política agrícola deve ser examinada num contexto maior e mais complexo, posto que a atividade agrícola em si, no interior das fazendas, é, como discutido no Capítulo 3, apenas uma pequena parte econômica dos sistemas agroalimentares, que são responsáveis pela maior parte do suprimento de alimentos onde a produção é avançada. No Capítulo 4 expusemos os diversos interesses econômicos que se vinculam à atividade agrícola, argumentando que eles também compõem a fonte do poder político que mantém os programas de subsídios mesmo diante de toda a crítica nacional e internacional aos Estados Unidos. Os subsídios conferem às fazendas a capacidade de continuar funcionando numa lógica que privilegia os negócios de diversos segmentos dos CAI, apesar de elas serem frequentemente deficitárias. Nesse contexto, é improvável que as políticas de subsídio sejam resultado apenas do interesse de grupos de produtores agrícolas.

Esse ponto pode ser ilustrado com alguns dados que mostram o efeito multiplicador das exportações agrícolas na economia americana. Em 2011, as exportações agrícolas americanas alcançaram USD 136,4 bilhões. Essas exportações, ao demandarem insumos, processamento e serviços logísticos para sua produção e comercialização, geraram uma atividade econômica adicional de USD 176 bilhões. No conjunto, os ganhos para a economia americana foram de USD 312,3 bilhões de dólares (ERS, 2013b). Cabe destacar que essa análise do USDA não busca medir o valor adicionado a montante (insumos e serviços relativos ao processo produtivo) nem os ganhos com serviços de seguro, logística e crédito, tampouco a valorização imobiliária ou os impostos gerados em todas essas esferas.

Ainda a título de exemplo, em 2011, as exportações agrícolas geraram 923 mil empregos de tempo integral, dos quais 637 mil foram fora das fazendas. Mais especificamente, cerca de 286 mil foram trabalhadores agrícolas, 67 mil de segmentos manufatureiros, 114 mil no segmento de processamento, 208 mil de transporte e comércio e 248 mil em outros serviços (ERS, 2013b).

Objetiva-se mostrar neste capítulo que, se os subsídios têm uma importante função nos CAI americanos, eles têm também um reflexo internacional. Na verdade, tais complexos estão interligados aos mercados estrangeiros, isto é, estão diretamente vinculados a eles. Em meio a tal relação de dependência, o Estado norte-americano utiliza seus recursos de poder para tentar criar o ambiente internacional mais propício para seus interesses.

A noção de "regime alimentar internacional" ajuda a iluminar a questão (Friedmann; McMichael, 1989; Friedmann, 1992, 1993; Burch; Lawrence, 2009; McMichael, 2009b; Pritchard, 2009). Embora não caiba revisar os detalhes e os debates dessa formulação aqui, apresentaremos alguns de seus traços. Conforme entendemos, eles sustentam o argumento de que os subsídios que mantêm os CAI funcionando da maneira corrente são fundamentais também para o acesso aos mercados estrangeiros, assim como defendem que o acesso àqueles mercados é uma necessidade vital para eles. Nesse processo, os subsídios colocam as commodities numa posição artificialmente vantajosa, o que acaba gerando emulação e contestação internacionais. Estamos falando, assim, de relações de poder nas quais os Estados utilizam seus recursos estatais para favorecer seus interesses econômicos. Para os Estados Unidos, particularmente, esse movimento os torna capazes de exportar os custos dos ajustes internos, dado que os CAI não necessariamente precisariam funcionar da forma como funcionam. Logo, a ação do Estado é fundamental para o *modus operandi* dos CAI.

Os regimes alimentares

Os regimes alimentares podem ser entendidos como "estruturas governadas por regras de produção e consumo de alimentos em escala mundial" (Friedmann, 1993, p.30). Essas regras podem ser implícitas ou explícitas, criadas por atores estatais e/ou não estatais. São produto de relações de poder geopolíticas, bem como do desenvolvimento histórico do capitalismo. Os regimes alimentares fornecem uma

> Perspectiva estruturada para a compreensão da agricultura e do papel dos alimentos na acumulação de capital no tempo e no espaço. Ao especificar padrões de circulação dos alimentos na economia mundial, ela sublinha a dimensão agroalimentar da geopolítica, mas não procura tratar as diferentes agriculturas em todo o mundo. O exame da política dos alimentos em períodos de acumulação capitalista estáveis e transitórios é, portanto, bastante focado, mas, no entanto, estratégico. Ele complementa uma série de avaliações de economia política global que se concentram, convencionalmente, em relações de poder industriais e tecnológicas como veículos de desenvolvimento e/ou supremacia. Também é complementado por análises da cadeia de commodities, análises de dependência, e estudos sobre comércio justo que se concentram em determinadas relações de alimentos no comércio internacional. E, finalmente, há estudos de agricultura e alimentação que se concentram em estudos de caso, questões da fome, tecnologia, economia cultural, movimentos sociais e do agronegócio que informam dimensões de análise do regime alimentar, uma vez posicionados historicamente no seio das relações geopolíticas. A diferença feita pela análise de regimes alimentares é que ela prioriza as maneiras pelas quais as formas de acumulação de capital na agricultura constituem arranjos de poder global, conforme expressas pelos padrões de circulação de alimentos. (McMichael, 2009b, p.140)

Dentro dessa gama de possibilidades analíticas, o que nos interessa é o papel dos subsídios agrícolas dos Estados Unidos que, como veremos, é elemento definidor do chamado segundo regime alimentar internacional. Antes, cabe salientar que tais regimes são, como a maioria dos regimes internacionais, constituídos pela política das principais potências internacionais. As forças econômicas e sociais, como a estratégia das grandes corporações e a ampla disseminação das classes urbanas e assalariadas no século XX, também geram *inputs* nos regimes, mas nosso foco será a ação do Estado.

Harriet Friedman e Philip McMichael são autores que vêm dando importante contribuição a essa perspectiva, inclusive seminal (Friedmann; McMichael, 1989; Friedmann, 1992, 1993; McMichael, 2009b). Eles discutem a modificação dos regimes alimentares numa perspectiva histórica, de 1870 à contemporaneidade, sendo conveniente abordarmos os regimes alimentares identificados pelos autores. Isso será feito com o objetivo de destacar que as políticas agrícolas são elaboradas levando-se em consideração os arranjos internacionais, ou seja, não são produto exclusivo do jogo doméstico de relação de forças.

Nos dois primeiros regimes alimentares o papel dos Estados Unidos foi primordial, porém diferente. No primeiro, o país ampliou enormemente a oferta de alimentos básicos nos mercados das potências europeias dominantes. No segundo, criou o novo padrão de produção e consumo, calcado na industrialização das relações agroalimentares, tornando-se fornecedor de alimentos básicos para a periferia do sistema internacional, invertendo, nesse ponto, a lógica do regime anterior.

O primeiro regime teria existido da década de 1870 aos anos 1914-1930, sob hegemonia britânica. Seu centro eram as potências europeias – sobretudo o Reino Unido –, que importavam carnes e cereais, principalmente trigo, das colônias ou ex-colônias de povoamento. Estas eram parte da periferia do sistema internacional, sendo os Estados Unidos o maior fornecedor. Outros fornecedores relevantes eram Austrália, Canadá, Nova Zelândia, África do Sul, Argentina e Uruguai. Os produtos agrícolas tropicais produzidos pelas colônias (e ex-) de exploração tinham um papel complementar nas dietas, com exceção de alguns produtos como o café, o chá e em especial o açúcar, que foram se tornando componente fundamental do paladar das massas.[1]

As diferenças entre os dois tipos de colonização são amplamente conhecidas, mas cabe destacar que as colônias ou ex-colônias de povoamento importavam uma quantidade maior de mão de obra, manufaturas e investimento que, em grande parte por conta de sua capacidade mais autônoma de definir políticas econômicas, compunham um projeto de industrialização nos países anglo-saxões. Neles, a produção de commodities básicas pelas fazendas familiares, sobretudo cereais, constituía um mercado privilegiado para as indústrias nascentes daqueles países, gerando o início da integração entre a indústria e a agricultura, processo esse que foi exitoso na Austrália, no Canadá e, sobretudo, nos Estados Unidos. Paralelamente, o desenvolvimento técnico-industrial, aliado à qualidade das terras do Novo Mundo e aos avanços de logística, tornaram os produtos temperados muito competitivos diante dos produzidos na Europa e, assim, passou a haver concorrência intersetorial na área agrícola.

Surgia um regime alimentar no qual a periferia fornecia alimentos básicos e baratos para os europeus, o que, por um lado, tinha a importante função de aumentar o poder de compra do proletariado sem que houvesse aumento dos salários. Por outro lado,

> A concorrência resultante de grãos mais baratos a partir de regiões de colonos induziu uma crise agrícola na Europa, particularmente na produção de grãos em larga

---

1 Para uma visão diferenciada acerca do papel dos produtos tropicais, ver Patnaik e Patnaik (2016).

escala. As consequências sociais foram revoltas urbanas e mobilização agrária para moderar os efeitos do livre comércio. (Friedmann; McMichael, 1989, p.101)

Posteriormente, a competição se estendeu também aos produtos manufaturados. O papel do Reino Unido foi decisivo para manter os mercados abertos, particularmente o seu próprio, dado que as ex-colônias de povoamento praticavam uma clara política de proteção industrial. Nesse caminho, ao exercer seu papel de *hegemon*, o Reino Unido fornecia as condições para o fortalecimento dos seus concorrentes, como um grande e aberto mercado consumidor e uma larga quantidade de empréstimos que eram revertidos, entre outras coisas, em obras de infraestrutura e projetos de industrialização (Gilpin, 2002; Frieden, 2008).

O segundo regime alimentar surge entre as décadas de 1940 e 1950 em meio à reconstrução da ordem internacional. De acordo com algumas interpretações, durou até o final dos anos 1970 e, com outras, permanece até o século XXI, ainda que passando por reformas (McMichael, 2009b; Pritchard, 2009; Burch; Lawrence, 2009). Concentremo-nos, primeiramente, no seu surgimento.

Seu principal artífice foram os Estados Unidos, que assumiram a posição de superpotência ao lado da URSS após a Segunda Guerra. Devido à enorme expansão – fortemente induzida pelo Estado, na lógica de formação de CAI – da produção agrícola durante as hostilidades, os produtores americanos se tornaram ainda mais dependentes dos mercados estrangeiros (Veiga, 1994; Cochrane, 2003; Gardner, 2006). Terminado o conflito, os ganhos de produtividade não podiam regredir. Os fazendeiros que investiram capital na modernização simplesmente não aceitavam o fato de deixar terras e máquinas ociosas. Forçar uma recessão era politicamente impensável, o que representava mais uma expressão da mudança dos tempos e do fim da ideologia liberal à *Pax Britannica*, posto que os governos não mais podiam impor dificuldades econômicas às suas populações em prol de um equilíbrio de mercado ou cambial (Gilpin, 2002; Frieden, 2008). Se domesticamente isso já havia se materializado nas políticas agrícolas do New Deal, no plano internacional isso significou assegurar a legitimidade tanto de barreiras às importações quanto dos subsídios às exportações agrícolas. Ambos eram necessários para sustentar preços no mercado americano pela combinação de restrição da oferta com escoamento externo de excedentes.

Criou-se, assim, uma dependência em relação à demanda externa de grãos e algodão, já que o mercado interno era incapaz de absorver a produção, inviabilizando a possibilidade de lucro das principais commodities cultivadas, levando a um importante elemento dinamizador do segundo regime alimentar, que funciona até hoje: os subsídios.

Na verdade, em 1940 essa dinâmica já estava clara para os interesses agrícolas dos EUA. Em memorando de 30 de janeiro de 1940, que encontramos no National Archives de Maryland classificado como *strictly restricted*, o secretário de Agricultura Henry Wallace afirmava ao presidente que a expansão da produção agrícola durante a guerra, principalmente a do trigo e a do algodão, dificilmente seria absorvida pelos mercados internacionais no pós-guerra, por dois motivos. O primeiro era a falta de renda e o segundo era a expectativa de que o acesso aos mercados fosse fechado. A abertura do mercado agrícola, em particular, era considerada bastante difícil. Na avaliação do secretário, uma questão fundamental era o esperado fechamento do mercado agrícola europeu, o que acarretaria problemas generalizados para o setor americano. Assim, baseado na experiência histórica, Wallace reportou ao presidente que:

> uma infinidade de dores de cabeça econômicas – não menores do que serão os problemas agrícolas com o algodão e o trigo – certamente nos atingirão após a guerra, se a experiência econômica, a racionalidade e determinadas situações e implicações óbvias servem no mínimo de guia. O problema de chegar à paz acabará por ser ainda maior do que o problema atual de nos ajustarmos a uma guerra europeia.

Dado o cenário negativo, a solução mais recomendada era uma política permanente de subsídios, especialmente para algodão e trigo, cuja produção estava sendo fortemente incentivada como parte do esforço de guerra. Nas palavras do secretário:

> A não ser que a indústria manufatureira se expanda a tal ponto que possa absorver grande parte da população rural atual, será necessário manter os subsídios diretos aos agricultores ou subsidiar o escoamento dos excedentes agrícolas, particularmente de algodão e trigo [...] assim, os programas de subsídios agrícolas provavelmente continuarão necessários por tempo indefinido, especialmente em relação aos produtos de exportação importantes. A melhor coisa para o país seria reconhecer esse fato agora, preparar esses programas e seus financiamentos, de forma diferente do que os expedientes temporários aos quais foram precisos recorrer no passado.

Como sabemos, os subsídios continuaram a fazer parte da política agrícola americana e, como veremos neste capítulo, o Estado envidou esforços significativos tanto para viabilizá-los e legitimá-los internacionalmente quanto para criar meios de escoar os excedentes. Nessa última frente destaca-se, especificamente, a política de assistência alimentar dos Estados Unidos, sobre a qual nos voltamos brevemente agora.

A ajuda alimentar como subsídio à exportação

Terminada a Segunda Guerra, as previsões do secretário Wallace se confirmaram. Os mercados estrangeiros estavam sem poder de compra ou deliberadamente fechados para reconstrução. Para os Estados Unidos, que necessitavam exportar, uma saída foi adotar uma grande política de ajuda alimentar internacional, com base na famigerada Lei PL480, posteriormente renomeada Food for Peace Program. Por meio de doações ou descontos assistenciais, a ajuda tinha o intuito de diluir estoques e, em longo prazo, desenvolver mercados consumidores. Ainda que a política tenha ganhado características mais humanitárias a partir dos anos 1970, ela continua compondo o esforço de expansão das exportações agrícolas atualmente (Rothschild, 1976; Burbach; Flynn, 1980; Portillo, 1987; Friedmann, 1993; Winders, 2009; Clapp, 2009, 2012b; Lima; Dias, 2016).

Além de aliviar a vida dos produtores, Winders (2009) destaca que a ajuda alimentar a estrangeiros ajudou, também, grandes corporações americanas a crescer. Para se ter uma ideia, cinco anos após o lançamento da PL480, algumas empresas faturavam alto com a ajuda internacional. A Anderson Clayton & Company exportou cerca de USD 60 milhões de dólares em algodão, pagos pelo governo. Quem mais se beneficiou do programa de ajuda, no entanto, foram os mercadores de grãos. Em meia década, três empresas receberam aproximadamente USD 1 bilhão em decorrência de contratos governamentais: a Continental Grain Company faturou USD 385 milhões, a Louis Dreyfus Corporation USD 305 milhões e a Cargill Incorporated USD 264 milhões. E isso apenas sob o Título 1 da PL480.

Historicamente, a capacidade de doação internacional dos EUA varia de acordo com os excedentes gerados domesticamente, pois, ao contrário da tendência internacional contemporânea, o país tradicionalmente oferece a maior parte de seu auxílio em alimentos e não em dinheiro. Outros grandes doadores, como a União Europeia, o Canadá e a Austrália, compartilham o entendimento amplamente difundido em organizações internacionais, como a OCDE, o Programa Mundial de Alimentos da ONU e a FAO, de que as doações de alimentos a partir de excedentes nacionais são muito menos eficientes e muito mais dispendiosas do que a assistência alimentar na forma monetária ou comprada e distribuída a partir de regiões vizinhas às populações necessitadas nas chamadas operações triangulares (Clay, 2003; Clapp, 2012b). As operações de ajuda alimentar geram efeitos multiplicadores e, ao invés de incentivar esses efeitos no exterior, os EUA preferem promovê-los em seu solo.

O presidente Obama tentou reformar a ajuda alimentar dos EUA na direção das recomendações internacionais, mas enfrentou grande oposição doméstica (Nixon, 2013b; Lima; Dias, 2016). A resistência da forma arcaica da ajuda alimentar americana pode ser mais bem compreendida se considerarmos que ela é também um ramo dos CAI que se nutre da intervenção do Estado. Isso porque é ampla a rede de interesses domésticos que se beneficiam dessa política (Diven, 2006; Clapp, 2009; Paarlberg, 2010; Food First, 2013).

Além dos produtores e mercadores, existem outras empresas e organizações não governamentais americanas envolvidas no processo. A legislação determina que, grosso modo, quase toda ajuda alimentar seja preparada e concedida pelo Estado por meio da compra de produtos e da contratação de serviços estadunidenses. Segundo o documentário *The Price of Aid* (Tahri, 2005), a economia de algumas cidades está voltada para atender essas operações, já que, por exemplo, os sacos e as latas, a tinta que os identificam, os veículos terrestres e navais que transportam os alimentos, o combustível que os move e as agências não estatais que fazem a distribuição devem ser, em sua maior parte, estadunidenses. Esse conjunto, portanto, é interessado nos programas de subsídios que orientam os CAI para a superprodução, como Tahri (2005) demonstra.

No que toca à política exterior dos EUA, veremos que a ajuda alimentar, que era mais de 90% de toda ajuda mundial nos primeiros anos do pós-Segunda Guerra Mundial, foi importante vetor do segundo regime, para o qual nos voltamos a seguir (Clapp, 2012b).

Os subsídios no segundo regime alimentar internacional

Com a sedimentação das forças políticas internacionais após a II Guerra Mundial, boa parte do mercado asiático e da Europa do Leste se fechou por conta do domínio soviético e, portanto, estava indisponível para os exportadores americanos. Os mercados dos aliados europeus também estavam inacessíveis em grande medida. Estes visavam, mais do que reconstruir sua capacidade de produção agroalimentar, a alcançar um elevado nível de autossuficiência. As guerras mundiais e as carestias que as acompanharam haviam deixado profundas marcas naquelas sociedades e expuseram a sua vulnerabilidade ao fornecimento estrangeiro (Schmidt, 1991; Staatz, 1991). Isso era acirrado pelo iminente processo de descolonização que eliminaria a capacidade de comando formal sobre domínios na Ásia, África e Caribe (Friedmann; McMichael, 1989; Le Heron, 1993; Veiga, 2007). Assim, os europeus ocidentais buscaram criar uma capacidade endógena de abastecimento alimentar, emulando o sistema produtivo agroindustrial americano. Para isso, contaram com apoio dos próprios americanos. Cerca de um quarto dos recursos do Plano Marshall, criado em 1947, foi destinado a isso (Shaw, 2007).

Para funcionar, a Política Agrícola Comum da Comunidade Europeia requeria a substituição de importações, isto é, a elevação de barreiras comerciais para impedir que a competição vinda de fora inviabilizasse a produção agrícola europeia. Como parte do acordo, os EUA conseguiram manter abertas as importações europeias de milho e soja, o que incentivou a produção dessas commodities em solo estadunidense. Tamanho foi o avanço da produção que em pouco tempo a soja se tornou o segundo produto mais doado pelos Estados Unidos, atrás somente do trigo, e uma das principais commodities agrícolas transacionadas no mundo (Le Heron, 1993; Friedmann, 1991, 1993). Morgan (apud Friedmann, 1991, p.81) salienta a relevância econômica adquirida pelo milho e pela soja, ao mesmo tempo que aponta uma finalidade diferenciada para eles: "gado e aves, ao invés de pessoas, se tornaram o principal mercado para o grão norte-americano, e soja e milho se ranquearam junto com aviões a jato e computadores como principais produtos de exportação do país". Com exceção da Unilever (anglo-holandesa) e da Bunge (na época argentina), eram as multinacionais americanas que fabricavam ração na Europa e a maior parte da matéria-prima era proveniente dos EUA.

É preciso ressaltar que o projeto europeu de substituição de importações agrícolas foi feito com o suporte dos Estados Unidos, apesar da necessidade americana de exportar para impedir uma queda vertiginosa dos preços domésticos, como experimentado após a Primeira Guerra Mundial. De fato, nos anos 1920, antes mesmo da intensa modernização dos métodos produtivos e de processamento, os americanos já enfrentavam problemas de superprodução cujo efeito era derrubar preços e inviabilizar a lucratividade dos fazendeiros. Com as inovações técnicas, de engenharia, química e biologia que se seguiram, a força produtiva americana de grãos e carnes simplesmente não pôde ser deixada crescer livremente. Isto é, a intervenção estatal foi necessária para controlar a oferta e sustentar preços. Do contrário, a capacidade produtiva implodiria o sistema por um misto de excedentes não rentáveis e de altos custos produtivos, levando consigo a economia rural e os fornecedores industriais que começavam a entrar significativamente na produção agrícola. Além do controle da oferta por meio da restrição de terras cultiváveis – que na verdade teve o efeito paradoxal de estimular o desenvolvimento técnico e científico, aumentando a produtividade por área plantada – no mercado doméstico, os produtores americanos se tornaram dependentes do mercado internacional e, até a Segunda Guerra, esse mercado era fundamentalmente o europeu (Cochrane, 1993, 2003).

A solução foi substituir os tradicionais compradores do Velho Mundo pelos consumidores dos Terceiro Mundo e do Japão. Para exemplificar, se durante o período de submissão imperial a Índia exportava grãos para o Reino Unido, na década de 1960 os indianos haviam se tornado bastante dependentes da importação de grãos, fundamentalmente dos americanos. Estima-se que, em alguns anos da década de 1970, cerca de 25% da produção (não confundir com exportações) do trigo americano era absorvido pela Índia (Pritchard, 2009). Friedmann e McMichael (1989, p.104) assim avaliaram essa reformulação importante do fluxo alimentar:

No que toca às importações, houve uma conjunção de interesses entre os EUA, que procurou encontrar novos mercados para seus crescentes excedentes de trigo, e os novos Estados, que procuravam comida barata para facilitar a industrialização. Embora as políticas de substituição de importações europeias retirassem de todas as colônias de povoamento os históricos mercados de exportação de grãos (primeiro pelo Plano Marshall e em seguida pela CEE), somente os EUA tinham a capacidade de agir em seu interesse e vender trigo no Terceiro Mundo.

Foi estabelecida, assim, uma nova relação agroalimentar internacional: os EUA, incontestavelmente o centro do capitalismo mundial, passaram a ser o principal fornecedor de alimentos para os países da periferia e do ascendente Japão, basicamente carnes e grãos, sobretudo trigo.

Quanto ao protecionismo dos europeus ocidentais, se num primeiro momento ele trouxe uma mudança drástica em relação ao regime alimentar internacional anterior, num segundo ele inverteu também a posição da região no regime. Se antes boa parte das despensas europeias era abastecida com produtos básicos de além-mar, a partir dos anos 1960 são os grãos e os laticínios europeus ocidentais que passam a suprir as provisões dos países pobres, devido aos ganhos de produtividade agrícola na Europa. Seu sucesso foi rápido e inequívoco, pois "em 1950-1951 eles superaram os níveis de produção do pré-guerra e, no final da década, já haviam ultrapassado em 50% aquele patamar" (Veiga, 2007, p.135). Na década de 1970 a França, sozinha,

> produzia três vezes mais cereais e carnes e duas vezes mais leite do que no final dos anos 1940. Em seu conjunto, a produção do setor dobrou em cinco anos. Pela primeira vez na história, a França produzia mais do que ela podia consumir! Em 1963 o país já era o quarto maior exportador agrícola do mundo e em 1974 passou para o segundo lugar, bem longe dos Estados Unidos, mas na frente da Holanda, da Dinamarca e do Canadá. (Veiga, 2007, p.238)

Dessa maneira, o sistema multilateral de comércio que emergia precisava acomodar essa nova divisão de trabalho internacional, em que o centro dominava os fluxos de exportação de alimentos básicos. O sistema precisava, assim, oferecer aos países do Norte proteção contra importações, para ajudar a controlar sua própria oferta doméstica e, ao mesmo tempo, incentivar suas exportações; algo bem diferente do apregoado para os bens manufaturados. Na síntese de Friedmann (1993, p.31):

> As regras que definem o regime alimentar deram prioridade à regulamentação nacional, e autorizaram ambos os controles de importação e os subsídios à exportação necessários para gerir os programas nacionais agrícolas. Esses programas nacionais, especialmente desde o início dos programas de commodities do New Deal,

geraram excedentes crônicos. Conforme funcionavam, eles estruturaram um conjunto específico de relações internacionais em que o poder – para reestruturar o comércio e a produção internacionais em favor de um Estado – foi exercido na forma incomum de exportações subsidiadas de produtos excedentes.

A agricultura nesse processo – é preciso salientar para não perder de vista a magnitude do problema – deixa de ser primordialmente um produto final, para consumo, e torna-se um insumo para a indústria e pecuária. Ao mesmo tempo, a produção agrícola se torna mais dependente de *inputs* químicos, biológicos e mecânicos. Para dar liga à cadeia de produção, o crédito era fundamental. Já o apoio estatal doméstico e os subsídios à exportação azeitavam o conjunto, permitindo que os CAI hipertrofiados continuassem a operar a pleno vapor. Os subsídios à exportação, um recurso de poder estatal para afetar relações de mercado, foram o traço mais marcante desse regime,

> fazendo os EUA um exportador dominante e, por sua vez, transformando o Japão, as colônias e as novas nações do Terceiro Mundo de países autossuficientes em países importadores, e a Europa em uma região autossuficiente e, posteriormente, em uma região grande exportadora. (McMichael, 2009b, p.143)

Aos países do Terceiro Mundo, as exportações e doações do Norte, fundamentalmente dos EUA, eram vantajosas por baratear o custo da alimentação, com impactos significativos na renda assalariada, enquanto os governos se concentravam em projetos de infraestrutura ou industrialização. Partes desses projetos se referiam à adoção da chamada Revolução Verde, a fórmula americana de produção agroindustrial avançada que levava à formação dos CAI. As consequências negativas eram, entre outras, a constituição da dependência da importação de alimentos e o deslocamento de milhões de trabalhadores rurais (Winders, 2009; Martins, 2010; Clapp, 2012b).

> Enquanto isso, o agronegócio elaborou ligações transnacionais entre setores agrícolas nacionais, que foram subdivididos em uma série de agriculturas especializadas ligadas por cadeias globais de abastecimento (por exemplo, o complexo transnacional de proteína animal ligando grãos/carboidrato, soja/proteína e engorda confinada). Em outras palavras, enquanto o "projeto de desenvolvimento" universalizou o modelo "nacional" de desenvolvimento econômico como chave para a expansão do sistema de Estado na sequência da descolonização, ao mesmo tempo uma "nova divisão internacional do trabalho" na agricultura começou a se formar em torno de complexos transnacionais de commodities. (McMichael, 2009b, p.141)

A formação desses laços transnacionais é um dos elementos utilizados para argumentar a favor de um terceiro regime alimentar, ainda que sua conformação não seja consensual. O principal CAI transnacionalizado, por assim dizer, foi o de carnes (Friedmann, 1991).

> O complexo intensivo de carnes integrou setores agrícolas recém-especializados – nomeadamente os produtores de animais e grãos separados e a introdução dramática de vastas áreas de produção de soja – para além das fronteiras nacionais. A integração ocorreu primeiro entre os países capitalistas avançados e, em seguida, incorporou certos países periféricos e até mesmo socialistas. (Friedmann; McMichael, 1989, p.105)

A soja, que até os anos 1970 era praticamente um monopólio dos EUA no comércio internacional, é parte primordial desse CAI. A esse complexo seguiram-se os outros de alimentos duráveis derivados de trigo, milho, oleaginosas e açúcares. Os açúcares eram provenientes principalmente dos países tropicais, mas com o avanço da engenharia alimentar, especificamente do processo de substitucionismo, descrito no Capítulo 3, alternativas às importações foram desenvolvidas dentro dos países do Norte, o que tinha o objetivo de encontrar demanda para os produtos excedentes, como o milho e a soja.

No percurso da transnacionalização das indústrias alimentícia e de rações na periferia do sistema, as empresas multinacionais se tornaram interessadas na abertura do comércio internacional e na expansão da produção de commodities altamente padronizadas e de preço baixo. Com a elevação da renda no plano internacional, o consumo de carne aumentou significativamente, sendo esta uma característica importante do segundo regime alimentar.

> Para suprir esse consumo, os produtores de gado tornaram-se cada vez mais ligados aos compradores corporativos que coletavam, classificavam, embalavam e distribuíam carne, ovos e leite em escala crescente, e fabricavam produtos alimentícios e refeições inteiramente novos que continham produtos de origem animal como ingredientes. (Friedmann, 1991, p.74)

Essas operações ocorriam em vários países e, apoiados numa lógica de ganhos de escopo e escala, aumentar a oferta de matéria-prima padronizada se tornava cada vez mais importante para esses capitais.

O problema da superprodução de algumas commodities nos EUA, portanto, buscava solução nas nascentes cadeias produtivas transnacionais. Paralelamente, porém, a difusão do modelo americano de produção agroalimentar, intensivo em tecnologia e utilizando inclusive subsídios, da mesma forma que os americanos, para Europa, Austrália e Canadá ampliou bastante as capacidades agrícolas daquelas regiões ao longo dos anos 1960 e 1970, tornando-as competidoras dos EUA. Uma consequência disso foi a pressão para baixo sobre os preços internacionais (Clapp, 2012a). Posteriormente se somaram a eles países do Terceiro Mundo, sendo o mais importante o Brasil (Friedmann, 1993). Em tal contexto, as políticas agrícolas de proteção à renda se tornavam ainda mais importantes, já que o preço caía, enquanto a restrição de acesso a mercados e a utilização de subsídios de exportação passaram a ser mais questionadas no cenário internacional em decorrência dos seus efeitos agregados.

Esse sistema, é relevante destacar, era arquitetado tendo-se em conta o estancamento do comércio com o bloco comunista. Contudo, quando a URSS passou a comprar uma gigantesca quantidade de trigo em 1972-1973, os preços subiram significativamente, impondo, inclusive, uma carestia aos mais pobres nos países dependentes de importações. O surto da demanda foi tão forte que, pela primeira vez em tempos de paz, um presidente, Richard Nixon, teve de embargar exportações americanas para evitar o desabastecimento doméstico, como mencionado na Introdução deste livro. Os presidentes Gerald Ford e Jimmy Carter também se viram obrigados a controlar as exportações de alguns tipos de grãos (Gardner, 2006). Nesse renovado contexto de alta demanda externa, o governo americano deu um vigoroso impulso à expansão do agronegócio, por via do incentivo à adoção de meios mais avançados de produção. As consequências disso foram variadas. Houve efetivo aumento da oferta e um crescimento espetacular das exportações americanas (veja Gráfico 5.1 a seguir), gerando importante receita ao país numa época de aumento do preço do petróleo e movimentando o agronegócio como um todo. Nesse período, tamanha foi a crise de escassez internacional e a evidência da enorme capacidade agroalimentar americana que o governo dos EUA considerou também utilizar alimentos como recurso de poder para efeitos de política externa, do mesmo modo que os países da OPEP faziam com o petróleo. A empolgação com a transformação do celeiro do mundo num arsenal de poder maior do que ele poderia ser foi breve e amplamente contestada, mas compôs também o incentivo aos investimentos agroindustriais (Burbach; Flynn, 1980; Portillo, 1987; Le Heron, 1993; Lima, 2014).

Com o aumento dos investimentos, da produção e das exportações, outras consequências relevantes desse processo foram a especulação fundiária e o alto endividamento das fazendas, como destacado no Capítulo 4. Não é demais frisar esse ponto, pois ele reafirma a conexão dos interesses não agrícolas com a agricultura.

> Na década de 1970, os bancos estenderam crédito para expandir essa relação em ambas as direções. Fazendas aumentavam os investimentos, geralmente por meio da expansão da terra, e os países do Terceiro Mundo faziam empréstimos para financiar a importação de (entre outras coisas) alimentos. Essa expansão extravagante do sistema foi inspirada pela mesma coisa que estava a miná-lo permanentemente. O aumento dramático do preço de trigo, que ao mesmo tempo produziu um *boom* dos

Gráfico 5.1: Comércio agrícola dos EUA, 1935-2010 (USD bilhões)

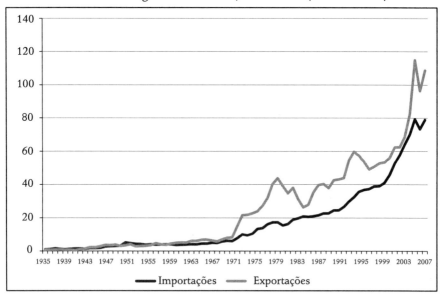

Fonte: Elaboração própria a partir do banco de dados do Economic Research Service do USDA, disponível em: http://www.ers.usda.gov/Data/FATUS/.

preços para os agricultores e uma crise de escassez para os importadores do Terceiro Mundo, foi precipitada pelos grandes acordos soviético-americanos de grãos de 1972-1973. O isolamento dos blocos comerciais na Guerra Fria tinha sido uma condição de estabilização do segundo regime alimentar. No entanto, as dificuldades da dependência das importações de alimentos, e as potenciais crises políticas dos novos proletários em países do Terceiro Mundo, não foram equilibrados pela expansão de mercados para os agricultores americanos. Outros países, não só os concorrentes de exportação de trigo tradicionais, mas também da Europa, começaram a competir, usando subsídios à exportação e todos os outros itens no arsenal americano de estratégias comerciais internacionais. Os preços despencaram e, com eles, os preços da terra inflacionados pelo *boom* especulativo, gerando uma crise da dívida no *heartland* dos grãos. (Friedmann; McMichael, 1989, p.105)

Nos anos 1980 o enorme mercado soviético já havia sido saciado. Adicionalmente, uma crise econômica vivenciada pelo bloco oriental havia diminuído seu poder de compra. A queda na demanda teve consequências catastróficas para a economia rural americana, conforme abordado no capítulo anterior. Como uma maneira de tentar sustentar as vendas, os EUA utilizaram seu poder econômico na forma de bônus, garantias e subsídios para viabilizar suas exportações para os soviéticos. Entre várias formas de subsídios, no "final de 1991, o presidente Bush ofereceu à União

Soviética USD 1 bilhão de dólares em garantias de crédito para a compra de rações. Entre 1987 e 1991, os EUA deram mais de USD 708 milhões em bônus para a compra soviética de trigo" (Friedmann, 1993, p.42). As transações comerciais subsidiadas entre as duas superpotências eram tão grandes que eram capazes de pressionar para baixo o preço internacional das commodities.

A crise econômica no campo americano nos anos 1980 foi severa e sua superação também contou com a utilização de subsídios agrícolas domésticos. No final da década, entretanto, novas perspectivas comerciais se abriam para o agronegócio com o fim da União Soviética e a conversão de suas repúblicas socialistas ao capitalismo. Paralelamente, os ajustes estruturais neoliberais promovidos pelo Fundo Monetário Internacional e pelo Banco Mundial nos países em desenvolvimento com dificuldades econômicas e de balanço de pagamentos deram sua contribuição para a abertura daqueles mercados. Os países em desenvolvimento também praticavam restrições às importações de alimentos e subsidiavam em algum grau a produção, mas, ao adotar as reformas liberalizantes, enfrentaram surtos de importação de alimentos provenientes do Norte. Além de as exportações serem subsidiadas, os fornecedores provenientes dos países desenvolvidos ofereciam uma maior confiabilidade na entrega de seus produtos aos centros urbanos, dada sua capacidade logística e de produção. Isto é, para os distribuidores dos centros urbanos, em muitos casos era mais confiável adquirir alimentos que viessem do exterior do que depender dos fornecedores do interior do país (Clapp, 2012a). O Gráfico 5.2 a seguir ilustra a modificação da balança comercial de alimentos dos países menos desenvolvidos.

Uma resposta americana a essa conjuntura internacional, que colocava no horizonte novamente um possível aumento espetacular da demanda, foi a eliminação das restrições de áreas cultiváveis para quase todas as commodities na Farm Bill de 1996, conhecida como FAIR Act (Sheingate, 2001; Gardner, 2006; Conkin, 2009). Outros motivos e forças estiveram vinculados a essa decisão, mas as rápidas transformações do sistema internacional, para uma direção mais livre-cambista, favoreciam a liberação das forças produtivas agrícolas norte-americanas. Isso, evidentemente, agradava aos fornecedores de insumos, aos processadores de matéria-prima, aos donos de terras e aos bancos. Os primeiros contariam com um aumento da demanda e os segundos com um aumento de oferta; os terceiros teriam preços elevados e os últimos expandiriam seus empréstimos.

No entanto, de maneira similar ao que ocorrera no começo dos anos 1980, a pujança que durou de meados daquela década até meados dos anos 1990 foi seguida de uma crise que eclodiu em 1998. Até então, o excelente desempenho exportador havia alimentado as forças liberalizantes contrárias à intervenção estatal, resultando na Farm Bill de 1996. Porém, assim que a depressão nos preços agrícolas se materializou, fruto da famigerada Crise

Asiática, do acirramento da competição dos agroexportadores[2] e da tradicional superprodução doméstica americana, que dessa vez veio conjugada com o aumento da área plantada, as forças protecionistas rapidamente puseram o Estado em ação.

Gráfico 5.2: Balanço comercial agrícola dos países de menor desenvolvimento relativo, 1961-2006 (USD milhões)

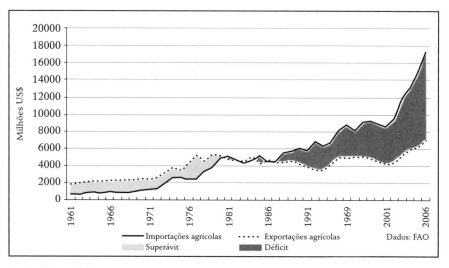

Fonte: Clapp (2012a).

Em outubro [de 1998], o Congresso aprovou um projeto de lei de dotações agrícolas de USD 55,9 bilhões que incluíam USD 4,2 bilhões em pagamentos assistenciais adicionais. Quando Clinton vetou a conta da despesa agrícola, o Congresso aumentou o pacote de emergência para USD 5,9 bilhões e adicionou USD 1 bilhão em incentivos fiscais ao longo de cinco anos. Como o processo continuou até 1999, o Congresso aprovou um projeto de lei agrícola com dotações emergenciais de USD 8,7 bilhões. (Sheingate, 2001, p.210)

Até então, os programas de subsídios haviam sido utilizados, ainda que de forma malograda, para incentivar os produtores a participar de programas de controle de produção e redução de oferta. As reformas liberalizantes de 1996, contudo, eliminaram esse tipo de instrumento e, desde então, cada vez mais os subsídios vêm se tornando exclusivamente apoio à renda das

---

2 A Índia, por exemplo, que era uma grande importadora de grãos americanos nos anos 1970, tornou-se importante exportadora de grãos nos 1990 com a adoção da Revolução Verde. Isso não significou, porém, que o problema da insegurança alimentar tenha sido superado (Pritchard, 2009).

fazendas, confirmando a tendência iniciada nos anos 1970 e acirrada nos anos 1980 (Glenna, 2003; Conkin, 2009; Ray; Ugarte; Tiller, 2010).

É preciso destacar que, se nos anos 1980 Reagan tinha como objetivo inicial diminuir os gastos com os programas agrícolas, inclusive como uma forma de reverter o quadro orçamentário negativo, e ainda assim cedeu às pressões protecionistas, nos anos 1990 o contexto oposto dificultava ainda mais a resistência de Clinton, pois o orçamento da União havia se tornado positivo.

Murphy, Lilliston e Blake (2005, p.5) calcularam os impactos do processo resultante da Farm Bill de 1996, isto é, a eliminação das restrições de cultivo e a posterior concessão de subsídios. Os resultados apontam para "salto significativo no dumping das exportações quando comparadas os sete anos (1990-1996) anteriores à Farm Bill de 1996 com os sete anos posteriores (1997-2003)". Em média, os aumentos foram de:

- Trigo – 27% a 37%;
- Soja – 2% a 11,8%;
- Milho – 6,8% a 19,2%;
- Algodão – 29,4% a 48,4%;
- Arroz – 13,5% a 19,2%.

Em outras palavras, a solução, mais uma vez, veio na forma de subsídios agrícolas em leis emergenciais até que, na Farm Bill de 2002, o protecionismo fosse devidamente recriado. Adicionalmente, como evidência da primazia dos interesses domésticos sobre os internacionais, a despeito de o Acordo sobre Agricultura da Rodada Uruguai estabelecer compromissos de redução de subsídios agrícolas, especialmente os de exportação, a lei de 2002 na verdade aumentou as subvenções governamentais e as commodities elegíveis (Conkin, 2009).

Enfim, o que pretendemos mostrar nesta seção foi que, desde o século XIX, a economia agrícola americana teve uma vocação exportadora e que, na segunda metade do século XX, as exportações se tornaram cada vez mais necessárias. Para isso, os subsídios foram fundamentais, tanto para viabilizar as vendas quanto para sustentar a produção quando estas eram insuficientes. Cabe ver adiante o que isso significou em termos de regras comerciais, isto é, do regime multilateral de comércio.

Antes, entretanto, é importante mencionar uma mudança recente no padrão de exportações dos Estados Unidos, que talvez possa afetar em algo o regime alimentar internacional. Historicamente, a maior parte das exportações agrícolas dos EUA foram compostas por commodities básicas (arroz, trigo, milho, oleaginosas, algodão, tabaco etc.), mas, a partir de 1991, elas foram ultrapassadas por produtos agrícolas de valor unitário mais alto (*high value products* – HVP), como carnes, frangos, óleos vegetais, verduras, frutas e bebidas (ERS, 2012). O Gráfico 5.3 a seguir mostra essa mudança.

Ademais, é importante mencionar que a parcela da renda que fica com as fazendas como resultado das exportações é de 31% no caso das commodities básicas e de 20% no caso dos produtos de alto valor (ERS, 2013b).

Gráfico 5.3: Expansão das exportações agrícolas de commodities básicas (*bulk*) e de produtos de alto valor agregado (*high value products* – HVP), 1989-2011 (USD bilhões)

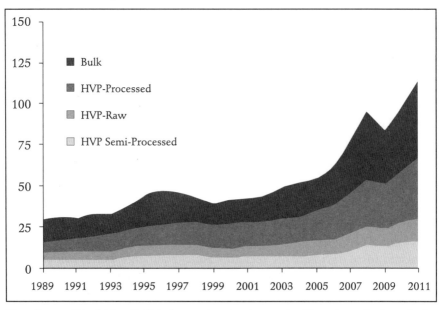

Nota: Commodities básicas (*bulk*) incluem grãos, oleaginosas, algodão e tabaco. Produtos de alto valor *in natura* (HVP Raw) incluem animais vivos, frutas e legumes frescos, castanhas e produtos para viveiros. HVP semiprocessados incluem gorduras, sementes, fibras, farinha, tortas, óleos e produtos de açúcar. HVP processados incluem carne, leite, produtos de grãos, frutas e legumes.

Fonte: ERS (2012).

O GATT: livre-mercado em manufaturas, intervencionismo em agricultura

Os parâmetros de um regime alimentar internacional podem ser apreendidos, ainda que não completamente, pelo Direito Internacional, pois regras explícitas na forma de tratados internacionais podem ajudar a moldar um determinado regime e, no caso do alimentar, as regras do GATT foram da maior importância para estabelecer o segundo regime alimentar. Isso porque desde o início das negociações do Acordo Geral sobre Tarifas e Comércio (GATT – em inglês) os produtos agrícolas foram tratados de forma diferente dos industrializados, principalmente por demanda dos Estados Unidos.

Esta seção busca apontar essa diferença, com o objetivo de demonstrar que, se internamente os subsídios agrícolas são necessários para o funcionamento dos CAI da forma como são, externamente esses subsídios precisaram ser reconhecidos como legítimos e ao mesmo tempo não se tornar empecilhos à abertura dos mercados agrícolas internacionais.

Do ponto de vista institucional internacional, o regime alimentar teria como momento fundante 1947 e a conclusão do GATT. Uma alternativa anterior, a World Food Board (WFB), fora derrotada numa reunião em agosto daquele ano, em Washington, com a oposição dos anfitriões e da Grã-Bretanha. A WFB seria localizada no seio da FAO e responsável por administrar a oferta de alimentos visando à prevenção da instabilidade dos preços, assim como a ajuda alimentar (Friedmann, 1993).

O GATT seria, inicialmente, uma parte componente da natimorta Organização Internacional do Comércio (OIC). O maior motivo para o fracasso da OIC foi a recusa do Congresso dos Estados Unidos de ratificar a participação do país na organização. Tal era a repulsa ao teor da OIC que o Executivo nunca chegou a enviar o tratado para aprovação do Legislativo, entre outros motivos por causa de suas cláusulas agrícolas, que não se ajustavam à arquitetura dos programas agrícolas americanos. Se a OIC não chegou a ser estabelecida, o GATT se tornou o instrumento jurídico fundamental do regime multilateral de comércio (Cruz, 2005; Barton et al., 2006; Winham, 2008; Oliveira, I., 2011).

O fato de que os programas agrícolas do New Deal estavam em franco desacordo com as ideias e propostas de uma ordem econômica internacional liberal já estava claro para o governo americano pelo menos desde 1936 (Goldstein, 1993). Reconhecendo esse fato, o presidente Roosevelt solicitou ao Congresso que ao menos os subsídios à exportação fossem eliminados, mas isso não foi atendido, tornando a política comercial dos Estados Unidos inerentemente incoerente, com divisões inconciliáveis até no nível departamental.

> Em suma, enquanto os Estados Unidos embarcavam na criação de um novo regime de comércio internacional, a sua própria política interna estava abarrotada de inconsistências. Embora o Departamento de Estado fosse inequívoco sobre os benefícios da liberalização do comércio multilateral para a economia americana, o Departamento de Agricultura declarou simultaneamente que, sob nenhuma condição, os Estados Unidos poderiam delegar o controle sobre as proteções de importação de produtos agrícolas. (Goldstein, 1993, p.158)

Essa contradição doméstica foi levada à mesa de negociação internacional como posição oficial dos Estados Unidos. Assim, em 1947, durante a Conferência das Nações Unidas para o Comércio e o Emprego, em Genebra, onde se discutia a criação da OIC, os americanos explicitaram que os acordos comerciais dos quais os Estados Unidos viessem a participar deveriam contar com ao menos quatro exceções inegociáveis: 1) a possibilidade de elevar salvaguardas em casos de surto de importações; 2) restrições quantitativas à importação de produtos agrícolas deveriam ser permitidas, desde que constassem em programas previamente estabelecidos; 3) subsídios a exportações agrícolas seriam permitidos; 4) revogação de qualquer obrigação do tratado em caso de segurança nacional. Uma das funções primordiais dessas exceções era justamente garantir o funcionamento do programa agrícola americano (Goldstein, 1993). Com o fracasso da criação da OIC, essas exceções foram aplicadas ao GATT (Barton et al., 2006).

O GATT fora criado para lidar com a liberalização do comércio de bens, o que incluía os produtos agrícolas (Clapp, 2012a; Oliveira, I., 2011). Seu texto, porém, excetuava tais produtos de diversos compromissos. O Artigo 11 do GATT (1947) estipulava a eliminação geral das restrições quantitativas ao comércio, mas eximia do compromisso:

> (a) proibições ou restrições aplicadas temporariamente à exportação para prevenir ou remediar uma situação crítica, devido a uma penúria de produtos alimentares ou de outros produtos essenciais para a Parte Contratante exportadora;
>
> (b) proibições ou restrições à importação e à exportação necessárias à aplicação de normas ou regulamentações referentes à classificação, controle da qualidade ou venda de produtos destinados ao comércio internacional;
>
> (c) restrições à importação de qualquer produto agrícola ou de pescaria, seja qual for a forma de importação desses produtos, quando forem necessárias à aplicação de medidas governamentais que tenham por efeito:
>
> > (i) restringir a quantidade do produto nacional similar a ser posta à venda ou produzida, ou na falta de produção nacional importante do produto similar, a quantidade de um produto nacional que o produto importado possa substituir diretamente;
> >
> > (ii) reabsorver um excedente temporário do produto nacional similar ou, na falta de produção nacional importante do produto similar, de um produto nacional que o produto importado possa substituir diretamente colocando esse excedente à disposição de certos grupos de consumidores do país gratuitamente ou a preços inferiores aos correntes no mercado; ou
> >
> > (iii) restringir a quantidade a ser produzida de qualquer produto de origem animal cuja produção depende diretamente, na totalidade ou na maior parte, do produto importado, se a produção nacional deste último for relativamente desprezível.

Mesmo na ausência de uma organização internacional, a preocupação dos legisladores americanos com a possibilidade de acordos com outros países levarem a um desmantelamento das políticas agrícolas protecionistas era tamanha que, em 1951, a lei que autorizava o presidente a negociar acordos de liberalização comercial "formalmente declarou que os acordos comerciais não poderiam ser concluídos se violassem os programas agrícolas existentes" (Goldstein, 1993, p.157).

Em obediência à demanda congressual, os Estados Unidos conseguiram negociar no âmbito do GATT uma suspensão (*waiver*) das suas obrigações referentes às restrições quantitativas (Oliveira, I., 2011). É que o programa agrícola instaurado nos anos 1930 estabelecia quotas para determinadas commodities que não se coadunavam com as exceções às regras do regime multilateral recém-criado e, a despeito disso, as quotas continuaram em vigor. Em 1955 o problema legal foi solucionado por meio da instituição da cláusula XXV do GATT, conhecida como a "Cláusula do Avô". Seu item 5, abaixo, é que nos interessa:

> Em circunstâncias especiais não previstas em outros artigos do presente Acordo, as Partes Contratantes poderão dispensar uma Parte Contratante de uma das obrigações que lhe forem impostas pelo presente Acordo, com a condição de que tal decisão seja aprovada por maioria de dois terços dos votos expressos, compreendendo essa maioria mais da metade das Partes Contratantes. As Partes Contratantes poderão igualmente: (i) determinar certas categorias de circunstâncias excepcionais às quais serão aplicáveis outras condições de voto para isentar uma Parte Contratante de uma ou mais obrigações; (ii) prescrever os critérios necessários à aplicação do presente parágrafo.

Com essa cláusula, que vigorou até a criação da OMC, os Estados Unidos conseguiram legitimar suas quotas de importação agrícolas argumentando que as regras do GATT não deveriam se aplicar a políticas que existiam anteriormente à criação do acordo.

Outra importante reforma proposta pelos EUA, e de maior interesse para o nosso tema, refere-se a subsídios (Oliveira, I., 2011). Pode-se dizer que nos primórdios do regime os subsídios não foram um tema que despertara muita controvérsia, mas em meados de 1955 a questão demandava ação. Naquele ano, a Cláusula XVI do GATT estabeleceu o objetivo de proibir a subvenção de exportações. Mais uma vez, porém, os produtos agrícolas, incluídos no conjunto dos "produtos de base", foram isentados do compromisso, como se lê nos itens 3 e 4 da Seção B da cláusula mencionada:

> 3. [...] as Partes Contratantes deveriam se esforçar no sentido de evitar a concessão de subvenções à exportação de produtos base. Contudo, se uma Parte Contratante concede diretamente ou indiretamente, sob uma forma qualquer, uma subvenção

que tenha por efeito aumentar a exportação de um produto de base originária de seu território, essa subvenção não será concedida de tal maneira que a mencionada Parte Contratante detenha então uma parte mais do que razoável do comércio mundial de exportação do mesmo produto, tendo em vista a participação das Partes Contratantes no comércio desse produto durante um período de referência anterior, assim como todos os fatores especiais que possam ter afetado ou que possam afetar o comércio em questão.

4. Além disso, a partir de 1º de janeiro de 1958, ou o mais cedo possível depois desta data, as Partes Contratantes cessarão de conceder direta ou indiretamente qualquer subvenção, de qualquer natureza que seja, à exportação de todo produto que não seja produto de base, que tenha por resultado reduzir o preço de venda na exportação desse produto abaixo do preço comparável cobrado aos consumidores do mercado interno para o produto similar. Até 31 de dezembro de 1957, nenhuma Parte Contratante estenderá o campo de aplicação de tais subvenções além do nível existente em 1º de janeiro de 1955, instituindo novas subvenções ou estendendo as subvenções existentes.

Todas essas reformas foram arranjadas com o objetivo de proteger e legitimar as políticas agrícolas intervencionistas criadas nos anos 1930, inclusive o programa de subsídios. Ao serem institucionalizadas no regime multilateral de comércio, no entanto, criaram condições para que outros países emulassem a fórmula mercantilista americana de, simultaneamente, fechar o acesso ao seu mercado e impulsionar a produção e a exportação por meio de subsídios. Os países faziam isso na medida de suas capacidades econômicas e, em virtude dos elevados custos imediatos dessa fórmula – que domesticamente cria preços mais altos e empenha soma considerável de recursos públicos –, foram os países desenvolvidos que mais recorreram a ela com maior sucesso, embora países em desenvolvimento também a utilizassem, mas sem conseguirem aumentar espetacularmente sua produtividade (Friedmann, 1993; Clapp, 2012a).

Um dos principais efeitos dessa legitimação protecionista foi criar condições para que os grãos excedentes dos países desenvolvidos fossem desovados no mercado internacional, derrubando preços ao longo da segunda metade do século XX (com exceção de um breve período nos anos 1970) e, assim, deslocando não só as exportações, mas também a produção agroalimentar de muitos países pobres. Por um lado, é preciso lembrar, os alimentos baratos tinham impacto positivo para conter a inflação, mas, por outro, colocavam pesados empecilhos à prosperidade dos setores rurais da maior parte dos países periféricos que têm, no campo, a maior parte de sua força de trabalho.

A questão dos subsídios volta a ser discutida mais enfaticamente nos anos 1970, quando foram se tornando mais explícitos os efeitos distorcivos e "desleais" que as subvenções governamentais produziam nos fluxos comerciais. Agravava a situação o fato de ser um período de crescentes dificuldades orçamentárias, entre outras coisas por conta das crises do petróleo. Assim, na Rodada Tóquio do GATT (1973-1979), criou-se um acordo plurilateral e de adesão *à la carte*, o Código sobre Subsídios, e ao final da Rodada Uruguai (1986-1994) foram criados dois textos obrigatórios para todos os membros da OMC, o ASMC e o AA. Esses textos, como veremos, registraram compromissos de liberalização, mas, ao mesmo tempo, reservaram espaço legítimo para a prática de subsídios.

Na verdade, o protecionismo agrícola dos países desenvolvidos foi questionado durante toda a segunda metade do século XX. Nas rodadas de negociação do GATT e nos encontros da Conferência das Nações Unidas sobre Comércio e Desenvolvimento (UNCTAD), os países em desenvolvimento – que aumentavam em quantidade devido aos processos de descolonização e passavam a aceder às instituições internacionais, como as duas citadas – intensificavam o volume da crítica à hipocrisia do protecionismo agrícola em meio à constante pressão de liberalização dos mercados de manufaturados e da conta de capitais. Diante de toda essa pressão, foi decisiva a criação do grupo de Cairns[3] em 1986, com a participação de países desenvolvidos e em desenvolvimento para colocar a liberalização do comércio agrícola na agenda da Rodada Uruguai (Narlikar, 2003; Guimarães, 2005).

O grupo de Cairns, que detinha cerca de um quarto das exportações agrícolas mundiais, era formado por países que não utilizavam subsídios em volume tão alto como Estados Unidos, União Europeia e outros. No geral, buscavam a liberalização em três dimensões: acesso a mercados, apoio doméstico e subsídios à exportação.

No que se refere aos subsídios, estima-se que, em meados da década de 1980, os países da Organização para a Cooperação e Desenvolvimento Econômico (OCDE) gastavam cerca de USD 300 bilhões por ano em subvenções e cerca de 40% da renda dos produtores agrícolas daqueles países era composta por subsídios (Clapp, 2012a). No que tocava aos Estados Unidos e à União Europeia, esses pagamentos compunham parte da guerra comercial agrícola travada por eles por mercados externos. Esse alto montante de pagamentos governamentais preocupava setores dos governos dos próprios pagadores e, no caso do governo dos EUA, incluir os subsídios na Rodada Uruguai foi uma estratégia para tentar conter os seus próprios pagamentos nessa área (Moyer; Josling, 1990). Para que isso fosse viável, acreditava-se, era preciso que os outros grandes subsidiadores também aderissem à

---

3 Integrantes do grupo de Cairns: Argentina, Austrália, Bolívia, Brasil, Canadá, Chile, Colômbia, Costa Rica, Guatemala, Indonésia, Malásia, Nova Zelândia, Paquistão, Paraguai, Peru, Filipinas, África do Sul, Tailândia e Uruguai. Esses países eram responsáveis por cerca de um quarto das exportações agrícolas mundiais (Clapp, 2012a).

perspectiva de redução desses pagamentos, já que aqueles recursos eram utilizados para dar vantagem competitiva aos produtores domésticos. Isto é, uma redução unilateral dos subsídios daria enorme vantagem competitiva aos concorrentes, o que era inadmissível.

O fato é que ao final da Rodada Uruguai os subsídios agrícolas foram regulamentados no regime multilateral de comércio, classificados em "caixas", e, além disso, foram incluídos compromissos de liberalização (Barton et al., 2006; Clapp, 2012a).

Os artigos 3, 6, 7, 8, 9, 10 e 11 do Acordo sobre Agricultura, seus anexos 2, 3 e 4, bem como a Seção 1 da Parte IV das Listas de Compromissos dos Membros trazem os resultados da negociação sobre subsídios agrícolas domésticos e de exportação. Complementa a questão o Acordo sobre Subsídios e Medidas Compensatórias, que traz parâmetros gerais mais precisos para os subsídios domésticos. Dada a complexidade e o tamanho dos textos, entendemos ser mais objetivo apontar uma síntese das disposições.

Os países desenvolvidos se comprometeram a reduzir o conjunto total de subsídios domésticos de apoio à produção em 20% com referência aos níveis pagos em 1986-1988 num prazo de seis anos. As reduções dos países em desenvolvimento seriam de 13% em dez anos e os países de menor desenvolvimento relativo seriam isentos de qualquer redução. Quanto aos subsídios à exportação, ficou proibida a criação de novos programas e foram estabelecidas metas de redução. Os gastos orçamentários com esse tipo de subvenção deveriam ser reduzidos em 36% e o volume total em 21% num prazo de seis anos. Já os países em desenvolvimento teriam dez anos para reduzir 25% dos seus subsídios à exportação.

Mesmo tendo o acordo produzido metas modestas de redução, Estados Unidos e União Europeia se esforçaram para incluir exceções (Guimarães, 2005), como se lê no Parágrafo 1 do Artigo 6 do Acordo sobre Agricultura:

> Os compromissos de redução do apoio interno de cada Membro contidos na Parte IV de sua Lista serão aplicados à totalidade de suas medidas de apoio interno em favor de produtores agrícolas, com exceção das medidas internas que não estejam sujeitas a redução, nos termos dos critérios estabelecidos no presente Artigo e no Anexo 2 do presente Acordo. Os compromissos são expressos em termos da Medida Agregada de Apoio Total e dos Níveis de Compromisso Anual e Final Consolidados.

Foram excetuados dos compromissos de redução os subsídios domésticos considerados minimamente distorcivos (caixa verde, onde se incluem os pagamentos diretos), bem como aqueles pagos como contrapartida a medidas de restrição da produção (caixa azul). Ademais, os subsídios distorcivos (caixa amarela) poderiam ser isentados de redução no equivalente a 5% do valor do total da produção agrícola, assim como 5% do valor de cada commodity subsidiada (os países em desenvolvimento poderiam aplicar essas exceções em 10%). No geral, as exceções totais alcançaram cerca de 60% dos subsídios dos países da OCDE (Clapp, 2012a).

É importante destacar, também, que os anos-base para o cálculo das reduções, 1986-1988, foram anos de subvenções atipicamente altas, posto que faziam parte do esforço de combate à crise agrícola dos anos 1980, como mencionado no Capítulo 4. Ou seja, uma certa redução já seria esperada normalmente, tendo em vista o histórico de pagamentos. Por fim, a ajuda alimentar, severamente criticada como *dumping*, não foi sujeita a compromissos de redução, mesmo havendo outras formas de se fornecer esse tipo de auxílio (Clapp, 2012b).

A análise consensual é que a barganha agrícola não produziu um bom resultado para os países em desenvolvimento. "Em suma, as políticas agrícolas nacionais dos principais países industrializados foram apenas obrigadas a passar por mudanças relativamente menores para colocá-los em conformidade com o acordo, e os seus mercados são marginalmente mais abertos do que no início da Rodada Uruguai" (Barton et al., 2006, p.105). Os subsídios agrícolas, mesmo com toda a crítica e contestação da segunda metade do século XX, tanto internacionais quanto domésticas, continuaram significativamente protegidos pelo regime multilateral de comércio.

Além da institucionalização de exceções, Estados Unidos e União Europeia fizeram questão de instaurar a chamada Cláusula da Paz no Acordo sobre Agricultura. Entre outras coisas, o artigo reza o seguinte:

a) As medidas de apoio interno que estejam totalmente em conformidade com as disposições do Anexo 2 do presente Acordo:

i) constituirão subsídios não acionáveis para os propósitos de direitos compensatórios;

O Artigo 13 buscava inviabilizar, assim, sob certas circunstâncias, que os membros da OMC acionassem o Órgão de Solução de Controvérsias para questionar a concessão de subsídios de apoio doméstico durante um período de transição, dedicado a efetivar os compromissos de redução, por um prazo de dez anos.

Com relação a acesso a mercados, os PD se comprometeram a diminuir suas tarifas em 36% em média, com redução mínima de 15% por produto, em seis anos, enquanto para os PED os percentuais foram de 24% e 10%, respectivamente, em dez anos. O *waiver* conferido aos EUA em 1955 foi retirado. No processo de tarificação das quotas, porém, novos picos tarifários foram consolidados tanto por PED quando por PD, o que acabou por limitar a profundidade da liberalização, algo que interessava principalmente aos EUA e à União Europeia (Oliveira, I., 2011; Barton et al., 2006). Em 1995, por exemplo, os PED aplicavam tarifas de 94% e 90% para importação de trigo e milho, enquanto os países da OCDE cobravam 214% e 194% respectivamente (Clapp, 2012a).

A Tabela 5.1 a seguir sumariza a tímida liberalização do comércio agrícola na Rodada Uruguai.

Tabela 5.1: Síntese dos compromissos de liberalização agrícola

	Países Desenvolvidos 6 anos: 1995-2000	Países em Desenvolvimento 10 anos: 1995-2004
TARIFAS		
Redução média para todos os produtos agrícolas	-36%	-24%
Redução mínima por produto	-15%	-10%
APOIO DOMÉSTICO		
Redução no total do apoio doméstico do setor (AMS)	-20%	-13%
Exportações		
Valor dos subsídios (orçamento)	-36%	-24%
Quantidade de subsídios	-21%	-14%

Fonte: OMC (s/d), adaptado pelo autor.

Passado o período de implementação da Rodada Uruguai, o que se observa é que os países desenvolvidos não cumpriram o acordado, tanto é que o tema é um eixo das negociações da Rodada Doha, tocada com um grande senso de que houve injustiça na rodada derradeira do GATT. É bastante consensual a avaliação de que:

> Visto através do prisma histórico-mundial de análise de regimes alimentares, o período compreendido entre o início da Rodada Uruguai em 1986 até a reunião de Seattle em 1999 representa uma política global de alimentos em que os interesses da elite do Norte desenvolveram uma estratégia para criar e usar a OMC como uma ferramenta para preservar os seus próprios regimes de subsídios e, ao mesmo tempo, impor liberalização sobre o resto do mundo. Em 1998, McMichael observou com perspicácia que o sistema mantém uma ordem política na qual "o acesso comparativo aos subsídios", ao contrário de vantagem comparativa, é a principal arma de penetração no mercado de agroexportação. (Pritchard, 2009, p.302)

Clapp (2012a) aponta que, ao invés de presenciarmos uma redução nas subvenções agrícolas, o que se nota é um aumento nos pagamentos. De cerca de USD 275 bilhões em 1986, os países da OCDE passaram a desembolsar cerca de USD 380 bilhões de subsídios agrícolas em 2009. Grande parte desse aumento ocorreu nos pagamentos feitos pela "caixa verde" e pela "caixa azul", que praticamente dobraram de tamanho.

Cálculos feitos por Murphy, Lilliston e Blake (2005) apontaram o *dumping* produzido em grande parte pelos subsídios agrícolas americanos: trigo 28%; soja 10%; milho 10%; algodão 47%; arroz 26%. Esses percentuais se referem ao quanto inferior eram os preços americanos em relação aos seus próprios custos de produção. A pesquisa completa realizada pelas autoras analisou os custos de produção e os preços de exportação entre 1990 e 2003 e concluiu que, a despeito da criação do AA, da OMC, a prática de *dumping* aumentou. Ironicamente, afirmam as autoras: "Ambas as Farm Bills, de 1996 e 2002, foram dirigidas por esforços para torná-las compatíveis com as regras da OMC. O resultado tem sido a institucionalização de práticas de *dumping* na política agrícola dos EUA" (Murphy; Lilliston; Blake, 2005, p.4).

Apesar de algumas reformas, porém, diversos programas de subsídios agrícolas foram flagrados como irregulares pelo sistema de solução de controvérsias da OMC e, a despeito disso, continuaram em vigor. Não convém detalhar essas negociações agrícolas. Para o nosso objetivo, o que importa é demonstrar a relevância dos subsídios agrícolas para os Estados Unidos. Prova disso, ao longo do tempo, é o esforço de legitimar as subvenções no regime comercial multilateral, bem como a incapacidade de recuar na utilização desse instrumento de poder mesmo quando as regras internacionais assim determinam.

Na linha do argumento que tecemos neste capítulo, cabe frisar que os subsídios à exportação ainda são um eixo do regime alimentar internacional, o que não deixa de ser gritante. Nas palavras de Barton et al. (2006, p.105): "Talvez a 'exceção' agrícola mais importante é que ainda existem os subsídios à exportação, e que estão em vigor de forma legitimada por meio da sua incorporação às listas nacionais. Tais subsídios ainda dominam o mercado de produtos lácteos e açúcar e têm efeitos depressivos sobre os preços dos cereais". Dessa vez, porém, não são os Estados Unidos o ator que têm maior interesse nessa ferramenta, visto que é a União Europeia que mais recorre a ele, conforme apresentado no Capítulo 2. No entanto, apesar de os subsídios americanos serem considerados domésticos, é por causa deles que certas commodities são competitivas no exterior.

Considerações finais

Os eventos brevemente descritos acima tiveram o objetivo de delinear a ordem econômica alimentar internacional do século XX e princípios do XXI. Especificamente, buscamos demonstrar a capacidade de os Estados Unidos ajustar o ambiente internacional às suas preferências domésticas, bem como argumentar que há uma profunda integração entre o doméstico e o internacional para a manutenção do funcionamento dos CAI. Na perspectiva do nosso argumento, isso significa que aquele Estado conseguiu moldar em grande medida o regime comercial multilateral de modo a acomodar seu programa agrícola protecionista e, assim, evitar os custos de um ajuste recessivo causado por preços baixos decorrentes da insuficiente demanda internacional e, significativamente, de sua própria superprodução. Os EUA buscavam, portanto, se proteger dos efeitos negativos sentidos após a Primeira Guerra Mundial (Fitzgerald, 2003). A mudança de mentalidade doméstica nos anos 1930 e o engajamento externo após a Segunda Guerra mudaram o quadro. Dessa vez, os programas domésticos e o sistema multilateral de comércio estavam configurados para sustentar preços, produção e exportações, viabilizando o fluxo contínuo de investimento das fazendas que, como demonstrado nos capítulos 3 e 4, movimentavam uma gama cada vez maior de interesses não agrícolas.

A avaliação de Bruce L. Gardner – um dos mais respeitados economistas agrícolas americanos – no final dos anos 1980, quando a economia agrícola começava a se recuperar da crise do início daquela década e os analistas tentavam entender os seus motivos, deixa muito clara a dependência dos Estados Unidos em relação às exportações:

> Suponha-se que a produtividade total dos fatores na agricultura dos EUA continue a aumentar cerca de 2% ao ano, e que a demanda interna aumente 1% da produção dos EUA ao ano. Isso significa que 1% da produção anual deve ser adicionada à exportação de produtos agrícolas a cada ano para manter o nível atual de recursos empregados na agricultura. Com um quarto da produção exportada, isso significa que o volume de exportações dos EUA deve crescer 4% ao ano para preencher a lacuna (e as exportações devem continuar a aumentar como uma fração da produção agrícola). Essa taxa de aumento no valor real das exportações foi alcançada pelos Estados Unidos ao longo dos últimos trinta anos.

Em outras palavras, devido à constante tendência de crescimento da produtividade e dos custos de produção, os Estados Unidos precisariam não apenas manter suas exportações, mas aumentá-las continuamente. Isso coloca desafios cada vez maiores às possibilidades de eliminação dos subsídios, já que a alternativa à incapacidade de elevar as vendas externas passaria, inversamente, pela incorrência de ajustes recessivos custosos e com impactos difusos nos diversos CAI. A questão é agravada se a dificuldade de aumentar as exportações sistematicamente esbarrar em fatores nos quais o país não possa exercer controle mais direto, como ocorreu na década de 1980, quando a diminuição no crescimento da população mundial, bem como da renda dos importadores, inclusive por conta das crises de dívidas públicas, teve função primordial na queda das exportações agrícolas americanas (Gardner, 1988).

O Gráfico 5.4 apresenta números atualizados da proporção das exportações em relação à produção nacional, em termos de volume e renda agrícolas.

Gráfico 5.4: Percentual das exportações agrícolas diante do total da renda agrícola bruta, 1935-2012

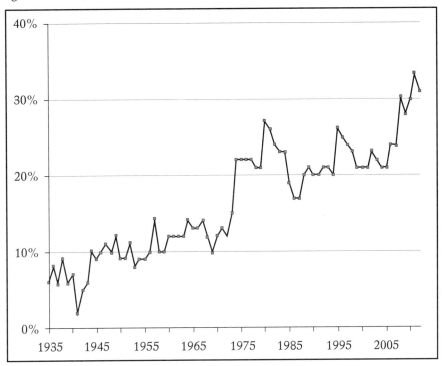

Fonte: Schnepf (2013).

Na mesma direção, Willard Cochrane mostrava uma preocupação singular ao ponderar sobre a crise dos anos 1990: "Desta vez é uma demanda externa insuficiente no bravo novo mundo da economia global" (Cochrane, 2003, p.67). Isto é, se as ondas de abertura dos mercados consumidores estrangeiros haviam sido importantes para criar demanda para a gigantesca capacidade de produção americana, como o fim da URSS, na visão do autor a difusão global da economia de mercado e a constatação de um mundo globalizado mostravam uma perspectiva com menos oportunidades no século XXI. Adicionalmente, com a eventual diminuição das barreiras alfandegárias americanas às importações agrícolas, decorrentes de negociações internacionais, ficaria cada vez mais difícil segregar o mercado doméstico do internacional. Nesse cenário, exportar, praticar *dumping* ou doar alimentos ao exterior teria eficácia cada vez menor. A sustentação da capacidade produtiva, isto é, do contínuo ciclo de investimentos das fazendas, vai se tornando cada vez menos viável pela sustentação de preços e, assim, mais dependente de políticas de manutenção da renda e dos custos de produção para que os investimentos das fazendas não sejam interrompidos. Do ponto de vista interno, isso significa que o Estado precisaria assumir um custo maior para manter os CAI funcionando da maneira como são.

Do ponto de vista internacional, os EUA precisarão encontrar espaços para impedir um ajuste doméstico recessivo decorrente da deflação causada pela superprodução, o que está diretamente relacionado à sua posição na hierarquia de poder internacional. Os Estados poderosos têm o privilégio de não realizar alguns ajustes domésticos dolorosos ao transferir para outros países os custos de suas políticas que, se não fosse pela possibilidade de vazão internacional, seriam inviáveis (Gilpin, 2002; Cohen, 2006). É isso que a política de subsídios tem feito: por um lado, sustenta artificialmente a competitividade dos produtores domésticos e, por outro, ajuda a desovar os excedentes fora de suas fronteiras. Ambos os processos deslocam terceiros produtores e exportadores, porque a força produtiva e o peso econômico dos EUA na agricultura mundial são muito grandes. Paralelamente, seu poder político consegue abrir caminhos para que essas medidas sejam viáveis.

6
A CRIAÇÃO DE SUBSÍDIOS NO SÉCULO XXI: O CASO DO AMENDOIM

> Tivemos um fantástico ano de produção [...] Todas as estrelas se alinharam e produzimos a melhor colheita de amendoins que o mundo já viu nos EUA. Enquanto normalmente produzimos cerca de 1,8 milhão de tonelada, produzimos 3,37 milhões de toneladas, cerca de 85% mais. O maior problema é como nos livrarmos desses amendoins.
>
> Tyron Spearman, editor da revista *The Peanut Market News*, sobre a colheita recorde de 2012 (apud Staculp, 2013)

Introdução

A criação dos subsídios ao amendoim é um caso emblemático por ocorrer em pleno século XXI. Como se sabe, os programas de subsídios agrícolas dos países desenvolvidos têm sido duramente criticados nas últimas décadas. Na Rodada Doha foram pivô de um grande impasse (Ramanzini Jr.; Lima, 2011). É muito forte o consenso de que tais subvenções geram efeitos colaterais negativos nos âmbitos doméstico e internacional. Internamente, incentivam a superprodução de commodities baseadas num modelo produtivo altamente consumidor de energia e insumos químicos que tende a levar à especialização produtiva, à concentração da propriedade e à degradação ambiental. No plano externo, desviam comércio e deprimem preços, o que prejudica a renda de outros países. Tudo isso sustentando produtores ineficientes do ponto de vista financeiro.

A razão da manutenção desses subsídios é normalmente atribuída à capacidade de pressão de grupos de interesse agrícolas que são capazes de atrair um benefício a eles e imputar um custo difuso à sociedade. Porém, como vimos argumentando, um lado dessa história tem sido marginalizado. Na verdade, para sermos mais precisos, o foco da análise no *mainstream* tem sido fechado e não permite ver mais elementos importantes dessa mesma história. Isso porque tratar a produção agrícola de forma independente dos setores de insumos, processamento, distribuição, pesquisa e desenvolvimento, serviços bancários e financeiros, seguros e impostos gerados por todas essas atividades é obliterar a realidade. É forte o entendimento de que pensar a agricultura moderna só faz sentido se simbioticamente acoplada a outros segmentos, como discutido nos capítulos 3 e 4.

A atividade agrícola gera um efeito multiplicador que reforça uma afirmação há muito feita pelos estudiosos dos CAI: as commodities agrícolas são notadamente a menor parte, em termos de valor, no conjunto das atividades agroindustriais. A literatura aponta que os produtores agrícolas estão espremidos entre o oligopólio do setor de insumos e o oligopsônio dos processadores e distribuidores. São dependentes de grande volume de crédito e, em boa parte, do arrendamento de terras. Em termos de poder econômico, são o elo mais fraco dos referidos complexos. Elo mais fraco sim, mas fundamental.

O programa de subsídios às commodities agrícolas nos Estados Unidos têm raízes na década de 1930 e assumiu diversas formas ao longo do tempo, o que pode tornar mais difícil uma avaliação dos seus impactos. Entretanto, a política agrícola do amendoim sofreu uma modificação em 2002: os preços deixaram de ser sustentados por um sistema baseado em garantia de preços, quotas de produção doméstica e restrições a importações, e passaram a ser um pouco mais afetados pelas forças de mercado em decorrência da eliminação das quotas de produção domésticas, de uma certa liberalização no acesso ao mercado e da diminuição das garantias governamentais de preço. Paralelamente, o amendoim passou a ser integrante dos programas de subsídios. Essa modificação ocorrida há mais de dez anos fornece um caso excelente para se avaliar o impacto da instauração de uma política de subsídios não só na produção da commodity, mas em elementos do seu complexo agroindustrial.

Para tanto, descrevemos brevemente a indústria do amendoim nos Estados Unidos. Posteriormente, explicamos as modificações ocorridas na legislação de proteção à commodity. Examinamos, então, os impactos da mudança nos programas de proteção da produção de amendoim, na indústria de alimentos e insumos a partir de dados econômicos primários e secundários e das posições de atores relevantes em audiências públicas no Congresso norte-americano e em revistas especializadas do setor. Por fim, realizamos uma análise das implicações da política de subsídios para as negociações internacionais.

O protecionismo agrícola nos Estados Unidos

A indústria do amendoim

O amendoim é uma cultura presente em dez estados dos Estados Unidos – Alabama, Carolinas do Norte e do Sul, Geórgia, Flórida, Mississipi, Novo México, Oklahoma, Texas e Virgínia – e recebe apoio governamental desde o início do século XX. São quatro os tipos de amendoins cultivados – *Runner, Virginia, Spanish* e *Valencia* –, os quais representam, respectivamente, cerca de 80%, 15%, 4% e 1% da produção nacional. Embora não seja uma das maiores commodities agrícolas nacionais, é certamente muito importante para os estados do Sul (USEPA, 1995; Wittenberger; Dohlman, 2010; Pooley, 2005; American Peanut Council, s.d.). A produção nacional de amendoim em 2010 equivaleu a cerca de 901,347 milhões de dólares (NASS, 2011).

Sabe-se que nos Estados Unidos a produção de commodities agrícolas é de alto custo e que frequentemente o valor de venda da produção não paga as despesas. Um dos motivos para isso é a intensa utilização de insumos (maquinário, fertilizantes, químicos, pesticidas, combustíveis etc.) tecnologicamente avançados. Assim como as outras maiores commodities agrícolas de exportação dos EUA – milho, trigo, soja, arroz, algodão –, o amendoim também apresenta longa série deficitária, mas com uma diferença: os custos se tornam mais altos que o valor bruto da produção no

Gráfico 6.1: Amendoim: custos de produção vs. valor bruto da produção (USD por acre)

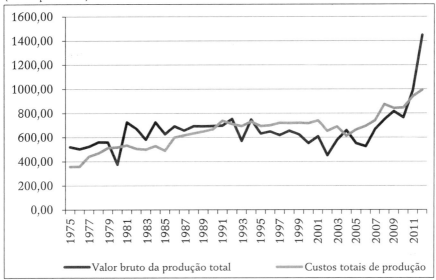

Fonte: Elaboração própria, a partir da base de dados do Economic Research Service do USDA, disponível em: http://www.ers.usda.gov/data-products/commodity-costs-and-returns.aspx. Acesso em: 10 jan. 2014.

início dos anos 1990, como demonstra o Gráfico 6.1. A queda no preço está associada à liberalização da quota de importação decorrente de acordos preferenciais de comércio, como veremos adiante. Desde então, a grande exceção ficou por conta de 2011-2012, pois uma terrível quebra de safra, a pior em trinta anos, gerou forte escassez (Kelly, 2011).

O Gráfico 6.1 também mostra que após a Farm Bill de 2002 os custos adotam uma acentuada ascensão. Tal curva está de acordo com o modo histórico de funcionamento dos CAI subsidiados nos Estados Unidos, em que os custos de produção se elevam mais rapidamente do que o valor da produção, resultando em produtores dependentes, ou acomodados, com pagamentos governamentais, para que continuem renovando seus investimentos.

A colheita do amendoim é realizada por um processo mecanizado na maior parte das fazendas. Um trator arranca a planta do solo e a inverte, deixando as folhas para baixo e as vagens de amendoim para cima para que sejam secas ao sol. Boa parte dos produtores opta por realizar a secagem em ambientes especialmente fechados e climatizados, ventilando a produção e mantendo a umidade baixa. Posteriormente, outra máquina passa pelo campo onde a produção já está seca, separando e retendo as vagens das outras partes da planta. Estas são novamente postadas no lugar de plantio. Produtores menores ou em países em desenvolvimento, onde a produção não é intensiva em capital, esse processo é realizado manualmente. Os amendoins passam então por inspeção do Agricultural Marketing Service of the U.S. Department of Agriculture (USDA/AMS), em um *buying point* (entreposto comercial operado por um agente comercial, armazém ou *sheller*) ou diretamente num *sheller* (empresa descascadora), com o objetivo de estabelecer o grau de qualidade do produto. Após essa inspeção é que o amendoim recebe seu preço comercial.

Feito isso, a maior parte dos amendoins passa pelo processamento primário, que é realizado em um *sheller* (descascador). Nesses postos, os amendoins são mecanicamente limpos e descascados. Posteriormente, são separados os grãos, as cascas e as vagens que não foram descascadas. Os grãos, então, são selecionados por tamanho por meio de leituras mecânicas e eletrônicas. Os grãos comestíveis são individualmente testados por um equipamento que descarta aquelas com cor e formatos inadequados, assim como outros tipos de materiais exógenos. Uma parte da produção também passa pelos despeliculizadores (*blanchers*), que removem a pele dos grãos.

Após esse tratamento, a maior parte do produto passa por um segundo processamento já nas indústrias alimentícias. Os manufaturados resultantes são, por exemplo: manteiga de amendoim, amendoins torrados, coloridos e temperados, granulados, salgados com casca, farinha, óleo refinado, cru e aromático. Os amendoins de melhor qualidade são encaminhados à confecção de produtos cujo destino é o consumidor final, enquanto aqueles de menor qualidade são convertidos em óleos ou tortas (*meals*), normalmente para ração animal. Estima-se que amendoins processados são utilizados em mais de 3.900 produtos.

A maior parte dos amendoins, cerca de 90%, é processada e direcionada às indústrias alimentícias que produzem alimentos para o consumidor final. Uma parte considerável desses amendoins é esmagada para a produção de óleos para cozinha e ração animal, e outra parte é exportada para onde o processamento continua. Cerca de 5% do total da produção é reservado para sementes e outros 5% são torrados com casca para serem vendidos como petisco em estádios ou exportados. A manteiga de amendoim é o principal derivado da cultura, sendo responsável por mais de 60% de todo o amendoim processado. A Figura 6.1 delineia traços gerais da cadeia produtiva do amendoim. Embora representativo, o desenho não comporta a complexidade do setor agroindustrial.

Figura 6.1: Processamento de amendoim

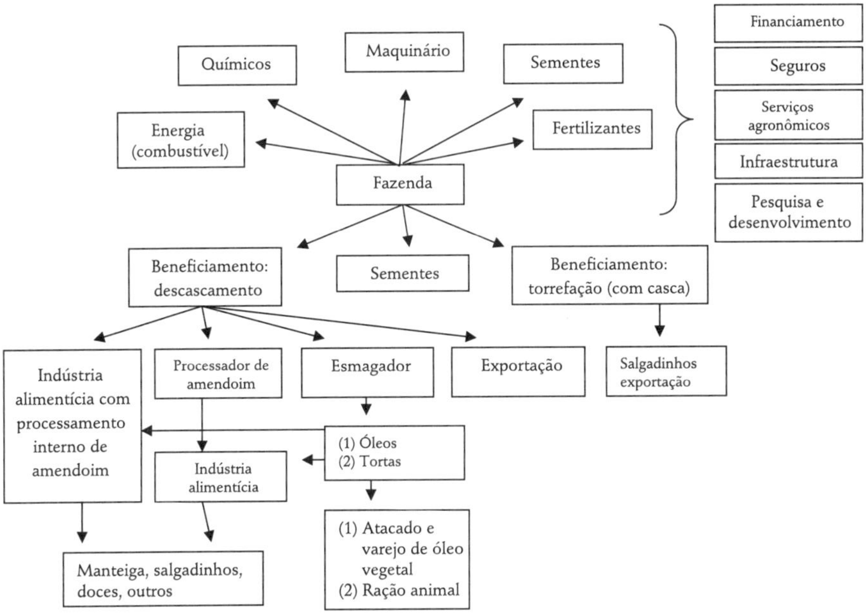

Fonte: elaboração própria, a partir de Wittenberger e Dohlman (2010).

Politicamente, a indústria se organiza através de algumas associações de produtores e outros membros da cadeia produtiva em nível estadual, regional e nacional, como as listadas a seguir. Tais associações são responsáveis pela coordenação e acomodação de interesses dentro da cadeia, e é comum que alguma delas se apresente perante o Congresso representando fazendeiros, processadores e comerciantes. Pelo exame das audiências públicas dos Comitês e Subcomitês de Agricultura da Câmara e do Senado, de 2001 a 2011, não identificamos diferenças de posições relevantes entre os segmentos da indústria. A impressão era a de que as fazendas e os processadores normalmente agiam de maneira coordenada, e o porta-voz do conjunto costuma ser do segmento das fazendas. Em 2012, porém, era possível notar que os representantes das associações, falando em nome dos produtores agrícolas, reclamavam dos altos preços dos insumos e da diminuição de sua margem de lucro pela ação dos compradores. Não havia, no entanto, indícios de que isso era considerado algo anormal.

Lista 6.1: Associações na agroindústria do amendoim

American Peanut Council (todos os segmentos da cadeia produtiva)
   Southern Peanuts Farmers Federation
      Alabama Peanut Producers Association
      Florida Peanut Producers Association
      Georgia Peanut Commission
      Mississippi Peanut Growers Association
      Oklahoma Peanut Commission
      Texas Peanut Producers Board
      Virginia-Carolinas Peanut Association
      Western Peanut Growers Association
American Peanut Shellers Association
American Peanut Products Manufacturers
Peanut Growers Cooperative Marketing Association
National Buying Points Association

Fonte: elaboração própria.

Os empregos gerados pela cadeia produtiva seriam um importante indicador da sua dimensão, porém, não conseguimos obter esses dados. Contudo, uma estimativa do Bureau of Labor Statistics indica que as indústrias de castanhas (*nuts*) tostadas e manteiga de amendoim geraram entre 6.234 e 10.675 empregos no país, número que não parece expressivo. Interessante notar que a maior parte desses empregos está concentrada na Califórnia, com cerca de 5.350 postos, apesar de não haver cultivo naquele Estado, seguida pela Geórgia, onde há grande produção, com aproximadamente 1.047 trabalhadores.

A política de proteção ao amendoim: das quotas aos subsídios

A cultura do amendoim esteve regulada por programa de quotas de 1949 até 2002 (Dyckman, 2001; Dohlman; Livezey, 2005; Dohlman; Foreman; Pra, 2009). Na Farm Bill daquele ano as quotas foram extintas, os produtores que detinham direitos de produção e comercialização receberam uma compensação financeira e o amendoim foi incluído entre as commodities integrantes dos programas de subsídios. Segundo Reidl (2002), e pelo que pudemos apurar das audiências públicas nos Comitês e Subcomitês de Agricultura da Câmara e do Senado, a modificação do programa foi, no mínimo, orquestrada de maneira íntima com as organizações do setor. Dois foram os principais motivos alegados: 1) a perda de competitividade da indústria de processamento por conta dos altos preços da matéria-prima e 2) a possibilidade de grande aumento das importações por conta dos acordos de liberalização comercial. A saída mais racional, de acordo com os ditames do livre-comércio, seria simplesmente permitir importações. Todavia, a concorrência do exterior teria impactos negativos na produção doméstica do amendoim, deslocando investimentos a ela relacionados e expondo os processadores e consumidores às decisões de produção e distribuição de estrangeiros. A instauração de subsídios estatais, no entanto, garantiu a competitividade do produtor americano diante de uma liberalização do acesso ao mercado doméstico.

A produção do amendoim era protegida por quotas de mercado (*marketing quotas*) desde os anos 1930. Tais quotas eram determinadas anualmente pelo USDA com base na expectativa de demanda doméstica para o ano e distribuídas aos fazendeiros para que pudessem produzir e vender domesticamente o amendoim ou então arrendá-las para outros fazendeiros e comerciantes. Mais especificamente, os detentores de quotas tinham direito exclusivo de vender uma determinada quantia da sua produção, cobrando no mínimo o preço estipulado pelo governo. Após 1981, a legislação permitiu que o amendoim fosse cultivado sem restrições geográficas, desde que a produção fosse destinada à exportação ou aos mercados domésticos menos lucrativos de óleos e rações. Isto é, as quotas continuavam em vigor para a venda do produto no mercado doméstico de produtos alimentícios finais, como manteiga de amendoim, salgadinhos e outros doces.

Mais especificamente, o mecanismo de estabilização de preços funcionava em três frentes: na primeira, controlava a produção e a comercialização domésticas; na segunda, restringia importações; na terceira, garantia 610 dólares por tonelada por meio de *quota loan rates*. No que se refere a esses empréstimos, tomados pelos produtores junto à estatal Commodity Credit Corporation (CCC), eles poderiam ser pagos em dinheiro ou entregando a produção ao USDA, no caso de não ser possível vendê-la por no mínimo 610 dólares a tonelada. Para os produtores sem quotas a *loan rate* era de apenas 132 dólares por tonelada. Segundo Dyckman (2001), do GAO, o programa era amplamente criticado por suas características discriminatórias e porque a *quota loan rate* de "US$ 610 por tonelada era substancialmente maior do que a estimativa do preço mundial – de US$ 321 a US$ 462 por tonelada de 1996 a 2000", fazendo que isso incentivasse "países exportadores a maximizar a quantidade de amendoins que os EUA permitiam importar sob os acordos comerciais recentes. Essas importações poderiam deslocar a produção de amendoim que, de outra forma, iria entrar no mercado de alimento norte-americano" (Dyckman, 2001, p.2). Deve-se notar que o relatório da GAO considera prejudicial o aumento da importação da matéria-prima, por princípio.

A expectativa de aumento das importações, que a segunda frente visava a controlar, parece ter sido um dos principais motivos para a eliminação das quotas e a introdução dos subsídios, pois os compromissos de ampliação de acesso a mercados assumidos pelos Estados Unidos na OMC, mas sobretudo no Tratado Norte-Americano de Livre-Comércio (em inglês North American Free Trade Agreement – NAFTA) e no Tratado de Livre-Comércio entre Estados Unidos, América Central e República Dominicana (em inglês Central America Free Trade Agreement and Dominican Republic – CAFTA-DR), apontavam para um aumento significativo no influxo do produto. O Gráfico 6.2 mostra o crescimento das importações a partir de 1993 e uma vertiginosa queda após 2001-2002, quando houve o fim das quotas domésticas e a introdução dos subsídios. No Gráfico 6.3 pode-se observar mais claramente uma elevação entre 2004 e 2008, cujos motivos são uma crise de afloxina na produção americana em 2005-2006 e o aquecimento da indústria alimentícia que absorve o amendoim, e se mantém desde então (Wittenberger; Dohlman, 2010).

Gráfico 6.2: Importação americana de amendoim por país de origem, 1989-2007 (volume: milhões de libras)

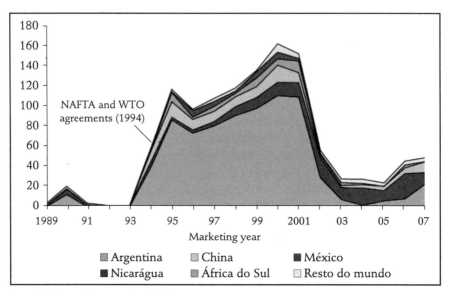

Fonte: Dohlman; Foreman; Pra (2009).

Gráfico 6.3: Importação americana de amendoim por país de origem, 1999-2012 (USD milhões)

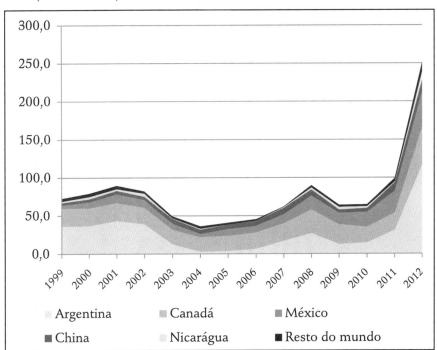

Fonte: Elaboração própria, a partir da base de dados do Economic Research Service do USDA, disponível em: http://www.ers.usda.gov/data-products/us-food-imports.aspx#.UsrkcfRDspE.

No que toca à restrição às importações, os Estados Unidos praticam *tariff-rate quotas* (TRQ) para o amendoim. A TRQ é um sistema de proteção composto por duas faixas tarifárias diferentes, uma mais baixa que a outra. Uma certa quantidade do produto pode ser importada sob a primeira faixa tarifária e, atingido o limite quantitativo, aplica-se a outra tarifa, normalmente muito mais alta e em alguns casos até proibitiva. Segundo Fletcher (2001), do National Center for Peanut Competitiveness da Universidade da Geórgia, foram os próprios acordos da OMC e do NAFTA que introduziram as TRQ juntamente com um cronograma de desgravação. Além disso, cerca de 8% a 10% do mercado doméstico de amendoim deveria ser destinado aos fornecedores estrangeiros. Na OMC há uma TRQ específica para manteiga de amendoim. De fato, as importações começam a aumentar por volta de 1993, mas a tendência se reverte a partir de 2001-2002 quando os preços domésticos baixam. Outros acordos preferenciais de comércio dos Estados Unidos também preveem o aumento progressivo da quantidade de amendoim a ser importado com uma tarifa mais baixa ou até mesmo de forma isenta. Em alguns casos, o compromisso é não haver mais restrição

Tabela 6.1: Tariff-rate quota para amendoins com casca, descascados e manteiga de amendoim

Ano	Tarifa dentro da quota (centavos/kg) Amendoim com casca	Tarifa dentro da quota (centavos/kg) Amendoim descascado	Tarifa ad valorem extraquota Amendoim com casca	Tarifa ad valorem extraquota Amendoim descascado	Volume da quota (tonelada métrica)	Tarifa dentro da quota (centavos/kg) Manteiga de amendoim	Tarifa ad valorem fora da quota Manteiga de amendoim	Volume da quota (tonelada métrica)
1995	9,35	6,6	187,6	150	30,393	1,9	151,1	20.150
1996	9,35	6,6	182,5	146,8	34,896	1,3	147,3	19.320
1997	9,35	6,6	177,7	142,9	39,398	0,6	143,3	19.490
1998	9,35	6,6	172,9	139,1	43,901	0	139,5	19.660
1999	9,35	6,6	168,3	135,4	48,403	0	135,7	19.830
2000-2011	9,35	6,6	163,8	131,8	52,906	0	131,8	20.000

Fonte: Elaboração própria, a partir de United States International Trade Commission. HTSA archive. Disponível em: http://www.usitc.gov/tata/hts/archive/index.htm. Acesso em: 28 dez. 2011.

quantitativa para acesso preferencial. Dessa forma, o medo das importações impulsiona a mudança na forma de proteção ao setor. A Argentina é, claramente, a mais prejudicada. A Tabela 6.1 mostra o funcionamento da TRQ para amendoim e manteiga de amendoim nos Estados Unidos, e a Tabela 6.2 aponta o aumento progressivo do acesso ao mercado para os parceiros de acordos preferenciais.

A Farm Bill de 2002 eliminou as quotas internas sobre produção e venda do amendoim, mas paralelamente o incluiu no rol das commodities tradicionalmente subsidiadas, como algodão, cereais, grãos e sementes oleaginosas. Com isso, os produtores passaram a ser elegíveis aos Marketing Assistance Loans, pagamentos diretos e pagamentos contracíclicos (Dohlman; Livezey, 2005; Dohlman; Foreman; Pra, 2009). Adicionalmente, as quotas de mercado (*marketing quotas*) foram compradas pelo governo, como numa ação de expropriação, chamada de *buy-out*, operação que girou em torno de 1,3 bilhão de dólares.[1]

É interessante notar que as quotas causavam impacto concentrado nos processadores e consumidores de amendoim e não oneravam os contribuintes em geral. As diferenças entre os preços de mercado e os sustentados pelo governo eram custeados por impostos e taxas cobrados dos processadores e produtores. Portanto, se por um lado, o término dos programas poderia levantar objeções pelos detentores das quotas, por outro, fazendeiros dispostos a cultivar amendoim, assim como processadores que não apenas pagavam impostos para sustentar os preços, mas também pagavam mais caro pela matéria-prima, seriam favoráveis à liberalização da produção e comercialização de amendoim – e ainda mais para um modelo subsidiado.

Impactos na indústria do amendoim

Pode-se dizer que a transição do programa de proteção do amendoim por quotas para um de subsídios gerou efeitos econômicos positivos sobre a produção de amendoins e na sua cadeia produtiva, ainda que tenha onerado o cofre federal. O principal indicador desses efeitos positivos para a economia real é o aumento da demanda interna por amendoim e manteiga de amendoim, como indicado no Gráfico 6.4 abaixo. Outros resultados que pudemos auferir são:

---

1 É interessante notar que em 2004 quotas semelhantes destinadas à produção de tabaco também foram expropriadas/compradas pelo governo, mas nesse caso o pagamento foi recolhido a partir de um imposto pago pelos processadores de tabaco. A operação é estimada em 9,6 bilhões de dólares em dez anos e o tabaco não foi incluído no rol de produtos subvencionados, como foi o amendoim (Dohlman; Foreman; Pra, 2009).

Tabela 6.2: Aumento progressivo das quantidades sujeitas a tratamento tarifário preferencial, 2001-2022 (tonelada métrica)

	Austrália	Canadá	Chile	Cingapura	Costa Rica	El Salvador	Honduras	Guatemala	Jordânia	México	Nicarágua
2001									1		
2002									1,1		
2003									1,1		
2004		ilimitado		1					1,2	ilimitado	
2005	500	ilimitado		1,1		500			1,2	ilimitado	10.000
2006	515	ilimitado		1,2		527			1,3	ilimitado	10.000
2007	532	ilimitado		1,3		554			1,3	ilimitado	10.000
2008	54	ilimitado		1,5		581			1,4	ilimitado	10.000
2009	563	ilimitado		1,6		608			1,5	ilimitado	10.000
2010	580	ilimitado		ilimitado		635			ilimitado	ilimitado	11.000
2011	597	ilimitado		ilimitado		662			ilimitado	ilimitado	12.143
2012	615	ilimitado		ilimitado		689			ilimitado	ilimitado	13.286
2013	633	ilimitado		ilimitado		716			ilimitado	ilimitado	14.429
2014	652	ilimitado		ilimitado		743			ilimitado	ilimitado	15.572
2015	672	ilimitado	ilimitado	ilimitado		770			ilimitado	ilimitado	16.715
2016	692	ilimitado	ilimitado	ilimitado		797			ilimitado	ilimitado	17.858
2017	713	ilimitado	ilimitado	ilimitado		825			ilimitado	ilimitado	19.000
2018	736	ilimitado	ilimitado	ilimitado	ilimitado	ilimitado	ilimitado	ilimitado	ilimitado	ilimitado	ilimitado
2019	779	ilimitado	ilimitado	ilimitado	ilimitado	ilimitado	ilimitado	ilimitado	ilimitado	ilimitado	ilimitado
2020	802	ilimitado	ilimitado	ilimitado	ilimitado	ilimitado	ilimitado	ilimitado	ilimitado	ilimitado	ilimitado
2021	ilimitado	ilimitado	ilimitado	ilimitado	ilimitado	ilimitado	ilimitado	ilimitado	ilimitado	ilimitado	ilimitado
2022	ilimitado	ilimitado	ilimitado	ilimitado	ilimitado	ilimitado	ilimitado	ilimitado	ilimitado	ilimitado	ilimitado

Fonte: Elaboração própria, a partir de Subcomittee of Specialty Crops and Foreign Agricultural Programs (2004).

- barateamento do preço do amendoim por um período;
- aumento da produtividade;
- aumento dos gastos dos fazendeiros com insumos;
- concentração da produção agrícola;
- estímulo ao desenvolvimento de novos produtos à base de amendoim;
- o aumento do investimento do setor de processamento;
- provável aumento na geração de impostos pelos setores de insumos e processamento, mas não pelas fazendas;
- alto pagamento de subsídios, ainda que declinantes.

Gráfico 6.4: Demanda de amendoim pela indústria alimentícia, 1991-2011

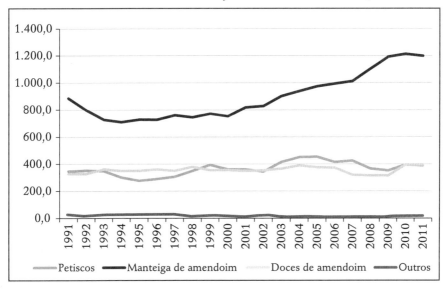

Fonte: Elaboração própria a partir de Economic Research Service, USDA. Disponível em: http://www.ers.usda.gov/data-products/food-availability-(per-capita)-data-system.aspx#.Us1-UfRDspE. Acesso em: 8 jan. 2014.

A eliminação do programa de quotas extinguiu também as restrições geográficas à produção, o que acarretou uma significativa mudança dos locais produtores na medida em que as fazendas passaram a buscar culturas mais adequadas e rentáveis às suas regiões, como ilustra o Mapa 6.1. Isso levou também a uma tendência de concentração da produção em grandes fazendas (Dohlman; Foreman; Pra, 2009).

Mapa 6.1: Modificação na área de cultivo de amendoim

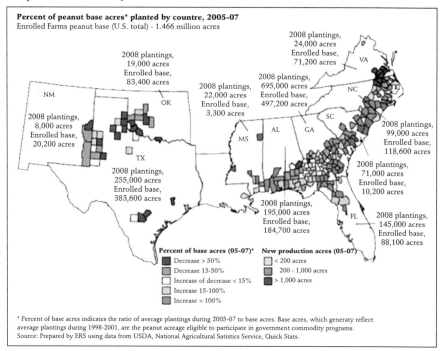

Fonte: Dohlman; Foreman; Pra (2009).

Um resultado desse movimento foi o nível recorde atingido em termos de produtividade, a despeito da queda da área destinada ao amendoim. Já a produção, em volume, oscilou ao longo do período pós-quotas e não apresentou um crescimento a ponto de gerar grandes excedentes. Isso porque as decisões de plantio pareciam estar reagindo à demanda do mercado e aos preços, isto é, não parecia haver um incentivo à superprodução, como seria de se esperar no quadro da política de subsídios dos Estados Unidos.

No que toca aos preços, nota-se que houve acentuada queda no início do programa de subsídios (Gráfico 6.1). Aliado ao aumento da produtividade, o fim das quotas em si barateou os preços domésticos, o que estimulou a demanda por produtos de amendoim, principalmente de manteiga de amendoim, que é o principal alimento processado da cadeia. Para os pesquisadores do USDA, a simples eliminação da necessidade de se pagar pelo arrendamento das quotas para cultivar e vender amendoim no mercado doméstico já representaria uma diminuição nos custos de produção capaz de compensar a queda dos preços em muitos casos, embora algumas fazendas mais ineficientes pudessem mudar de ramo por conta dos altos custos não mais cobertos pela sustentação de preço do governo (Dohlman; Foreman; Pra, 2009). Os preços, no entanto, apresentam forte alta nos últimos anos, o que é atribuído a alguns problemas climáticos e à crescente demanda da indústria alimentícia. A síntese da revista *Peanut Grower* ilustra o espírito do setor atualmente:

> A utilização de amendoim continua a estabelecer novos recordes. Embora os preços do amendoim cru e com casca continuem aumentando, o uso do amendoim continua crescendo [...] A grande preocupação é que os preços altos possam espantar consumidores e diminuir o surto de crescimento que bateu 10% entre 2010-2011. (Spearman, 2011)

A mudança na política do amendoim também favorece as empresas que fornecem insumos para os fazendeiros, tendo em vista que a diminuição dos custos com a aquisição de quotas libera recursos para investimento em maquinário, químicos, fertilizantes, e outras melhorias em infraestutrura, por exemplo (Dohlman; Foreman; Pra, 2009). Adicionalmente, num sistema em que uma renda mínima é garantida pelo Estado aos produtores, cada fazenda tem incentivos para aumentar sua produtividade, mesmo que o resultado disso seja uma oferta tão grande que gere preços baixos a ponto de não ser capazes de pagar o investimento exclusivamente com a venda da produção. Assim, com o programa de subsídios, as empresas que fornecem insumos possuem clientes sempre dispostos a consumir, garantidos pelo Tesouro norte-americano.

Infelizmente não foi possível obter dados sobre o desempenho das empresas que fornecem materiais e serviços aos produtores de amendoim. Entretanto, pode-se estimar, a partir dos custos reportados pelos produtores ao USDA, que fertilizantes, sementes e químicos representam, em média, cerca de 21% dos custos operacionais de produção, de 1994 a 2012 (ERS, 2014). No Gráfico 6.5 podemos ver que, após a lei de 2002, alguns dos principais itens nos custos de produção têm uma elevação expressiva.[2] Conforme Armond Morris, fazendeiro e representante da Southern Peanut Farmers Federation, que representa ¾ da produção nos EUA, os custos variáveis teriam subido 52% por acre, impedindo a realização de lucros mesmo com os altos preços (Morris apud Committee on Agriculture, 2012).

---

2 Boa parte desses itens tem o petróleo como matéria-prima e isso explica em parte a alta. Mas mesmo após a queda do preço do petróleo, os preços não recuam.

Gráfico 6.5: Custos selecionados da produção de amendoim, 1992-2012 (USD por acre)

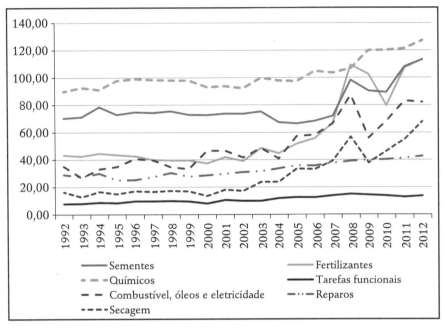

Fonte: Elaboração própria, à partir do banco de dados do Economic Research Service do USDA. Disponível em: http://www.ers.usda.gov/data-products/commodity-costs-and-returns.aspx. Acesso em: 3 jan. 2014.

De um modo geral, pelo que pudemos perceber ao longo do exame das revistas especializadas do setor e das audiências públicas no Congresso, o novo formato do protecionismo deu um forte impulso para o CAI do amendoim. Vale citar o depoimento de Higginbottom, presidente da Western Peanut Growers Association, realizado em 2004 em um Subcomitê de Agricultura da Câmara, apenas dois anos após o lançamento do programa de subsídios:

> O novo programa beneficia a indústria do amendoim inteira. Especificamente, sabemos que amendoins foram levados para terras mais produtivas na Geórgia, Texas, Alabama e Flórida e que se expandiram na Carolina do Sul. Acreditamos que essa mudança para o programa de Marketing Loan foi boa para os produtores de amendoim e também beneficiou os descascadores e as manufaturas. De fato, o comitê deve ser parabenizado por desenvolver esse programa que criou uma situação ganha-ganha para os três segmentos da indústria. (Higginbottom apud Subcomittee on Specialty Crops and Foreign Agriculture Trade Programs, 2004, p.74)

No Texas, novos *buying points* estão surgindo por todo o Oeste. Há uma nova indústria descascadora em Brownsville. Uma manufatura que também é descascadora está se expandindo. Você vê pessoas novas chegando. Acho que veremos indústrias de doces e de outros tipos chegando num futuro próximo. Então isso foi bom para a economia, fazendeiros, descascadoras e manufaturas. (Higginbottom apud Subcomittee on Specialty Crops and Foreign Agriculture Trade Programs, 2004, p.24)

A posição do importante segmento de descascamento vai na mesma direção, como é possível notar pelo depoimento de Plowden Jr., conselheiro-geral da American Peanut Shellers Association Inc.:

Apoiamos fortemente o novo programa de Marketing Loan para o amendoim, o qual foi desenhado para tornar a indústria norte-americana mais competitiva. Acreditamos que o novo programa serve à indústria inteira, fazendo cada segmento mais eficiente. O programa permitiu que a indústria alimentícia expandisse a propaganda e a promoção dos produtos de amendoim, assim como criou incentivos para o desenvolvimento de novos produtos com amendoim. (Plowden apud Subcomittee on Specialty Crops and Foreign Agriculture Trade Programs, 2004, p.32)

Nota-se claramente que os diversos segmentos se beneficiam com o novo programa. Pressupõe-se que esse efeito multiplicador já seja em si um dos objetivos do governo, ou seja, uma economia dinâmica e com perspectiva de incremento nos investimentos é positiva para qualquer Estado.

Oito anos depois, porém, os produtores de amendoim não mais enalteciam as possibilidades de ganhos para os diferentes ramos da indústria. Como previsto pelo modo de funcionamento dos CAI americanos, ganhos de escala e expansão da área cultivada são necessários para arcar com os custos crescentes da produção perante preços de mercado insuficientes. É o que Armond Morris, representante do Southern Peanut Farms Federation, testemunhou ao Comitê de Agricultura da Câmara:

Especificamente, há apenas alguns compradores para o amendoim. Esses processadores são grandes empresas internacionais. Não há como um pequeno agricultor sobreviver com a rede de assistência limitada, [nem sem] necessárias economias de escala para a produção de amendoim e com nosso mercado atual. Pequenas empresas normalmente vendem diretamente aos consumidores, mas estamos à mercê de outros, não vendendo diretamente para o consumidor. (Morris apud Committee on Agriculture, 2012)

Isso expõe a condição dos produtores de amendoim, espremidos entre os fornecedores de insumos e os compradores. Morris, adicionalmente, contestava uma regra que estava sendo considerada para o programa de subsídios da Farm Bill de 2012, que conferiria subvenções apenas a fazendas que não ultrapassassem determinado tamanho. Isso criaria limitação à aquisição e arrendamento de terras, impedindo ganhos de escala, e possivelmente dificultaria a contração de empréstimos maiores.

Os produtores de amendoim também argumentaram aos congressistas que o programa de subsídios à commodity era muito importante para os fornecedores de crédito. Conforme Jimbo Grissom, produtor de amendoim e algodão e presidente do Western Peanut Growers Association, os custos de produção cada vez mais altos reforçam o papel do programa de subsídios, tornando-os indispensáveis:

> Nossa [...] preocupação é proteger o pagamento direto, que representa um rendimento garantido, independentemente do preço ou do tamanho da safra. É uma segurança confiável para nossos credores, e é a única parte do nosso programa que pode ser eficazmente protegido de sanções da Organização Mundial do Comércio. Uma vez que muitos produtores de amendoim do Texas também são produtores de algodão, apreciamos plenamente a importância desse fato. Finalmente, o pagamento contracíclico é uma valiosa ferramenta para fornecer pelo menos a uma parte da nossa cultura um piso de preço ligeiramente mais elevado. [...] Quando todos os três componentes são combinados [*marketing loans*, pagamentos diretos, pagamentos contracíclicos] eles formam uma valiosa ferramenta para definir um "piso" de preço muito necessário para o nosso produto e para os nossos credores.
>
> Como você pode ver, Sr. Presidente, nossa condição econômica aflitiva faz que grande parte da nossa análise seja vista através das lentes de nossos fornecedores de crédito. Os mundos bancário e financeiro já estão eles próprios passando por grande instabilidade, e os credores estão buscando os meios para limitar os riscos na concessão de crédito. Sem o crédito, muitos de nossos produtores de amendoim estão simplesmente fora do negócio. Gostaríamos que os atuais elementos do programa fossem mais fortes e que mais apoio financeiro fosse fornecido, mas pelo menos eles fornecem uma base compreensível e confiável sobre a qual o credor pode trabalhar com o fazendeiro, mesmo em tempos ruins. (Grissom apud Committee of Agriculture, 2012; grifos nossos)

O depoimento de Grissom corrobora as expectativas relativas ao funcionamento dos CAI nos EUA, tecidas no Capítulo 4. Os programas de subsídios servem como colaterais para a contração dos empréstimos, cada vez mais necessários diante dos elevados custos de produção, assim como fundamentais para a aquisição das tecnologias mais avançadas.

Uma questão interessante é saber os custos e o retorno financeiro desse tipo de política para o governo. Para nossa pesquisa, seria ideal conseguir dados sobre os impostos recolhidos pela cadeia produtiva do amendoim, mas não pudemos obtê-los. O Gráfico 6.6, no entanto, contabiliza os desembolsos em subsídios com relação aos impostos recolhidos pelo governo. O dado apresenta ainda uma deficiência porque acumula na mesma linha impostos e seguros. No entanto, acreditamos que ele seja suficiente para demonstrar que, ao menos no que toca à produção das fazendas, o retorno em termos de imposto é baixíssimo.

Gráfico 6.6: Subsídios ao amendoim vs. impostos e seguros pagos pelas fazendas produtoras de amendoim, 1995-2011 (USD)

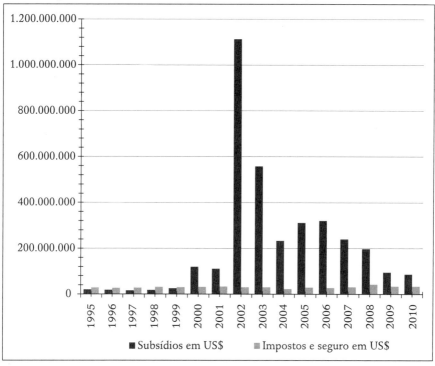

Fonte: Elaboração própria a partir de U.S. Census Bureau. State Government Tax Collections. Historical Data. Disponível em: http://www.census.gov/govs/statetax/historical_data.html. Economic Research Service, USDA. Disponível em: http://www.ers.usda.gov/Data/CostsAndReturns/testpick.htm. EWG Farm Subsidy Database. Peanut Subsidies in the United States totaled $3,5 billion from 1995-2010. Disponível em: http://farm.ewg.org/progdetail.php?fips=00000&progcode=peanuts. Acesso em: 15 ago. 2011.

Os impostos recolhidos das fazendas nos anos 1990 eram superiores aos subsídios recebidos por elas, mas, já no início dos anos 2000, as subvenções do governo aumentam em escala meteórica, sem reflexo minimamente equivalente em termos de impostos. É preciso dizer que 2002 e 2003 são anos atípicos por conta da compra governamental dos direitos de quota, a chamada operação *buy-out* – que talvez deva ser entendida como um enorme aporte financeiro para investimento. Entretanto, os anos posteriores parecem incólumes ao aumento do dispêndio público no que toca aos impostos pagos pelas fazendas. De todo modo, é importante frisar que o dado que consideramos relevante (e não pudemos obter) é o nível de imposto coletado de todos os CAI e acreditamos que ele poderia demonstrar uma alta na arrecadação, já que o aumento da produtividade do amendoim, assim como o barateamento dos preços, estimulam outros segmentos dos CAI.

A mudança na política de proteção ao amendoim parece ser apenas um dos eixos estratégicos – possivelmente o mais importante – do setor que, desde o início do século XXI, resolveu dar novo impulso aos seus negócios. Por exemplo, um instituto de pesquisa foi criado – o Peanut Institute – e outras pesquisas estão sendo financiadas para descobrir o potencial saudável do produto. E o resultado parece ter sido positivo, pois as pesquisas científicas apontam que a gordura do amendoim é mais saudável do que se imaginava, o que parece ter motivado o seu uso em barrinhas de cereais. Mas mais interessante é a descoberta da capacidade nutritiva do produto, que o tornou a base de programas de assistência a crianças malnutridas nos EUA e principalmente no exterior. Por exemplo, apenas um programa conjunto do USAID, do Departamento de Agricultura e do American Peanut Council concedeu 4,4 milhões de dólares em produtos terapêuticos à base de amendoim para tratar 70 mil crianças desnutridas no Chifre da África (USAID, 2011).

Cabe destacar mais um último elemento com implicações internacionais: a busca deliberada por bater as importações. Em 2001 os diversos segmentos da cadeia produtiva do amendoim endossavam, em conjunto, um plano para que a liberalização das barreiras aduaneiras não retirasse deles o mercado nacional e parcelas do internacional. Em 2001, no processo que discutia a Farm Bill que seria aprovada em 2002, Richard Pasco, representante da American Peanut Products Manufacturers, afirmava que:

> [...] nós do setor manufatureiro estamos comprometidos em ajudá-los [produtores de amendoim] a obter qualquer forma apropriada de suporte governamental para garantir que um programa de Marketing Loan para o amendoim seja um sucesso [...] A oportunidade é adequada para que os produtores de amendoim adotem rapidamente para um programa competitivo antes que competidores estrangeiros capturem uma parcela muito grande do mercado internacional de amendoim [...] É realmente histórico que todos os segmentos estejam apoiando o Marketing Loan. (Yancy, 2001)

Cerca de dois anos após a aprovação do programa de subsídios na lei de 2002, o depoimento de Plowden Jr. atestou o sucesso da medida:

> Vocês buscaram liberalizar a indústria norte-americana do amendoim para que ela pudesse competir com as importações nos Estados Unidos, que se tornará uma questão significativa para produtores e para nossa indústria. Estou feliz por vocês

terem tido sucesso [...] Com o ano de importações da OMC quase terminado, a TRQ da Argentina está apenas 36% preenchida. Sob o antigo programa, ela estaria preenchida no primeiro dia [...] Parece que a quota do México, sob o NAFTA, foi preenchida em apenas 25% [...] A indústria norte-americana, livre do antigo sistema de quota, provou que pode competir. Vocês buscaram também nos liberar para aumentar o mercado doméstico e [...] a demanda doméstica está crescendo. De fato, há pessoas na indústria do amendoim que acreditam que se a demanda continuar estável, por volta de 2009 estaremos utilizando toda a produção para a demanda doméstica. (Plowden apud Subcomittee on Specialty Crops and Foreign Agriculture Trade Programs, 2004, p.32)

Fica claro que, se é que os acordos preferenciais internacionais tiveram o objetivo de integrar a economia dos Estados Unidos à de outros países, no caso particular do amendoim isso não pode ser dito.

Acreditamos que as falas reproduzidas são suficientes para reportar a posição do CAI que, em termos gerais, obteve aprovação do Legislativo e do Executivo. É importante mencionar, entretanto, que o programa não funciona de forma perfeita e que legisladores, burocratas, produtores rurais e industriais discutem desde a criação da Farm Bill de 2002 até o presente as falhas do programa e como aprimorá-lo. É preciso apontar também que há, naturalmente, oposição ao programa, vinda sobretudo de grupos ambientais e políticos mais liberais. Todavia, para trabalhar o nosso argumento de que uma política de subsídios à agricultura pode corresponder a uma estratégia de dinamização da economia e não simplesmente à captura do espaço político por grupos de pressão que atuam contra o interesse público, acreditamos não ser preciso reproduzir aqui esses depoimentos.

Expansão da produção e das exportações

Nos últimos instantes de confecção desta pesquisa, tomamos conhecimento de que, a partir de 2012, as tendências de superprodução e crescente ônus ao Estado, conforme vimos discutindo ao longo de todo o livro, pareciam ter se manifestado. O American Peanut Council passou a apontar que a expansão da oferta nos últimos anos havia sido tão grande que solaparia possibilidades de aumento ou mesmo sustentação do preço do amendoim, eventualmente causando prejuízos. Nesse cenário, os produtores contariam com os subsídios da Farm Bill para recuperar o investimento.

Cerca de 90% dos lares nos Estados Unidos têm pelo menos um pote de manteiga de amendoim, de acordo com a Mintel International, um grupo de pesquisa de mercado. [Apesar disso] ainda há uma oferta recorde de amendoim no mercado, o que significa que os agricultores não vão ter preços altos para equilibrar seus rendimentos. Embora alguns contratos iniciais assegurem aos produtores cerca de USD 700 por tonelada, esse tipo de negócio não existe mais, disse Patrick Archer, presidente do American Peanut Council, acrescentando que os produtores vão ter sorte se conseguirem USD 400 por tonelada. Como resultado, muitos agricultores estão propensos a recorrer ao governo federal para manter o mínimo e não saírem do mercado de amendoim. Em vez de vender as suas colheitas de imediato, eles vão estocar amendoins sem casca em armazéns refrigerados e tomar empréstimos do governo, apostando que os preços irão subir no prazo de nove meses e que os amendoins serão suficientes para pagar os empréstimos. Se os preços permanecerem baixos no mercado, o governo vai comprar os amendoins por menos do que custa produzi-los, mas a uma taxa que vai permitir aos agricultores recuperar algumas das suas despesas. (Severson, 2012)

Em 2013, o cenário se agravou. Os preços em média eram de 385 a 400 dólares. A perspectiva para 2014 era ainda pior. A revista *The Peanut Grower* apontava que "a menos que as exportações continuem subindo e a demanda nos EUA aumente, os estoques finais projetados de amendoins serão de 1,13 milhão de toneladas, o que é muito amendoim para impulsionar contratos em 2014" (Spearman, 2013). Em outras palavras, o aumento da produtividade tem saturado o mercado doméstico e as exportações se tornaram uma rota de salvação.

Os dados oficiais que pudemos obter sobre as exportações de amendoim vão até 2011, conforme o Gráfico 6.7. São, portanto, anteriores à explosão da produção. Até aquele ano, não havia sinal de subida das exportações. O que notamos é que, alguns anos após a reforma de 2002, há um aumento das exportações e que, de 2007 a 2011, há uma tendência declinante, que pode ser explicada pelo crescimento da demanda interna. Segundo a *Peanut Grower*, após o *boom* produtivo, as exportações em 2012 foram 84% superiores às de 2011 e o desempenho em 2013 continuaria forte (Spearman, 2013b). Estaria essa commodity entrando na mesma linha das commodities subsidiadas que precisam do mercado exterior, como argumentamos no Capítulo 5? Ainda é cedo para afirmar, mas a julgar pela dinâmica dos CAI nos Estados Unidos pode-se esperar que sim.

O sistema de proteção aos produtores domésticos – na realidade, ao CAI que se articula em torno dele – baseado em subsídios potencializou a competitividade norte-americana e diminuiu a pressão causada pelos competidores estrangeiros. Esse resultado foi buscado deliberadamente e o episódio fornece elementos para a análise das relações comerciais internacionais, bem como da manutenção do protecionismo na forma de subsídios.

Gráfico 6.7: Exportações de amendoim, 1990-2012 (volume: milhões de libras)

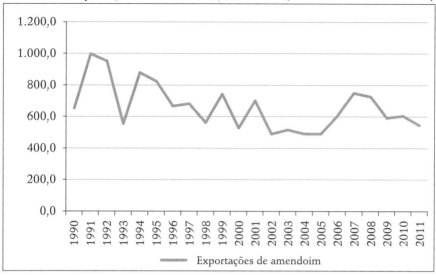

Fonte: Elaboração própria a partir do Economic Research Service, do USDA. Disponível em: http://www.ers.usda.gov/data-products/food-availability-(per-capita)-data-system/food-availability--documentation.aspx. Acesso em: 8 jan. 2014.

Considerações finais

Nos acordos preferenciais de comércio negociados pelos Estados Unidos, é comum a fricção em torno do aumento do acesso ao mercado agroalimentar norte-americano e as aberturas nas barreiras aduaneiras acabam sendo concessões muito difíceis e valorizadas. Porém, esse movimento que fortalece a posição negociadora dos Estados Unidos só é possível quando se fala de acesso a mercado (tarifas, quotas, medidas sanitárias), porque são elementos que podem ser barganhados individualmente com outros países, ou seja, são preferências que podem ser atribuídas de forma discriminatória/preferencial. O mesmo não pode ser feito com a política de subsídios, haja vista que a proteção que ela confere ocorre por meio de uma competitividade artificialmente concedida pelo Estado para todos aqueles produtores que desejam e são aptos a participar dos programas, ao contrário da proteção aduaneira, que defende os nacionais evitando o contato com o estrangeiro. Dado o caráter estrutural dos subsídios e a impossibilidade desse tipo de proteção ser barganhado caso a caso, os Estados Unidos só aceitam discutir esse tema no nível multilateral, em que as concessões são realizadas para o conjunto dos membros da OMC.

Cortell e Davis (1996) e Davis (2003) argumentam que compromissos internacionais podem ser artifícios para a modificação de políticas domésticas. Esse seria, aliás, um caminho possível para a difícil liberalização agrícola nos países desenvolvidos. Contudo, mesmo os Estados Unidos cumprindo seus acordos preferenciais, isso não resultou numa competição de livre mercado, já que agora os produtores calculam seus lucros com base nos pagamentos que recebem do governo. Seria um compromisso multilateral capaz de modificar a política de subsídios? Não se deve esquecer que o respaldo estatal fornecido aos produtores agrícolas, particularmente as subvenções pagas quando o preço de venda do amendoim não é suficiente para pagar os custos, é também uma garantia aos fornecedores de serviços e insumos (máquinas, químicos, sementes etc.) de que seus clientes continuarão a consumir. Do mesmo modo, é uma garantia aos processadores, no sentido de que, mesmo se a produção agrícola não for lucrativa, atores privados continuarão investindo e produzindo porque contam com o resguardo do governo e, assim, os setores manufatureiros têm um risco menor de escassez de matéria-prima. O programa de subsídios ajuda a diminuir os riscos do capital fornecido como empréstimo pelos bancos. Por fim, ao manter a terra lavrada e incentivar economias de escala, os pagamentos estatais valorizam a terra.

O suprimento de matéria-prima é uma preocupação premente de qualquer sistema de produção e tornar-se dependente do fornecimento estrangeiro pode aumentar os riscos dos negócios exponencialmente (Lima, 2012). Isso porque a comercialização de matéria-prima em âmbito internacional não ocorre protegida por um aparato legal-institucional como ocorre nos Estados estáveis e as operações de venda estão sujeitas a dinâmicas políticas, sociais e econômicas que são, em geral, alheias aos compradores. Basta recapitular os embargos à exportação de soja e outros grãos pelos próprios EUA ao longo dos anos 1970 e 1980, primeiramente por receio de desabastecimento doméstico e, posteriormente, como retaliação política à União Soviética, apontados na Introdução e no Capítulo 5. Recentemente, na crise alimentar de 2007-2009, grandes exportadores como Argentina, Rússia e Tailândia também bloquearam exportações para evitar a inflação ou o desabastecimento domésticos. Afinal, em um sistema político internacional formado por Estados soberanos, não há última instância a quem recorrer para se fazer cumprir, de fato, os acordos firmados.

Na área agrícola, um exemplo bem-acabado de como o direito internacional não garante que as relações comerciais sejam realizadas dentro dos compromissos acordados é a condenação sofrida pelos Estados Unidos na OMC por conta da concessão irregular de subsídios aos seus produtores de algodão. Não à toa, o algodão é a matéria-prima mais importante do mundo para a produção de fibras. Mas é preciso destacar também que, desde o contencioso do algodão contra o Brasil na OMC, legisladores, burocratas e atores privados norte-americanos estão conscientes da possível irregularidade do programa do amendoim, até porque grande parte dos produtores de amendoim também cultiva algodão. Ao examinar as audiências públicas do Congresso, verificamos que há preocupação em fazer programas de proteção que estejam de acordo com as regras da OMC, mas, indubitavelmente, a prioridade é garantir o funcionamento do CAI do amendoim. Certamente o caso do amendoim parece menos dramático que o do algodão, mas deve-se considerar que o produto é relevante para as economias, sobretudo as rurais, dos Estados do Sudeste norte-americano.

Um efeito internacional negativo normalmente atribuído a políticas de subsídios agrícolas é o deslocamento de exportações de terceiros, mas, como os EUA não são grandes exportadores e seu mercado doméstico absorve praticamente tudo o que produzem, não parece haver no curto prazo um contencioso em torno dessa questão. Deve-se lembrar, porém, que um objetivo estabelecido pelo setor é expandir as exportações e assegurar uma boa parcela do *market-share* internacional, e os anos 2012 e 2013 presenciaram um forte desempenho exportador da commodity. Esse objetivo transparece ao longo das audiências públicas e diversos mecanismos são postos em evidência na busca pelo mercado externo, desde os instrumentos de subsídios até os de promoção comercial.[3] No contexto da ampliação da presença internacional, é fundamental ter em mente a iniciativa de assistência alimentar e nutricional realizada em parceria pelo Departamento de Agricultura, o American Peanut Council e o USAID. Muitas análises apontam que a assistência alimentar pode vir acompanhada de outros objetivos, desde a diminuição da oferta doméstica para elevar preços até a promoção, em termos de marketing, de produtos por meio de doações, como abordado no Capítulo 5.

Por fim, cabe mencionar que o amendoim passou a ser considerado há alguns anos uma matéria-prima potencialmente adequada para a produção de biocombustíveis e o National Peanut Research Lab, do Departamento de Agricultura, conduz o Peanut Biodiesel Project com o intuito de tornar o produto uma fonte alternativa ao milho e à soja para a produção de energia renovável (Roberson, 2007). Para que haja utilização do combustível em larga escala, um suprimento estável da matéria-prima é uma necessidade incontornável.

Em suma, o argumento tecido ao longo deste capítulo é o de que a concessão de subsídios agrícolas pelos Estados Unidos aos seus produtores pode não ser explicada pela captura da agenda pública por grupos de

---

3 O governo e os atores privados brasileiros devem estar atentos a esse fato, posto que o cultivo nacional de amendoim foi reavivado nos anos 1990 e as exportações estão em crescimento. Dados no início dos anos 2000 apontavam que a produção de amendoim envolvia 152 empresas que produziam mais de 90 toneladas de produtos finais, "representando um mercado da ordem de R$ 840 milhões e empregando 42.000 pessoas, das quais 24% estão na agricultura, 19% na indústria e os 57% restantes estão em atividades indiretas" (Lourenzani; Lourenzani, 2009, p.59). Veja também Martins e Vicente (2010).

interesses que, para realizar seus objetivos, defendem políticas prejudiciais ao conjunto da sociedade. Na verdade, determinar se o governo é controlado por grupos de interesse ou se age com autonomia, à parte os casos de corrupção flagrante, é tarefa extremamente problemática (Dahl, 1982). Entretanto, os estudos sobre os CAI são consistentes em apontar que, onde a produção é intensiva em capital, mecanismos de coordenação entre os diversos segmentos econômicos e o Estado normalmente estão presentes e, em muitos casos, são necessários para que o conjunto prospere.

Considerações finais

Uma das questões mais espinhosas da ciência política é saber se o Estado age com autonomia ou se suas ações são controladas por grupos da sociedade. A resiliência dos subsídios agrícolas nos Estados Unidos é um tema que investigamos com esse pano de fundo.

As explicações pluralistas, que correspondem ao *mainstream* da ciência política, como apontamos na Introdução, giram em torno da economia política do cálculo eleitoral e da dinâmica das instituições legislativas. A conclusão a que chegam é que há desvio da agenda pública porque pequenos grupos, representando interesses muito localizados, influenciam e apoiam legisladores que, valendo-se desse apoio para suas pretensões eleitorais, operam nas instituições legislativas para criar políticas públicas que beneficiem os seus apoiadores, ainda que, como efeito colateral, imputem um custo difuso ao restante do público nacional e, também, a públicos estrangeiros.

Essa explicação é de forte apelo. No entanto, ela é erigida sobre uma abstração que em muito se distancia da realidade. Ela liga os beneficiários mais diretos dos subsídios aos legisladores para estabelecer a relação de poder fundamental que irá utilizar a autoridade do Estado para transformar interesses muito específicos, de um conjunto econômico e demográfico muito pequeno, em política pública de um Estado tão complexo como os Estados Unidos. Para recordar, Tweeten (2002) estimou em 0,2% a população da nação que se beneficia dos subsídios agrícolas. O estudo que realizamos, contudo, deixou claro que é uma grande obliteração da realidade isolar os interesses dos produtores agrícolas. Como discutido nos capítulos 3 e 4, a produção agrícola altamente intensiva em capital e de grande escala nos Estados Unidos ocorre em meio aos complexos agroindustriais, que são conjuntos formados também por diversos tipos de atores não agrícolas. Neste livro, demos destaque aos interesses industriais a montante e a jusante, aos bancários e aos imobiliários. Outros relevantes seriam, não de forma exaustiva, os de ciência e tecnologia e de logística.

Tal constatação nos permitiu concluir que, se há uma fonte de poder político que emana da sociedade e consegue controlar a política de subsídios agrícolas do Estado, essa fonte é muito maior do que os produtores de commodities agrícolas subsidiadas. Ela envolve, em nosso entendimento, o poder que emana dos complexos agroindustriais.

Os complexos agroindustriais possuem um *modus operandi*, isto é, são regidos por consensos que, de uma forma ou de outra, coordenam as atividades de seus diversos elementos. Os programas de subsídios agrícolas são importantes expoentes dessa coordenação. Eles engendram uma dinâmica produtiva para as fazendas produtoras das commodities subvencionadas que pode ser apreendida pela metáfora do *treadmill*, a esteira de Cochrane (1993). Conforme abordado ao longo deste livro, há uma corrida constante dos produtores para se tornarem mais produtivos, o que fazem adotando meios de produção cada vez mais avançados. As novas tecnologias tendem a ser mais caras e a demandar aumento de escala, o que eleva a demanda por terra e, consequentemente, os preços desses insumos. O resultado desse esforço coletivo por parte dos fazendeiros é o contínuo aumento da produção nacional. Esse aumento gera superoferta, cujo efeito é baixar o preço das commodities das quais se beneficiam os processadores. Todo esse ciclo de investimentos depende do crédito obtido pelos produtores agrícolas.

Cria-se, assim, um movimento de forças antagônicas: de um lado, o aumento dos custos totais de produção; de outro, o barateamento dos produtos. Historicamente, o embate entre as forças faz que, na maior parte do tempo, a venda das commodities não seja suficiente para arcar com os custos de produção. Como podem então os produtores agrícolas manter seus investimentos se o mercado lhes dá prejuízo? Os investimentos são mantidos, entre outros fatores, porque os prejuízos são contornados por meio de políticas estatais, sendo os subsídios extremamente relevantes. Ao viabilizar uma nova rodada de investimentos, os pagamentos estatais impedem que a esteira (*treadmill*) emperre. Os subsídios, dito de outro modo, lubrificam a esteira, mantendo a corrida entre os produtores agrícolas que eleva os custos de produção e o excesso de oferta. É a *maldição da abundância americana*, como concluiu Cochrane (2003).

Os complexos agroindustriais precisam funcionar assim? Necessariamente, não, pois os consensos que os regem são historicamente construídos. Apontamos no Capítulo 3 os esforços de construção dos complexos nos Estados Unidos e, no Capítulo 6, mostramos uma mudança recente no regimento do complexo agroindustrial do amendoim. Se os complexos agroindustriais podem funcionar de outra maneira, o que ocorreria se os subsídios fossem eliminados? Um conjunto de efeitos seria, juntamente com a quebra de muitas fazendas deficitárias, a diminuição da demanda de insumos e serviços por elas gerados, a queda no valor da terra, o declínio da oferta de matéria-prima nacional para a indústria alimentícia e de ração e, mais grave, a falência de bancos. No médio e longo prazo, no entanto, a produção agrícola seria retomada, pois segundo o professor Robert L. Thompson,[1] as características agronômicas e de infraestrutura do campo são as mais ideais para o cultivo dos gêneros que já são cultivados hoje com subsídios. Para ele, seria uma questão de ajuste, e não uma mudança estruturalmente irreversível. Com o fim dos subsídios, produtores agrícolas e industriais, prestadores de serviço, banqueiros e proprietários de terras se readequariam. Então por que não realizar o ajuste?

De acordo com nossos estudos, um dos motivos é porque os custos políticos de um ajuste econômico podem ser muito altos, sobretudo no meio rural, não simplesmente por causa da pressão que seria exercida pelos produtores agrícolas diretamente beneficiados por subsídios. A equação econômico-política é muito maior por causa dos complexos agroindustriais. O conjunto de interesses que são interdependentes com a produção das fazendas é variado e conta com algumas corporações gigantes, cujo valor de mercado é também uma função da demanda e da oferta dos produtores agrícolas americanos. Em outros termos, por que os subsídios são mantidos se atendem a cada vez menos fazendeiros? Em nossa conclusão, porque não servem principalmente aos fazendeiros, mas sim a processadores e fornecedores de insumos agrícolas, a bancos e proprietários de terras. Assim, as forças políticas teriam não só uma base eleitoral maior, mas, sobretudo, uma base econômica maior, mais difusa e mais poderosa.

Como fica evidente, isso não descarta a explicação pluralista. Não acreditamos que ela trate simplesmente de um epifenômeno. O que o exame empírico demonstrou é que, no mínimo, mais grupos de interesse podem agir para controlar as políticas do Estado. Na perspectiva teórica que adotamos, porém, um segundo motivo para evitar o ajuste recessivo é que o Estado não é apenas uma arena de disputa. Ele é, sim, uma arena, mas enviesada e interessada. Conforme discutimos no capítulo introdutório, o Estado capitalista é mais poroso aos investidores privados porque depende deles, principalmente para a geração de impostos e empregos. Além disso, os agentes estatais são mais receptivos aos empresários porque das inversões deles dependem a prosperidade da economia capitalista e, por consequência, um subproduto: os impostos. Há, portanto, enviesamento e

---

[1] Entrevistas com Robert L. Thompson, professor visitante da Johns Hopkins University's Paul H. Nitze School of Advanced International Studies, realizada em Washington, D.C., em 9 e 19 de abril de 2012.

interesse em manter e ampliar os ciclos de investimento mesmo na hipotética ausência de pressão privada. O Estado também é, assim, um dos atores dos complexos agroindustriais.

Os complexos agroindustriais americanos contam ainda com mais uma vantagem estrutural: os Estados Unidos. A posição dos Estados Unidos na hierarquia de poder internacional dá a eles a oportunidade de driblar os custos do ajuste doméstico remetendo uma parte do problema para o exterior, como discutido no Capítulo 5. Concluímos que esse é um terceiro motivo para a resiliência dos subsídios agrícolas. Para reduzir o excesso de oferta doméstico e ainda obter renda do exterior, os Estados Unidos deram contribuição decisiva para a formação de um regime alimentar internacional que absorvesse suas commodities subsidiadas. A despeito da contestação doméstica e internacional a essa prática, os Estados Unidos continuam com o *dumping* agrícola nos mercados internacionais. Como observamos no Capítulo 6, a política de subsídios serve também para defender os complexos agrícolas americanos dos acordos de liberalização comercial negociados pelos próprios Estados Unidos. Ao mesmo tempo que ampliou o acesso ao seu mercado, tornou seus produtores artificialmente competitivos por meio de subsídios, diminuindo o volume de importações.

A conexão dos complexos agroindustriais com o mercado internacional possui duas faces. A primeira, já mencionada, é a que oferece a oportunidade de evitar um ajuste recessivo. A segunda é que há uma dependência do consumo estrangeiro. Como ocorre em geral com a produção capitalista, os investimentos e a produtividade chegaram a tal proporção que é necessário contar com a demanda do exterior. Sem ela, o modo de funcionamento dos complexos agroindustriais entra em colapso. A cada oportunidade aberta ou criada no cenário internacional houve um impulso doméstico de incentivo à produção. Além das duas guerras mundiais, nos anos 1950 e 1960 houve a ajuda alimentar e a penetração nos mercados dos países do Sul; nos anos 1970, a consolidação dos complexos transnacionais grãos-carnes e a abertura do mercado soviético; nos anos 1990, o próprio fim do bloco soviético e as reformas estruturais da agenda neoliberal. Muitas dessas oportunidades foram, no entanto, seguidas de graves crises domésticas, expondo claramente a forte vinculação entre o excesso de oferta, o declínio das exportações e o desempenho econômico do campo. Em todos os casos, o socorro veio do Estado, e na conhecida forma de subsídios. Com a derrubada das restrições domésticas à produção e à oferta nos anos 1990, os subsídios se tornaram uma ferramenta ainda mais importante.

São muitos e variados os programas de subsídios que existiram ao longo do tempo nos Estados Unidos. Optamos por não detalhar seus meandros operacionais, já que os aspectos técnicos não contribuiriam decisivamente para a construção do nosso argumento. Preferimos dar um tratamento holístico ao problema e, por isso, não adentramos questões mais específicas relativas aos processos políticos que resultam nas legislações que instituem os subsídios agrícolas. Ao nos referirmos às commodities subsidiadas, referimo-nos em geral às maiores e mais importantes: trigo, milho, arroz, soja, algodão. Outros produtos menos significativos do ponto de vista da magnitude econômica também são subsidiados, como a carne de carneiro, por exemplo. Mas o argumento que tecemos se referem às commodities mencionadas acima por algumas razões: a centralidade na cadeia alimentar, a magnitude dos CAI formados em torno delas e o tamanho das exportações.

Buscamos, assim, oferecer uma perspectiva alternativa às explicações centradas na economia política do cálculo eleitoral e na dinâmica das instituições legislativas. Tecemos um argumento embasado numa perspectiva que considera as relações políticas num Estado capitalista. Procuramos também trazer ao debate uma visão mais realista da produção agrícola por meio do conceito de complexo agroindustrial. O modo de funcionamento desses complexos nos Estados Unidos induz os produtores das grandes commodities a adotar certas práticas produtivas, e a constante demanda por subsídios pode ser entendida como um reflexo disso. O estudo dessa dinâmica demonstrou que os produtores agrícolas não são seu núcleo dominante. Mas, recorrendo a uma metáfora de Reinert (2007), não é porque o coração compõe parte bastante pequena da massa do corpo humano que sua importância é menor.

REFERÊNCIAS BIBLIOGRÁFICAS

AMERICAN PEANUT COUNCIL (s./d.). *About the Peanut Industry*. Disponível em: <http://www.peanutsusa.com/USA/index.cfm?fuseaction=home.page&pid=12#Custom_Products_and_Processing>. Acesso em: 12 set. 2011.

ANTLE, J.; HOUSTON, L. A Regional Look at the Distribution of Farm Program Payments and How It May Change with a New *Farm Bill*. *Choices: The Magazine of Food, Farm and Resource Issues*, v.8, n.4, 2013.

ARNOLD, R. D. *The Logic of Congressional Action*. New York: Yale University Press, 1990.

BACHRACH, P.; BARATZ, M. S. *The American Political Science Review*, v.56, Issue 4, Dec. 1962, p.947-952.

BARNARD, C. et al. Higher Cropland Value from Farm Program Payments: Who Gains? In: MCLAUGHLIN, J. (Ed.). *Agricultural Outlook*. U.S. Department of Agriculture, Economic Research Service, 2001.

BARNETT, B. J. The U.S. Farm Financial Crisis of the 1980s. *Agricultural History*, v.74, n.2, 2000.

BARTON, J. H. et al. *The Evolution of the Trade Regime:* Politics, Law, and Economics of the GATT and the WTO. Princeton: Princeton University Press, 2006.

BELIK, W. *Agroindústria processadora e política econômica*. Campinas, 1992. Tese (Doutorado em Economia) – Instituto de Economia, Universidade Estadual de Campinas.

BENEDICT, M. R. *Farm Policies of the United States (1790-1950). A Study of Their Origins and Development*. New York: The Twentieth Century Fund, 1953.

BIOGRAPHICAL DIRECTORY OF U.S. CONGRESS. Disponível em: <http://bioguide.congress.gov/scripts/biodisplay.pl?index=D000424>. Acesso em: 1 jan. 2014.

BLOCK, F. Beyond Relative Autonomy: State Managers as Historical Subjects. *Socialist Register*, v. 17, 1980.

BLOCK, F.; EVANS, P. The State and the Economy. In: SMELSER, N. J.; SWEDBERG, R. *The Handbook of Economic Sociology*. Princeton and Oxford: Princeton University Press, 2005.

BONNEN, J. T.; SCHWEIKHARDT, D. B. The Future of U.S. Agricultural Policy: Reflections on the Disappearance of the "Farm Problem". *Review of Agricultural Economics*, v.20, n.1, 1998.

BRANDÃO et al. A construção do conceito de resiliência em psicologia: discutindo as origens. *Paideia*, Ribeirão Preto, v.21, n.49, 2011, p.263-71.

BROWNE, W. P. *Private Interests, Public Policy and American Agriculture*. Kansas: University Press of Kansas, 1988.

_____. *Cultivating Congress:* Constituents, Issues, and Interest In Agricultural Policymaking. Kansas: University Press of Kansas, 1995.

BURBACH, R.; FLYNN, P. *Agribusiness nas Américas*. Rio de Janeiro: Zahar, 1980.

BURCH, D.; LAWRENCE, G. Towards a Third Food Regime: Behind the Transformation. *Agriculture and Human Values*, v.26, n.4, p.267-79, 2009.

BUSCH, L.; BAIN, C. New! Improved? The Transformation of the Global Agrifood System. *Rural Sociology*, v.69, n.3, 2004, p.321-46.

CARNOY, M. *Estado e teoria política*. São Paulo: Papirus, 1988.

CBO. *Policies that Distort World Agricultural Trade:* Prevalence and Magnitude. Congressional Budget Office, 2005. Disponível em: <www.cbo.gov/publication/17098>. Acesso em: 23 dez. 2013.

CHANG, H.-J. *Chutando a escada:* a estratégia do desenvolvimento econômico em perspectiva histórica. São Paulo: Editora Unesp, 2004.

CLAPP, J. Corporate Interests in US Food Aid Policy: Global Implications of Resistance to Reform. In: CLAPP, J.; FUCHS, D. *Corporate Power in Global Agrifood Governance*. Cambridge/London: The MIT Press, 2009.

_____. *Food*. Cambridge: Polity, 2012a.

_____. *Hunger in the Balance. The New Politicis of International Food Aid*. Ithaca: Cornell University Press, 2012b.

CLAY, E. J. Responding to Change: WFP and the Global Food Aid System. *Development Policy Review*, 21 (5-6), 2003, p.697-709.

COCHRANE, W. W. *The Development of American Agriculture. A Historical Analysis*. Minneapolis: University of Minnesota Press, 1993.

_____. *The Curse of American Abundance*. Lincoln/London: University of Nebraska Press, 2003.

COELHO, C. N.; WERNECK, P. O Acordo Agrícola da OMC e a Cláusula da Paz. *Revista de Política Agrícola*, ano XIII, n.1, jan./fev./mar. 2004.

COHEN, B. J. The Macrofoundations of Monetary Power. In: ANDREWS, D. M. (Ed.). International Monetary Power. Cornell: Cornell University Press, 2006.

COLEMAN, W.; GRANT, W.; JOSLING, T. *Agriculture in the New Global Economy*. Cheltenham/Northampton: Edward Elgar, 2004.

CONKIN, P. K. *A Revolution Down on the Farm. The Transformation of American Agriculture since 1929.* Lexington: University Press of Kentucky, 2009.

CORTELL, A. P.; DAVIS. J. W. How do International Institutions Matter? Domestic Impact of International Rules and Norms. *International Studies Quarterly,* v.40, n.4, 1996.

COUNCIL OF ECONOMIC ADVISORS. *Economic Report to the President, 2013.* United States Government Printing Office: Washington, 2013.

CROSS, K. H. (2006). King Cotton, Developing Countries and the "Peace Clause": the WTO's *US Cotton Subsidies* Decision. *Journal of International Economic Law,* v.1, n.9, 2006.

CRUZ, S. V. Comércio internacional em um mundo partido: o regime do GATT e os países em desenvolvimento. *Cadernos CEDEC,* n.77, ago. 2005.

_____. *Trajetórias:* capitalismo neoliberal e reformas econômicas nos países da periferia. São Paulo: Editora Unesp, 2007.

DAHL, R. A. The Concept of Power. *Behavioral Science,* v.2, n.3, 1957.

_____. *The Dilemmas of Pluralist Democracy.* New Haven: Yale University Press, 1982.

DAL BÓ, E. Regulatory Capture: a Review. *Oxford Review of Economic Policy,* v.22, n.2, 2006.

DAVIS, C. L. *Food Fights over Free Trade. How International Institutions Promote Agriculture Trade Liberalization.* Princeton: Princeton University Press, 2003.

DELGADO, G. da C. *Do capital financeiro na agricultura à economia do agronegócio. Mudanças cíclicas em meio século (1965-2012).* Porto Alegre: Editora da UFRGS, 2012.

_____. *Capital financeiro e agricultura no Brasil:* 1965-1985. Campinas: Editora da Unicamp, 1985.

DEPARTMENT OF JUSTICE. *Competition and Agriculture*: Voices from the Workshops on Agriculture and Antitrust Enforcement in Our 21st Century Economy and Thoughts on the Way Forward. May 2012. Disponível em: <www.justice.gov/atr/public/reports/283291.pdf>. Acesso em: 1º ago. 2014.

DIMITRI, C.; EFFLAND, A.; CONKLIN, N. The 20th century transformation of U.S. agriculture and farm policy. *Economic information bulletin,* n.3. United States Department of Agriculture. Junho 2005.

DIVEN, P. A Coincidence of Interests: the Hyperpluralism of U.S. Food Aid Policy. *Foreign Policy Analysis,* v.2, 2006, p.361-84.

DOHLMAN, E.; FOREMAN, L.; PRA, M. da. *The Post-Buyout Experience:* Peanut and Tobacco Sectors Adapt to Policy Reform. EIB-60. U.S. Dept. of Agriculture, Econ. Res. Serv. Nov. 2009.

_____.; LIVEZEY, J. *Peanut Backgrounder.* Outlook No. (OCS-05I01) Oct. 2005. Disponível em: <http://www.ers.usda.gov/publications/ocs-oil-crops-outlook/ocs-05i01.aspx#.Usicx_RDspE>. Acesso em: 7 mar. 2011.

DORIS, F.; KALFAGIANNI, A.; ARENTSEN, M. Retail Power, Private Standards, and Sustainability in the Global Food System. In: CLAPP, J.; FUCHS, D. *Corporate Power in Global Agrifood Governance.* Cambridge/London: The MIT Press, 2009.

DYCKMAN, L. J. *Peanut Program:* Potential Effects of Proposed Farm Bill on Producers, Consumers, Government, and Peanut Imports and Exports. GAO-01-1135R. United States General Accounting Office, 2001.

ERS. *Peanuts Production Costs and Returns per Planted Acre.* Economic Research Service. United States Department of Agriculture. 2014. Disponível em: <http://www.ers.usda.gov/data-products/commodity-costs-and-returns.aspx>. Acesso em: 6 jan. 2014.

_____. *Agricultural Trade Multipliers. Effects of Trade on the U.S. Economy.* Economic Research Service. United States Department of Agriculture, 2013a. Disponível em: <http://www.ers.usda.gov/data-products/agricultural-trade-multipliers/effects-of-trade-on-the-us-economy.aspx#.Upig3tKkog0>. Acesso em: 28 nov. 2013.

_____. *U.S. Agricultural Trade: Exports.* Economic Research Service. United States Department of Agriculture, 2013b. Disponível em: <http://www.ers.usda.gov/topics/international-markets-trade/us-agricultural-trade/exports.aspx#.Upj2HtKkog2>. Acesso em: 28 nov. 2013.

EVANS, P. *Autonomia e parceria. Estados e transformação industrial.* Rio de Janeiro: Editora da UFRJ, 2004.

FARHI, M.; CINTRA, M. A. M. A arquitetura do sistema financeiro internacional contemporâneo. *Revista de Economia Política,* v.29, n.3, 2009, p.274-94.

FITZGERALD, D. *Every Farm a Factory:* the Industrial Ideal in American Agriculture. New Heaven/London: Yale University Press, 2003.

FLETCHER, S. M. *Peanuts:* Responding to Opportunities and Challenges from an Intertwined Trade and Domestic Policies. National Center for Peanuts Competitiveness, University of Georgia, 2001.

FOOD FIRST. *The US Food Aid Industry*: Food for Peace or Food for Profit? 2013. Disponível em: <http://www.foodfirst.org/en/US+food+aid+industry>. Acesso em: 3 mar. 2014.

FRIEDEN, J. A.; ROGOWSKI, R. The Impact of the International Economy on National Policies: an Analytical Overview. In KEOHANE, R. O.; MILNER, H. V. (Ed.). *Internationalization and Domestic Politics.* Cambridge: Cambridge University Press, 1996.

FRIEDEN, J. *Capitalismo global:* história econômica e política do século XX. Rio de Janeiro: Zahar, 2008.

FRIEDMANN, H. The Political Economy of Food: a Global Crisis. *New Left Review,* v.197, 1993.

_____; MCMICHAEL, P. Agriculture and the State System. The Rise and Decline of National Agricultures, 1870 to the Present. *Sociologia Ruralis,* v.29, n. 2, 1989.

_____. Changes in: the International Division of Labor: Agri-Food Complexes and Export Agriculture. In: FRIEDLAND, W. H. et al. (Ed.). *Towards a New Political Economy of Agriculture.* Bolder: Westview Press, 1991.

_____. Distance and Durability: Shaky Foundations of the World Food Economy. *Third World Quarterly,* v.13, n.2, 1992.

GAO. *Agricultural Concentration and Agricultural Commodity and Retail Food Prices.* General Accounting Office, Briefing for Congressional Staff, 2009.

GAO. *Alternative Agriculture. Federal Incentives and Farmers' Opinions*. General Accounting Office. Report to Congressional Requesters. GAO-PEMD-90-12. Feb. 1990.

G1. Quebra da GM teria sido um desastre, diz Obama. 1º jun. 2009. Disponível em: <http://g1.globo.com/Noticias/Carros/0,,MUL1178364-9658,00-QUEBRA+DA+GM+TERIA+SIDO+UM+DESASTRE+DIZ+OBAMA.html>. Acesso em: 10 jan. 2014.

GARDNER, B. L. International Competition in Agriculture and U.S. Farm Policy. In: FELDSTEIN, M. (Ed.). *The United States in World Economy*. Chicago: University of Chicago Press, 1988.

_____. *American Agriculture in the Twentieth Century:* How it Flourished and what It Cost. Cambridge: Harvard University Press, 2006.

GILL, S. R.; LAW, D. Global Hegemony and the Structural Power of Capital. *International Studies Quarterly*, v.33, n.4, 1989.

GILPIN, R. *A economia política das Relações Internacionais*. Brasília: UnB, 2002. (Coleção Relações Internacionais.)

GLENNA, L. Farm Crisis or Agricultural Farm Crisis? Defining National Problems in a Global Economy. *International Journal of Sociology of Agriculture and Food*, v.11, 2003.

GOLDSTEIN, J. The Impact of Ideas on Trade Policy: the Origins of U.S. Agricultural and Manufacturing Policies. *International Organization*, v.43, n.1, winter, 1989.

_____. *Ideas, Interests and American Trade Policy*. Ithaca/London: Cornell University Press, 1993.

GOODMAN, D.; SORJ, B.; WILKINSON, J. *Da lavoura às biotecnologias. Agricultura e indústria no sistema internacional*. Rio de Janeiro: Campus, 1990.

GOODWIN, B.; MISHRA, A.; ORTALO-MAGNÉ, F. *The Buck Stops Where? The Distribution of Agricultural Subsidies*. National Bureau of Economic Research. Working Paper 16693, 2011. Disponível em: <http://www.nber.org/papers/w16693>. Acesso em: 20 jul. 2013.

GRAZIANO DA SILVA, J. Complejos agroindustriales y otros complejos. *Agricultura y Sociedad*, n.72, jul.-set. 1994. p.205-40.

_____; KAGEYAMA, A. Do complexo rural aos complexos agroindustriais. In: _____. *A nova dinâmica da agricultura brasileira*. Campinas: Editora da Unicamp, 1996.

GREEN, R. H.; SANTOS, R. R. Economia de red e reestructuracion del sector agroalimentario. *Revista de Estudios Agro-Sociales*, n.162, 1992.

GUIMARÃES, F. de S. *A Rodada Uruguai do GATT (1986-1994) e a Política Externa Brasileira:* acordos assimétricos, coerção e coalizões. Campinas, 2005. Dissertação (Mestrado em Ciência Política) – Unicamp.

HANNEMAN, R. A. *Introduction to Social Network Methods*. Riverside: University of California, 2001. Disponível em: <http://www.researchmethods.org/NETTEXT.pdf>. Acesso em: 5 jul. 2012.

HATHAWAY, D. E. *Government and Agriculture*: Public Policy in a Democratic Society. New York: The MacMillan Company (London, Collier-Macmillan, Ltd.), 1963.

HECLO, H. Issue Networks and the Executive Establishment. In: KING, A. *The New American Political System*. Washington, D.C.: AEI Press, 1990.

HEFFERNAN, W. D. Agriculture and Monopoly Capital. *Monthly Review*, n.50, v.3, 1998.

HOLLINGSWORTH, J. R.; SCHMITTER, P. C.; STREECK, W. (Ed.). *Governing Capitalist Economies. Performance and Control of Economic Sectors.* Oxford/ New York: Oxford University Press, 1994.

HOLLIS, P. Peanut Proposal Offered to Ag Committee. *Southeast Farm Press*, 22 May 2007. Disponível em: <http://southeastfarmpress.com/peanut-proposal-offered-ag-committee>. Acesso em: 11 out. 2011.

HURT, D. R. *American Agriculture:* a Brief History. Iowa: Iowa State, 1994.

IMHOFF, D. U.S. Agricultural Subsidies Are the Result of the Great Depression. In: MERINO, N. *Agricultural Subsidies. Opposing viewpoints.* Farmington Hills: Greenhaven Press, 2010.

JANK, M. S. et al. Agricultura. In: THORSTENSEN, V.; JANK, M. S. (Coords.). *O Brasil e os grandes temas do comércio internacional.* São Paulo: Lex/Aduaneiras, 2005.

_____; ARAÚJO, L.; DIAZ, J. The WTO Dispute Settlement Mechanism in Perspective: Challenging Trade-Distorting Agricultural Subsidies. In: LACARTE, J.; GRANADOS, J. (Orgs.). *Inter-Governmental Trade Dispute Settlement:* Multilateral and Regional Approaches. London: Cameron May, v.1, 2004.

JONES, L.; DURAND, D. *Mortgage Lending Experience in Agriculture.* Princeton: Princeton University Press/NBER, 1954.

KAGEYAMA, A. et al. O novo padrão agrícola brasileiro: do complexo rural aos complexos agroindustriais. In: DELGADO, G. C. et al. (Orgs.). *Agricultura e políticas públicas.* Brasília, IPEA (Série IPEA, 127), 1990.

KELLY, T. Peanut Butter Price Jumps after Worst Peanut Harvest in 30 Years. *The Huffington Post.* 10 Oct. 2011. Disponível em: <http://www.huffingtonpost.com/2011/10/10/peanut-butter-price-jump_n_1003732.html>. Acesso em: 6 nov. 2014.

KENNEY, M. et al. Agriculture in U.S. Fordism: the Integration of the Productive Consumer. In FRIEDLAND, W. H. et al. (Ed.). *Towards a New Political Economy of Agriculture.* Bolder: Westview Press, 1991.

KLOSE, S. L.; KNAPEK, G. M.; RAULSTON, J. M. The Intersection of Farm Credit and Farm Policy. *Agriculture and the Credit Crisis.* Publication series nº 5. Department of Agricultural Economics, Texas A&M University System, 2008.

KNEEN, B. *Invisible Giant:* Cargill and Its Transnational Strategies. London/Sterling: Pluto Press, 2002.

LANG, T. Food Industrialisation and Food Power: Implications for Food Governance. *Development Policy Review*, v.21, n.5, 2003.

LAUCK, J. American Agriculture and the Problem of Monopoly. *Agricultural History*, v.70, n.2, 1996.

LAVALLE, A. G.; CASTELLO, G.; BICHIR, R. M. Protagonistas na sociedade civil: redes e centralidades de organizações civis em São Paulo. *Dados*, v.50, n.3, 2007.

LE HERON, R. *Globalized Agriculture:* political choice. Oxford: Pergamon Press, 1993.

LEVINS, R. *An Essay on Farm Income.* Staff Paper P01-1, Department of Applied Economics, College of Agricultural, Food and Environmental Sciences, University of Minnesota, U.S.A. 2001. Disponível em: <http://ageconsearch.umn.edu/bitstream/13559/1/p01-01.pdf>. Acesso em: 14 jan. 2013.

LEWONTIN, R. C. The Maturing of Capitalist Agriculture: Farmer as a Proletarian. In: MAGDOFF, F.; FOSTER, J. B.; BUTTEL, F. H. (Ed.) *Hungry for Profit*: the Agribusiness Threat to Farmers, Food and the Environment. New York: Monthly Review Press, 2000.

LIMA, T. *Desafios internacionais à política agrícola norte-americana:* o contencioso do algodão entre Brasil e Estados Unidos e o CAFTA-DR. São Paulo, 2008. Dissertação (Mestrado) – Programa "San Tiago Dantas" de Pós-Graduação em Relações Internacionais da Unesp, Unicamp e PUC-SP.

_____. A política comercial da administração Bush: o CAFTA-DR e a resistência interior. *Revista Brasileira de Política Internacional*, v.52, 2009, p.167-84.

_____. Agricultural protectionism in developed countries as a state interest. *Brazilian Journal of International Relations*. v.1, n.2., p.256-278, 2012.

_____. Alimentos: um recurso de poder nas Relações Internacionais? Um exame a partir da experiência histórica dos EUA. *Caderno CEDEC*, v.118, p.1-24, 2014.

_____.; DIAS, A. A ajuda alimentar internacional dos EUA: política externa, interesses econômicos e assistência humanitária. *Revista Brasileira de Políticas Públicas e Internacionais*, v.1, n.1, jun.-ago. 2016, p.189-211.

LINDBLOM, C. E. *Política e mercados:* os sistemas políticos e econômicos do mundo. Rio de Janeiro: Zahar, 1979.

_____. Market as Prison. *The Journal of Politics*, v.44, n.2, 1982.

_____. The Accountability of Private Enterprise: Private – No. Enterprise – Yes. In: TINKER, T. (Ed.). *Social Accounting for Corporations*: Private Enterprise versus the public Interest. Manchester: Manchester University Press, 1984.

LOURENZANI, W. L.; LOURENZANI, A. E. B. S. Perspectivas do agronegócio brasileiro do amendoim. *Informações econômicas*, v.39, n.2, 2009.

MARION, B. W.; MACDONALD, J. M. The Agriculture Industry. In: BROCK, J. *The Structure of American Industry*. Upper Saddle River: Pearson Prentice Hall, 2009.

MARTINEZ, St. W. (Coord.). The U.S. Food Marketing System, 2002. Competition, Coordination, and Technological Innovations Into the 21st Century. *Agricultural Economic Report*, n.811. Electronic Report from the Economic Research Service, USDA, Jun. 2002.

MARTINS, R.; VICENTE, J. R. Demandas por inovação no amendoim paulista. *Informações Econômicas*, v.40, n.5, 2010.

MCMICHAEL, P. The World Food Crisis in Historical Perspective. *Monthly Review*, v.61, n.3, 2009a.

_____. A Food Regime Genealogy. *Journal of Peasant Studies*, v.36, 2009b.

_____. Global Food Politics. In MAGDOFF, F.; FOSTER, J. B.; BUTTEL, F. H. (Ed.). *Hungry for Profit*: the Agribusiness Threat to Farmers, Food and the Environment. New York: Monthly Review Press, 2000.

MENDONÇA, M. L. R. F. de. *Modo capitalista de produção e agricultura:* a construção do conceito de agronegócio. São Paulo, 2013. Tese (Doutorado em Geografia Humana) – Faculdade de Filosofia, Letras e Ciências Humanas, Universidade de São Paulo.

MERINO, N. *Agricultural Subsidies. Opposing Viewpoints.* Farmington Hills: Greenhaven Press, 2010.

MILIBAND, R. *O Estado na sociedade capitalista.* Rio de Janeiro: Zahar, 1982.

MIZRUCHI, M. S.; BEY, D. M. Corporate Control, Interfirm Relations and Corporate Power. In: JANOSKI, T. et al. (Ed.). *Handbook of Political Sociology. States, Civil Societies and Globalization.* Cambridge: Cambridge University Press, 2005.

MONKE, J. (Coord). *Agriculture and Related Agencies:* FY2012 Appropriations. Congressional Research Service. 7-5700 / R41964. Aug. 2011. Disponível em: <http://farmpolicy.com/wp-content/uploads/2011/09/CRSFY2012Approps.pdf>. Acesso em: 30 dez. 2013.

MORAES, R. C.; ÁRABE, C. H. G.; SILVA, M. de P. e. *As cidades cercam os campos.* Estudos sobre projeto nacional e desenvolvimento agrário na era da economia globalizada. São Paulo: Editora Unesp, 2008.

MOWERY, D. C.; ROSENBERG, N. *Technology and the Pursuit of Economic Growth.* Cambridge: Cambridge University Press, 2002.

MOYER, H. W.; JOSLING, T. E. *Agricultural Policy Reform:* Politics and Process in the EC and the USA. Ames: Iowa State University Press, 1990.

MÜLLER, G. *Complexo agroindustrial e modernização agrária.* São Paulo: Hucitec/PUC-SP, 1989.

MURPHY, S. Concentrated Market Power and Agricultural Trade. *Ecofair Trade Dialogue Discussion Papers,* n.1, 2006.

_____. *Managing the Invisible Hand:* Markets, Farmers and International Trade. Institute for Agriculture and Trade Policy. Apr. 2002.

_____; LILLISTON, B.; BLAKE, M. B. *WTO Agreement on Agriculture:* a Decade of Dumping. United States Dumping on World Agricultural Markets. Institute for Agriculture and Trade Policy, 2005.

NARLIKAR, A. *International Trade and Developing Countries.* Bargaining Coalitions in GATT & WTO. London/New York: Routledge, 2003.

NASS. *Crop Values, 2010 Summary.* National Agricultural Statistical Service. United States Department of Agriculture, Feb. 2011. Disponível em: <http://usda.mannlib.cornell.edu/usda/current/CropValuSu/CropValuSu-02-16-2011.pdf>. Acesso em: 15 ago. 2011.

NICKERSON, C. et al. *Trends in U.S. Farmland Values and Ownership.* EIB-92. U.S. Dept. of Agriculture, Econ. Res. Serv., 2012.

NIXON, R. Billionaires Received U.S. Farm Subsidies, Report Finds. *The New York Times,* 7 Nov. 2013a. Disponível em: <http://www.nytimes.com/2013/11/07/us/billionaires-received-us-farm-subsidies-report-finds.html?_r=0>. Acesso em: 23 dez. 2013.

_____. Obama Administration Seeks to Overhaul International Food Aid. *The New York Times,* 4 Apr. 2013b. Disponível em: <http://www.nytimes.com/2013/04/05/

us/politics/white-house-seeks-to-change-international-food-aid.html?pagewanted=2&_r=3&smid=fb-share&>. Acesso em: 12 nov. 2013.

OCDE. *Agricultural Policy Monitoring and Evaluation 2012* – OECD Countries. OECD Publishing, 2012. Disponível em: <http://dx.doi.org/10.1787/agr_pol-2012-en>. Acesso em: 7 mar. 2013.

OFFE, C. *Capitalismo desorganizado*: transformações contemporâneas do trabalho e da política. São Paulo: Brasiliense, 1995.

_____; RONGE, V. Teses sobre a fundamentação do conceito de Estado capitalista e sobre a pesquisa política de orientação materialista. In: OFFE, C. Problemas estruturais do Estado capitalista. Rio de Janeiro: Tempo Brasileiro, 1984.

OLIVEIRA, I. T. M. A regulação do comércio internacional agrícola: histórico e perspectivas. *Texto para Discussão*, IPEA, Brasília, n. 1651, 2011.

OLIVEIRA, S. Política e resiliência. *Ecopolítica*, n. 4, 2012, p.105-29.

OMC. *Detailed Presentation of the Agreement of Agriculture*. Disponível em: <http://etraining.wto.org/register/courseinfo.asp?CourseId=361&lang=En>. Acesso em: 28 nov. 2013.

PAARLBERG, D. *American Farm Policy*: a Case Study of Centralized Decisionmaking. New York: J. Wiley, 1964.

PAARLBERG, R. *Food Politics* – What Everyone Needs to Know. New York: Oxford University, 2010.

PASOUR JR., E. C.; RUCKER, R. R. *Plowshares and Pork Barrels:* the Political Economy of Agriculture. Oakland: The Independent Institute, 2005.

PATNAIK, U.; PATNAIK P. *A Theory of Imperialism* (with a response by David Harvey). New York: Columbia University Press, 2016.

PERELMAN, M. *Farming for Profit in a Hungry World:* Capital and the Crisis in Agriculture. Montclair, N.J.: Allanheld, Osmun, and Co., 1977.

PERSAUD, S.; TWEETEN, L. Impact of Agribusiness Market Power on Farmers. In: TWEETEN, L.; THOMPSON, S. R. (Ed.) *Agricultural Policy for the 21st Century*. Iowa: Iowa State Press, 2002.

PONTES, N. Fim da proteção ao etanol dos EUA não deve elevar exportação brasileira. *Correio do Brasil*, ano XII, n.4415, 12 jan. 2012. Disponível em: <http://correiodobrasil.com.br/fim-da-protecao-ao-etanol-dos-eua-nao-deve-elevar-exportacao-brasileira/355078/>. Acesso em: 2 fev. 2012.

POOLEY, P. K. *Report on the Feasibility of a Peanut Processing Facility in Santa Rosa County, Florida*. Haas Center for Business Research and Economic Development, 2005. Disponível em: <uwf.edu/haas/pdfs/impactStudies/Peanut%20Study%20Final%20Report.pdf>. Acesso em: 1º set. 2011.

PORTILLO, L. *Alimentos para la paz?* La "ayuda" de Estados Unidos. Madrid: Iepala Editorial, 1987.

POSSAS, M. L. *Estruturas de mercado em oligopólio*. São Paulo: Hucitec, 1985.

PRICE, B. L. *The Political Economy of Mechanization in U.S. Agriculture*. Bolder: Westview Press, 1983.

PRITCHARD, B. The Long Hangover from the Second Food Regime: a World-Historical Interpretation of the Collapse of the WTO Doha Round. *Agriculture and Human Values*, v.26, issue 4, Dec. 2009. p.297-307.

PRZEWORSKI, A. *Estado e economia no capitalismo*. Rio de Janeiro: Relume-Dumará, 1995.

RAMANZINI JR., H.; LIMA, T. Diplomacia comercial agrícola. In: AYERBE, L. F.; BOJIKIAN, N. M. P. (Orgs.) *Negociações econômicas internacionais*: abordagens, atores e perspectivas desde o Brasil. São Paulo: Editora Unesp, 2011.

RAY, D. E. *Agricultural Policy for the Twenty-First Century and the Legacy of the Wallaces*. Palestra apresentada no Pesek Colloquium of Sustainable Agriculture, Iowa State University. Ames, Iowa, March 2004. Disponível em: <http://www.epfs.eu/uploads/documents/RayLecture2004.doc>. Acesso em: 25 fev. 2012.

_____; UGARTE, D. G. de la T.; TILLER, K. J. Agricultural Subsidies Are a Response to Low Prices. In: MERINO, N. *Agricultural Subsidies:* Opposing Viewpoints. Farmington Hills: Greenhaven Press, 2010.

REIDL, B. M. Agriculture Lobby Wins Big in New *Farm Bill Backgrouder*, The Heritage Foundation, Washington, D.C., n.1534, 9 Apr. 2002.

REINERT, E. S. *How Rich Countries Got Rich and why Poor Countries Stay Poor*. New York: Publicaffairs, 2007.

ROBERSON, R. Peanut Biodiesel Could Save Farmers Millions. *Western Farm Press*, 18 Aug. 2007. Disponível em: <http://westernfarmpress.com/peanut-biodiesel-could-save-farmers-millions>. Acesso em: 22 set. 2011.

ROTHSCHILD, E. Food Politics. *Foreign Affairs*, v.54, n.2, 1976.

SALISBURY, R. H. et al. Triangles, Networks and Hollow Cores: the Complex Geometry of Washington Interest Representation. In PETRACCA, M. P. (Ed). *The Politics of Interest:* Interest Groups Transformed. Boulder/Oxford: Westview Press, 1992.

SCHLOSSER, E. *Fast Food Nation*: the Dark Side of the All-American Meal. New York: Harper Perennial, 2005.

SCHNEPF, R. *U.S. Farm Income*. Congressional Research Congress. 7-5700 / R40152. Aug. 2013. Disponível em: <https://www.fas.org/sgp/crs/misc/R40152.pdf>. Acesso em: 7 jan. 2014.

SCHMIDT, S. C. Agricultural Self-Sufficiency in Developed Countries. In: RUPPEL, F. J.; KELLOGG, E. D. *National and Regional Self-Sufficiency Goals*. Implications for International Agriculture. Boulder and London: Lynne Rienner, 1991.

SCHWEIKHARDT, D. B.; BROWNE, W. P. Politics by Other Means: the Emergence of a New Politics of Food in the United States. *Review of Agricultural Economics*, v.23, n.2, 2001.

SCOTT, J. *Social Network Analysis*: a Handbook. 2.ed. London: Sage, 2000. [Newbury Park: Sage, 1992.]

SEVERSON, K. In the South, a Good Year for Farmers of Peanuts. *The New York Times*, 6 Nov. 2012. Disponível em: <http://www.nytimes.com/2012/11/07/us/in-the-south-a-good-year-for-farmers-of-peanuts.html>. Acesso em: 27 dez. 2013.

SHAW, D. J. *World Food Security:* a History since 1945. New York: Palmgrave MacMillan, 2007.

SHEINGATE, A. D. *The Rise of the Agricultural Welfare State. Institutions and Interest Group Power in the United States, France and Japan*. Princeton: Princeton University Press, 2001.

SHEPPARD, K. Monsanto Hires Former Sen. Blanche Lincoln as Lobbyist. The *Hunffington Post*, 16 Oct. 2013. Disponível em: http://www.huffingtonpost.com/2013/10/16/monsanto-blanche-lincoln-_n_4110750.html>. Acesso em: 1º jan. 2014.

SOTH, L. *A moderna agricultura e seus problemas*. São Paulo: Atlas, 1968.

SPEARMAN, T. Market Watch: a Consistent, High Quality, Affordable Supply Is Needed, *The Peanut Grower*, Jun. 2011. Disponível em: <http://www.peanutgrower.com/home/issues/2011-06/2011_JuneMarketWatch.html>. Acesso em: 22 set. 2011.

_____. Power-Packed Promotions Should Keep Consumption up. *The Peanut Grower*, 1 Nov. 2013a. Disponível em: <http://www.peanutgrower.com/home/issues/2013-11/Market-Watch.html>. Acesso em: 8 jan. 2014.

_____. A Lower-Than-Estimated Planting Report Could Bring Markets to Life. *The Peanut Grower*, 12 Jun. 2013b. Disponível em: <http://www.peanutgrower.com/home/issues/2013-07/Market-Watch.html>. Acesso em: 21 dez. 2013.

STAATZ, J. M. Conceptual Issues in Analyzing the Economics of Agricultural and Food Self-Sufficiency. In RUPPEL, F. J.; KELLOGG, E. D. *National and Regional Self-Sufficiency Goals*: Implications for International Agriculture. Boulder/London: Lynne Rienner, 1991.

STACULP, L. Peanut Growers face a Major Price Pressure. *Southwest Farm Press*, 21 March. 2013. Disponível em: <http://southwestfarmpress.com/peanuts/peanut-growers-face-major-price-pressure>. Acesso em: 6 jan. 2014.

STARMER, E.; WISE, T. E. Living High on the Hog: Factory Farms, Federal Policy, and the Structural Transformation of Swine Production. *GDAE Working paper*, n.7-4, Medford: Global Development and Environment Institute, 2007a.

_____. Feeding at the Trough. Industrial Livestock Firms Saved $35 Billion fom Low Feed Prices. *GDAE Working paper*, Medford: Global Development and Environment Institute, n. 7-3, 2007b.

THE ENCYCLOPEDIA OF ARKANSAS HISTORY AND CULTURE. Disponível em: <http://www.encyclopediaofarkansas.net/encyclopedia/entry-detail.aspx?entryID=2751>. Acesso em: 1º jan. 2014.

TRAXLER, F.; UNGER, B. Industry of Infrastructure? A cross-national comparison of governance: its determinants and economic consequences in the dairy sector. In: HOLLINGSWORTH, J. R.; SCHMITTER, P. C.; STREECK, W. (Eds.) *Governing capitalist economies. Performance and control of economic sectors*. Oxford/Nova York: Oxford University Press, 1994.

TWEETEN, L. Farm Commodity Programs: Essential Safety Net or Corporate Welfare? In: _____; THOMPSON, S. R. (Ed.). *Agricultural Policy for the 21st Century*. Iowa: Iowa State Press, 2002.

_____; THOMPSON, S. R. (Ed.). *Agricultural Policy for the 21st Century*. Iowa: Iowa State Press, 2002.

UNCTAD. *Tracking the Trend Towards Market Concentration*: the case of the agricultural Input Industry. United Nations Conference on Trade and Development. UNCTAD/

DITC/COM/2005/16. 20 Apr. 2006. Disponível em: <unctad.org/en/docs/ditc-com200516_en.pdf>. Acesso em: 16 ago. 2012.

USAID. *Peanut-Based Ready-To-Use Therapeutic Foods Will Help Feed Hungry Children in the Horn of Africa*. Public Information: 202-712-4810. 20 Sept. 2011. Disponível em: <http://www.usaid.gov/press/releases/2011/pr110920.html>. Acesso em: 29 out. 2011.

USEPA. Peanut Processing. In: *Compilation of Air Pollutants Emission Factors*. United States Environmental Protection Agency. v.1: Stationary Points and Area Sources. Office of Air Quality Planning and Standards. Fifth Edition, Jan. 1995. Disponível em: <http://www.epa.gov/ttn/chief/ap42/index.html>. Acesso em: 15 set. 2011.

VEIGA, J. E. da. *Metamorfoses da política agrícola dos Estados Unidos*. São Paulo: Annablume/ Fapesp, 1994.

_____. *O desenvolvimento agrícola*: uma visão histórica. São Paulo: Edusp, 2007.

WHITE, C. *Reregulating Market Access:* Corporate Strategies in the Era of the Uruguay Round. Trabalho apresentado no Rural Sociological Meetings. Tampa, 2005. Disponível em: <http://www.ssc.wisc.edu/~white/Reregulating%20market%20access.htm>. Acesso em: 26 nov. 2013.

WILKINSON, J. *O futuro do sistema alimentar.* São Paulo: Hucitec, 1989.

WILSON, G. K. *U.S. Farm Groups and Images of American State*: American Political Development Workshop. Madison: University of Wisconsin, 2003.

WINDERS, B. *The Politics of Food Supply. U.S. Agricultural Policy in the World Economy*. New Haven: Yale University Press, 2009.

WINHAM, G. R. The Evolution of the Global Trade Regime. In: RAVENHILL, J. *Global Political Economy*. Oxford: Oxford University Press, 2008.

WISE, T. Identifying the Real Winners From U.S. Agricultural Policies. *GDAE Working Paper*, Medford: Global Development and Environment Institute, n.5-7, 2005.

WITTENBERGER, K.; DOHLMAN, E. *Peanut Outlook:* Impacts of the 2008-09 Foodborne Illness Outbreak Linked to Salmonella in Peanuts. OCS-10a-01. Economic Research Service, USDA, Feb. 2010.

WTO. *World Trade Report 2006.* Exploring Links between Subsidies, Trade and the WTO. World Trade Organization, 2006.

_____.*Agriculture Negotiations:* Background Fact Sheet. Domestic Support in Agriculture. Disponível em: <http://www.wto.org/english/tratop_e/agric_e/agboxes_e.htm>. Acesso em: 25 dez. 2013.

_____. *Agriculture negotiations*: Background Fact Sheet. Export Subsidies and Competition. Disponível em: <http://www.wto.org/english/tratop_e/agric_e/negs_bkgrnd08_export_e.htm>. Acesso em: 25 dez. 2013.

YANCY JR., C. H. Peanut Manufacturers Committed to Support of Marketing Loan Concept, *Southeast Farm Press*. 15 Aug. 2001. Disponível em: <http://southeastfarmpress.com/peanut-manufacturers-committed-support-marketing-loan-concept>. Acesso em: 11 out. 2011.

ZYLBERSZTAJN, D. Conceitos gerais, evolução e apresentação do sistema agroindustrial. In: _____; NEVES, M. F. (Org.). *Economia e gestão dos negócios agroalimentares*: indústria de alimentos, indústria de insumos, produção agropecuária, distribuição. São Paulo: Pioneira, 2000.

Audiências públicas do Congresso dos EUA

COMMITTEE ON AGRICULTURE. *The Current State of the Farm Economy and the Economic Impact of Federal Policy on Agriculture.* House of Representatives. Serial n.107-1. First Session. 14 Feb. 2001.

_____. *Review of Federal Farm Policy.* House of Representatives. Serial n. 109-38. Second Session. 13; 20 Sept. 2006.

_____. *Field Hearing to Review U.S. Agriculture Policy in Advance of the 2012 Farm Bill.* 14 May 2010.

_____. *Formulation of the 2012 Farm Bill:* Credit Programs. 10 May 2012.

COMMITTEE ON AGRICULTURE, NUTRITION, AND FORESTRY. *To Review the Implementation of the Peanut Provisions of the Farm Security and Rural Investment Act of 2002.* United States Senate. S. HRG. 109-622. Second Session. 2 May 2006.

_____. *Regional Farm Bill Field Hearing: Lubbock, Texas.* United States Senate. S. HRG. 109-645. Second Session. 8 Sept. 2006.

_____. Part II: Challenges and Opportunities facing American Agricultural Producers. United States Senate. S. Hrg. 110-124. First Session. 24 Apr. 2007.

_____. Part III: Callenges and Opportunities facing American Agricultural Producers. United States Senate. S. Hrg. 110-126. Firtst Session. 25 Apr. 2007.

SUBCOMMITTEE ON SPECIALTY CROPS AND FOREIGN AGRICULTURE PROGRAMS. *Formulation of the 2002 Farm Bill (Peanut Program, Foreign Trade).* Committee on Agriculture. House of Representatives. Serial n. 107-10. First Session. 13; 28 Jun. 2001.

_____. *The Peanut Program.* Committee on Agriculture. House of Representatives. Serial N. 108-25. Second Session. 11 March. 2004.

SUBCOMMITTEE ON DEPARTMENT OPERATIONS, OVERSIGHT AND CREDIT. *Formulation of the 2012 Farm Bill:* Credit Programs. House of Representatives, 10 May 2012.

Revistas especializadas examinadas

Southeast Farm Press
The Peanut Grower
Progressive Farmer
Southern Peanut Farmer Magazine.

Documentários

Food, Inc. Direção: Robert Kenner. (2008, EUA)
The Price of Aid. Direção: Jihan el Tahri. (2005, EUA)

SOBRE O LIVRO

Formato: 16 x 23 cm
Mancha: 26 x 48,6 paicas
Tipologia: StempelSchneidler 10,5/12,6
Papel: Off-White 80 g/m² (miolo)
Cartão Supremo 250 g/m² (capa)
1ª edição Editora Unesp: 2018

EQUIPE DE REALIZAÇÃO

Capa
Andrea Yanaguita

Edição de Texto
Marina Silva Ruivo (copidesque)
Mariana Echalar (revisão)

Editoração Eletrônica
Sergio Gzeschnik

Assistência Editorial
Alberto Bononi
Richard Sanches

Impressão e Acabamento
assahi
gráfica e editora ltda.